古代歷史文化研究輯刊

二八編

王明蓀 主編

第16冊

民族圖像技藝與審美敘事
——中國傳統首飾藝術的審美研究

劉程 著

國家圖書館出版品預行編目資料

民族圖像技藝與審美敘事——中國傳統首飾藝術的審美研
究／劉程 著 -- 初版 -- 新北市：花木蘭文化事業有限公司，
2022〔民 111〕
目 2+222 面；19×26 公分
（古代歷史文化研究輯刊 二八編；第 16 冊）
ISBN 978-626-344-090-6（精裝）
1.CST：中國美學史 2.CST：裝飾品
618   111010290

古代歷史文化研究輯刊
二八編　第十六冊　　　　　　ISBN：978-626-344-090-6

民族圖像技藝與審美敘事
——中國傳統首飾藝術的審美研究

作　　者　劉程
主　　編　王明蓀
總 編 輯　杜潔祥
副總編輯　楊嘉樂
編輯主任　許郁翎
編　　輯　張雅淋、潘玟靜、劉子瑄　美術編輯　陳逸婷
出　　版　花木蘭文化事業有限公司
發 行 人　高小娟
聯絡地址　235 新北市中和區中安街七二號十三樓
　　　　　電話：02-2923-1455／傳真：02-2923-1452
網　　址　http://www.huamulan.tw 信箱 service@huamulans.com
印　　刷　普羅文化出版廣告事業
初　　版　2022 年 9 月
定　　價　二八編 27 冊（精裝）新台幣 80,000 元　　版權所有 · 請勿翻印

民族圖像技藝與審美敘事
——中國傳統首飾藝術的審美研究

劉程 著

作者簡介

劉程，山東莒南人，文學博士、南京財經大學副教授、高級工藝美術師、碩士生導師。中國文藝理論學會會員、中國民俗學會會員、中國比較文學學會藝術人類學學會會員、江蘇美術家協會會員、江蘇青年美術家協會會員、南京棲霞美協理事委員。在《文藝研究》、《裝飾》、《文藝爭鳴》、《寧夏社會科學》、《藝術百家》、《內蒙古社會科學》、《理論月刊》、《文藝評論》、《中國美術研究》《中國美學研究》、《內蒙古大學學報》等刊物上共發表論文 47 篇。主持教育部規劃課題 2 項，主持省廳課題 10 項，校級課題 28 項，獲獎 27 次。現主要從事文藝學、視覺傳達設計、藝術美學、傳統設計藝術審美、裝飾藝術研究以及藝術與設計史論、設計教育等方面的教學與科研工作。

提　　要

　　中國古代的藝術審美意識有著悠久而又光輝燦爛的歷史，從舊石器時代這種審美意識已經初露端倪。隨著歷朝歷代的宮廷和民間的人文發展，審美意識已經逐步開始走向自覺、獨立、豐富、稚拙、奢華的藝術風尚。由於傳統首飾藝術種類繁多，花樣新穎，它在社會的各個階層、不同的地域廣泛流行，成為不同階層（特別是女性）表現自身主體地位與形象的重要象徵載體。首飾藝術的審美研究中所表現出來的以形表意、隨類賦形以及「天人合一」的生命精神均被匠人運用象生、寫實、寫意、立象盡意等造物手法意象化的凝固下來，彰顯了大眾化的情感追溯與審美口味，也揭示出這一歷史時期的社會風俗嬗變並實現服飾形式審美訴求的重要方式，使得古代首飾藝術的審美成為我們展示民族圖像記憶和審美敘事的獨特視角。

　　中國傳統首飾藝術是古人對自然萬物的生命情感的感發而物我融合的創構。傳統文化賦予了傳統首飾藝術的生命精神和美學特徵，首飾藝術的內外形式體現了主體的審美活動是基於現實而又超越現實的。在這些首飾創造中，古人借用外在形式和紋飾去表達主體內在的生命感受和對生機的體認。一方面，首飾藝術體現了不同階層對於物象形式美的追求和對生命節律的高度概括，另一方面是古人對傳統文化體悟之後所進行的物質造型創構活動，這個活動往往超越了世俗化的生死觀和生存價值觀，成就了以首飾為載體的個體生命價值。

　　首飾的審美意識是由於古代宮廷和民間藝人在長期的審美實踐過程中積累形成的民族優秀傳統。這些審美意識憑藉著首飾所需要的材料和工藝得以與主體和受眾進行交流，首飾中的任何部件都時時刻刻地體現了審美的創造精神和裝飾生活化特質。使得這種審美方法和形式美得以傳世和得到後人的繼承。顯然，歷朝歷代的藝人通過不同的紋飾和對象造型將自己對生活事象的創化和體認幻化為一種生命化的審美精神，高度寄寓了主體對生命精神的存在與眷戀。因此，中國古代社會中的首飾藝術的審美既體現了民族和時代對創造者的特定要求，又展現了主體獨特的審美經驗和創造精神。

目

次

緒　論

　　一個時代有一個時代的文化趨向〔註1〕，一個時代更有一個時代生活的
裝飾，在中國傳統人文理念與社會組織結構裏，「首飾」一詞對女性和藝術家
的日常生活來說無疑最具有魅力、最彰顯特定情感的詞彙，它已構築出真實
生命之內的品格和審美想像空間。隨著社會歷史的不斷演進和發展，首飾飾
品釋放出更加深邃的卡里斯馬〔註2〕或者民俗情感。在這裡，首飾所建構的是
對當時社會「文本」的時代閱讀和分析，解釋那個時候自身首飾藝術所經歷
的歷史現實和故事情節，這種故事情節也可能隱含在我們對於歷史的文本的
創作和歷史建構中，也可能將某種傳統藝術自身所隱含的意義詮釋在作品
中。從原始社會到民國時期的首飾創作融匯了藝術家對藝術特性的把握，無
論從審美文化、製作工藝還是自身獨特的文化意蘊外延，首飾的形式與裝飾

〔註1〕 文化趨向，我們可以理解為在一個時代建立起與文本相符合的價值觀、風
　　　　俗、實踐等元素，對某種類型文本進行細緻的形式分析，通過這些分析可以
　　　　瞭解自身之外的世界和融入社會價值觀和語境之中。在 Edited by Frank
　　　　Lentricchia and Thomas Mclaughlin《Critical Terms for Literary Study》中原話
　　　　是這樣的：「To connections among elements with the work, Eventually, a full
　　　　cultural analysis will need to push beyond the boundaries of the text, to establish
　　　　links between the text and values, institutions, and practices elsewhere in the
　　　　cuture.」「cultural analysis has much to learn from scrupulous formal analysis of
　　　　literary texts because those texts are not merely by virtue of reference to the world
　　　　beyond themselves successfully absorbed.」
〔註2〕 「原為宗教社會學用語，指一種特殊的魅力或超人的天賦之類的特殊品質。
　　　　意譯「感召力」或「超凡魅力」，可引申為「領袖氣質」等義」。〔美〕克利
　　　　福德·格爾茨：《文化的解釋》，韓莉譯，南京：譯林出版社，2014年版，第
　　　　6頁。

行為已經映襯出國人內心的獨特精神信仰體系，它也作為社會文化的外在承載體而突顯不同的文化意義和審美趣味〔註3〕。

「麗人綺閣情飄颻，頭上鴛釵雙翠翹。低鬟曳袖回春雪，聚黛一聲愁碧霄。」（唐·《長安道》韋應物）這是一首膾炙人口的唐代詩人韋應物讚頌唐仕女的精美首飾的詩篇。從這首詩中我們可以發現，首飾作為一種情感審美載體，使其在表面裝飾風格和文本深度意蘊烙印上中國傳統文化中的自信視角，以人的超然物外的理性旁觀者的身份對傳統個體生命外在生活的慰藉、承認和尊重。一般來說，文化的載體最直接的體現在物質上，器物、精神情感、秩序都是每一個民族或每個時代所具有的文化構成元素。首飾是記錄著中華民族審美歷程和女性追求精神修養的稀世物證，是中國古代文明歷史的延續和傳承禮制的重要統一載體。從原始社會到民國時期的首飾創作融匯了藝術家對藝術特性的把握，無論從審美文化、製作工藝還是自身獨特的文化意蘊外延，首飾的形式與裝飾行為已經映襯出國人內心的獨特精神信仰體系，它也作為社會文化的外在承載體而突顯不同的文化意義和審美趣味。如清代河北的一件《銀點翠鑲白玉簪》，簪是古代少女裝飾在頭髮上，屬於頭飾，整個簪的造型呈現一個「Y」，簪子端部有很多葉子造型的輻射圓圈，裏面鑲嵌著不同的材料，在輻射的圓圈兩側有一對會飛的金魚，特別是在翅膀上被作者雕刻了雲紋和方格紋，做工細緻，堪稱首飾典範。作者就是以這種造型和形式或者色彩來把古代人對於禮制文化和哲學文化相結合。從這個意義上來說，中國古典首飾藝術就是女性追尋著一種非理性的倫理化的審美覺醒選擇，是建構在拯救情感尊嚴、留住即將消逝的虛榮心的誘惑以及掩蓋內心傷痕的人性基礎上，它是以真實地域為背景對社會生活的真實再現。在多元的社會思想的實踐文化語意下不斷推進傳統主流意識形態的革新和建構持續的時代人文內涵。從這個意義上說，「首飾」是以現實與充滿情感的生存需要為主要話語的主流「陣地」，它們借助於賦予有意味深長的思想內容和情感言語，對自身在審美和裝飾象徵的兩維視角中自由穿梭與轉向，並訴說著個體作為生命本體文化的豐富意蘊，在書寫生命真實狀態的情況下，藝術創作

〔註3〕「正是這種原生的情感與公民的情感之間的直接衝突的具體化——這種不要屬於任何其他群體的願望——賦予有著不同的稱呼——部落主義、地區主義、群團主義等等不同的名稱——問題，較之新興國所面臨的其他的大多數也是非常嚴重與極難對付的問題，更不吉利及更具危險性」〔美〕克利福德·格爾茨：《文化的解釋》，韓莉譯，南京：譯林出版社，2014年版，第309頁。

者擺脫了對真實物象的約束，實現了首飾和人的契合匯通。

　　在今天，「傳統首飾」這個在我們日常生活中耳熟能詳的古老命題彷彿開始融入到我們的現實生活中。自古以來，「首飾」作為服飾實用美術的重要視角，它在社會生活中擁有著美麗和雍容華貴的文化形式：一方面，作為歷史文化的諸多元素之一，「首飾」是運用色彩、文化、造型、工藝、材料等形式來彰顯主人公的身份地位；另一方面，首飾文化「這一敘事方式在文本內蘊和深度上有所削弱相反，這種情景因為有了作家敘事策略上的『退』而獲得了思想表達上的『進』和藝術手法上的新。」〔註4〕「首飾」，顧名思義就是起源於對頭面的裝飾和打扮，它是一種「有情感的文化」的風格體現，這種首飾文化是以封建社會的頭面飾品為主要表現對象，隨著成人世界自我隱性秘密的釋放，它也發展到對整個身體的裝飾。

　　我們使用「詮釋」的視角來對「首飾藝術」進行闡釋。

　　「詮釋」，顧名思義就是對作品進行有「秩序」的分析和解釋或者解構，在這層意義上來講，「詮釋」具有很「狹隘」的詞語化。但是西方現代詮釋理論認為，我們對藝術作品的詮釋是對「詮釋者」和「製造者」之間有規則的文化衡量和合理應用規則的能力。這不僅是對兩者進行心理的正確釋放和分析，更是對文本意義上的認知性進行理解。伽達默爾認為詮釋它應該：「首先是一種實踐（Praxis），是理解和促成理解的藝術。這種藝術是一切意在傳授哲學研究的課程之靈魂。在此，首要的是訓練自己的耳朵，使其對概念中具有的前規定性、前把握性和前印記性。藝術特別是傳統首飾是體現這種哲學研究的重要載體，首飾自身所具有的內涵對載體「前」結構中的意義進行有效闡發其現實意義。根據《牛津英語詞典》對詮釋的解釋，詮釋一詞本身來自於拉丁文的「interpretatio」，同時可以指稱的是闡發、分析作品的行為。「interpretatio」是根據「interpres」這個詞彙而來，強調的是媒介物以及中介者自我所顯示的本體語素。詮釋可以解釋為可以接受的、近似的闡述，我們不但要對藝術作品自身進行翻譯，還要為受眾進行闡述，那麼詮釋所要面對的是兩個部分，一個是被解釋的文本，二是需要詮釋的觀眾，也就是受眾體。就如在傳統首飾作品中，將每一個作品視為一個自我中介的自在體，是溝通社會與文本生存世界的一個標識，將與其他裝飾品相比較，首飾的精神性和

〔註4〕沈杏培：《童眸裏的世界：別有洞天的文學空間——論新時期兒童視角小說的獨特價值》，《江蘇社會科學》，2009年第1期。

裝飾性更強，因而主要服務於女性群體。

　　中國傳統首飾不管在造型上還是在設計製作上都凸顯了古代人民對於創意的熱切追求。「創意」一詞本來就是比較現代，在古代其實也有一些創新的想法，他們往往不像我們現代一樣，設計師就是只管設計，不管製作，而古代時候的勞動人民既是設計師又是製作者，他們使用高超的技藝將各種紋飾刻繪在金屬表面，使得整個紋飾變得更加精巧與逼真。在這裡，一個飾品想要通過造型和紋飾形成一個具有視覺美觀的形式，那麼，他必須對造型和紋飾進行創意，通過利用不同的造型和紋飾的結合，使得首飾產生出一定的視覺審美意味。如清代北京的一對《銀點翠蝴蝶紋頭飾》，這件作品明顯的呈現了具有一定審美意味的創意，作者將頭飾以蝴蝶的造型作為簪子端部的形象，蝴蝶經常在古代民間被一些工匠使用，一般使用的都是一對蝴蝶，此動物常被比喻為美好和堅貞不渝的愛情。李時珍在《本草綱目》中說：「蝴蝶輕薄，夾翅而飛，喋喋然也，蝶美味鬚，蛾美味鬚，故又名蝴蝶，俗謂鬚胡也。」〔註5〕「蝴蝶雖然普通，但是在中國人心裏，卻具有豐富的內涵。其紋樣運用廣泛，寓意豐富，如貓、蝶和牡丹組合在一起，表示耄耋富貴；瓜和蝴蝶組合在一起，表示瓜瓞綿綿；壽石配菊花，表示壽居耄耋；戀花的蝴蝶，表示甜米的愛情和美滿的婚姻。」〔註6〕簪端部恰似一個蒙著面的人臉，在「人臉」的上部有輻射造型各五條，整體上呈現出一種疏密有致風格特徵和色彩斑斕的視覺效果。因此，在中國傳統首飾的外在造型上，古代工匠們花費了大量的心思來創構符合中國人視覺心理的藝術形象。

　　可以說，中國傳統首飾在設計上和造型以及製作上凸顯了中華審美精神在首飾上的體現。這主要表現在，首飾中的人物、動物、植物等形象具有一定的設計美感，他們每一個形象有疏有密，有大有小，各種物象在首飾表面上均呈現了象徵性的文化內涵，他們臆想物象或者根據社會流傳的傳說進行創構，還有的根據戲曲人物形象進行構圖，雖然人物和動物形象比較稚拙和簡約，但是，作者用極其簡約的線條概括了作者想要表達的情感。因此，傳統首飾在中國是基於民俗文化視角，是土生土長出來的一種裝飾部件，一方

〔註5〕李時珍：《本草綱目》（卷四十），北京：人民衛生出版社，1982年版，第1301頁。

〔註6〕王金華：《中國傳統首飾・簪釵冠》，北京：中國紡織出版社，2013年版，第100頁。

面它凸顯中國女性的社會地位，另一方面也彰顯女性的中華審美趣味。在一定意義上來說，這些首飾推動了民俗文化觀念的物質化體現。

第一節　研究背景

　　中國古代的首飾是中華民族傳統文化重要的組成部分，也可以說，首飾是傳統文化的重要的物質呈現，這些精美絕倫的首飾製品憑借不同類型、不同造像、不同紋飾以及不同寓意的方式將它們最美的形象淋漓盡致的展現給大家，使得這些造型為我們現代人類的日常生活增添了許多文化內涵和行為意味。在這裡，我研究中國傳統首飾的審美特徵就是要將首飾的物質文化以美學視角展現出來，這些不同類型的古代金銀首飾無論從他們的材料、工藝、造型、形式還是情感寓意等方面都凸顯了金銀首飾對中華生命精神的傳承和頌揚。

　　研究中國古代的金銀首飾有著重要的學術價值。在長期的歷史發展演進過程中，傳統金銀首飾的創構反映了不同歷史時代的文人戀世、適世以及娛世的人生價值觀和追求「參禪得趣」的主體生活語境。它從不同的審美和文化角度出發，運用神仙故事、歷史傳說、吉祥寓意等母題對各種材料進行「有秩序」的裝飾和造型創製，從而形成了以飾物視角來體悟儒家、道家、法家以江畔獨步尋及禪學自身的「治國理政」哲學觀念。本書立足於古典歷史語境，有利於我們瞭解古代裝飾部件的歷史演進和探索出具有中國傳統藝術設計特色的裝飾美學理念，並使得傳統文化的物化載體在「憶古」與「思今」的同時，通過對金銀自身藝術風格的超體悟和審美自覺，來凸顯當時時代的人文追求和具有「生態智慧」的精神境界。例如在（圖1）民國時期銀蝴蝶簪，這件飾品給我們鮮明的呈現了具有豐富文化寓意的審美意象，作者使用蝴蝶這種動物來隱喻情感至深、至愛至情的夫妻恩愛，追求美好生活的願景。這不盡讓我想到了南朝梁武帝蕭衍（464～549）《春歌》中的詩句：花塢蝶雙飛，柳堤鳥百舌。不見佳人來，徒勞心斷絕。這首飾蘊含了梁武帝作為黃帝吃飽喝足之後在園中閒情逸致的欣賞蝴蝶而引發的詩句，以擬人化的手法至親至切的用蝴蝶形象表達了對愛情的歌頌和外在詩文的呈現。

　　中國古代金銀首飾的學術價值可概括為：它是傳統文化的民俗特質；是研究古建築文化的重要載體；是古典文化的視覺符號與象徵。同時，在古典

多元文化影響和融通下的金銀首飾無疑啟發現當代的文藝理論思想和藝術作品創作觀念，激發民族文化創意，提升民族文化的認同感，推進強國文化建設的有效機制與途徑，研究傳統文化發展和傳承問題，構建理論論證嚴密、充分的傳統設計文化傳承機制已迫在眉睫。例如（圖2）清代中早期的頭飾製品。清代是我國封建專制王權最後一個朝代，自然在首飾上去呈現一定的奢華性，它用材講究，工藝精細，造型複雜，用材、工、形來呈現清代對美好生活的追求。作者想用這樣一件首飾來呈現對方的社會地位和唯美形象，我們可以從這件頭飾製品中可以窺見，在遙遠的古代，人們使用頭飾去展現區域文化的民俗民風，展現民族文化根深蒂固的傳統性，他們將對美好生活的追訴、審美的形象以及社會地位化作為一種物質性的頭飾進行呈現。

圖1：銀蝴蝶簪	圖2：銀點翠鑲白玉頭飾
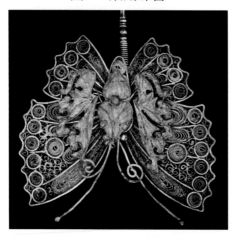	
來源：王金華：《中國傳統首飾·簪釵冠》，北京：中國紡織出版社，2013年版。	來源：王金華：《中國傳統首飾·簪釵冠》，北京：中國紡織出版社，2013年版。

中國傳統首飾藝術從造型上和型制上都透露著形式的靈感化，作者有意強調曲線對主體情意的表現能力和藝術塑造能力，並在曲線線條中孕育出某種象徵意涵，使得作品呈現出象外之象的象徵意味。從原始社會到民國時期的首飾造型，每一個造型的上面都包含著大量的曲線，這種曲線最大化的去表現審美主體的情感，他們用曲線展示了塑造形體的功能。更重要的是，古代藝人用曲線去呈現對物象的情感流露，用曲線展現畫面中的象徵內涵。

傳統首飾不斷在吸收社會的各方面的營養。傳統首飾作為社會民俗文化的一個重要部分，它源於生活，又高於生活，一件首飾的創構得益於作者對

生活的認真觀察，觀物取象，因物賦形，要求作者不斷在生活中去吸取社會各方面積極的有益的文化因素，將這些文化因素用概括的藝術語言幻化成一種紋飾或者點、線、面等形式，由抽象的語言轉化成具體的可以實現的藝術處理手法。中國傳統首飾在歷朝歷代的發展過程中，每一個朝代的藝術與文化都在進行不同程度的延進，不管如何發展，一個時代的文化與藝術總是呈現一種顯而易見的藝術風格，如猙獰恐怖、溫柔挺拔或者繁複複雜等，這些因素就會直接影響到傳統首飾文化的創構和外在呈現。如清代福建的一對銀牡丹紋耳墜（圖3）。清朝是我國封建專制政權最後一個朝代，自從清軍入關後，八旗人認識到，原來明朝的簡、厚、精、雅的設計風格已經不適合滿清的生活形式了，他們大量的運用比較繁複複雜的紋飾賦予物象之上，例如傢俱、首飾以及建設部件等從而形成了臃腫、矯揉造作的設計風格。這件首飾由一朵盛開的牡丹花下墜九條流蘇，各個流蘇表面均刻有不同的花紋，紋飾均為抽象的或者意象化的圖像。

圖3：銀牡丹紋耳墜（一對）

來源：王金華：《中國傳統首飾·手鐲戒指耳飾》，北京：中國紡織出版社，2014年版。

中國傳統首飾呈現了主體意識。我們知道，首飾不但是作為一種物質文化在世界上的呈現，而且更重要的是，首飾的佩戴者用首飾去展現自己的社會地位以及審美觀念，來凸顯主體審美意識。自從中國原始社會，首飾始終是自發而又自覺的一種藝術審美創構活動，「他們以積極主動的創新精神創造了大量的器皿、筆劃、文字等藝術形式，又從這些藝術形式中誘發出創造

的靈感，強化著審美形式對主體情意的表現能力和藝術裝飾功能，從而使中國早期藝術作品具有濃厚的象徵意味。」〔註7〕這種象徵內涵以不同的造型和形式融入到首飾製品的活動之中，使得首飾製品能夠體現佩戴者的主體性。

中國傳統首飾藝術給我們呈現了整體觀念。「從夏代開始，中國就是一個統一的多方國國家，其文化也必然是統一性和多樣性並存的文化。同時，中國藝術在不同時期和不同地區也體現出不同的審美風格，而這種審美風格的多樣性又是在統一性主導之下的多樣性。」〔註8〕以後的隋唐和明清的文化都呈現出一種審美的整體意識。中國傳統首飾是在這種統一中的一個物質文化分支，它所架構的是一個時代的審美外顯，一個時代的物質文化，它在被創製的過程中，每一個型制都被創作者用整體的文化性進行解決。當然，這種整體性包含著不同地域的文化多樣性。例如商周時期的藝術風格和清朝的藝術風格有著差異性，商周藝術風格更加強調使用直線，帶有獰厲之感。而清朝的藝術風格強調繁複華麗，用奢華的詞彙去描述清朝的造物活動再好不過了。當然，雖然兩個朝代有著差異性，但是，這種藝術風格統一在整個的中國傳統文化體制下，每一個造型都體現著國家王權大一統的審美風格。

對於中國傳統首飾的研究，已經有很多學者進行各種視角的闡述，有的學者以圖像為核心對古代金銀首飾進行展示，有的學者以首飾史的視角對這些對象進行闡述，還有的則對首飾進行圖文講解，分別從審美、材料、造型以及顏色或者工藝等視角，本書對首飾進行高度概括並闡釋自己對首飾的一種見解，總結首飾的審美特徵，將首飾的美用文字的形式呈現出來。

第一類是以史論的視角對中國古代的金銀首飾進行分門別類的闡述。

首先開首飾史先河的是揚之水先生的《中國古代金銀首飾》〔註9〕，這部著作雖然沒有在書的題目上明確寫上「史」，但是，從一開始到最後都是用圖像來闡述史的形式。這部著作是研究中國傳統首飾必須讀過的書，也是重要的參考書目。在書中，作者用了3000多幅的高清圖片，這些圖片分布在原始、兩漢、魏晉南北朝、隋唐五代、宋元、明清等各個朝代，從宮廷到民間的首飾圖像進行一一詳述，全面展現了中國古代金銀首飾發展的脈絡。在揚之

〔註7〕朱志榮：《中國審美意識通史》（夏商周卷），北京：人民出版社，2017年版，第12頁。

〔註8〕朱志榮：《中國審美意識通史》（夏商周卷），北京：人民出版社，2017年版，第13頁。

〔註9〕揚之水：《中國古代金銀首飾》，北京：故宮出版社，2014年版。

水的這部著作中，諸如一個耳墜，一個耳環甚至一個頭飾，她將首飾圖像作為一種物質文化類型，基於首飾自身進行分析。揚之水在著作中這樣談到：「金銀首飾雖然是女性的專寵，但它始終是全社會共同的消費──物質的，也是精神的。在『文』與『物』、『物』與『文』的不斷轉換間沉吟，我們可以從不同的角度發現『物』的精彩，也可以由不同界域透視歷史，收獲新的詩意。」〔註10〕揚之水在寫這部著作的時候，更加強調基於首飾圖像，然後找到圖像背後的故事及其首飾的溯源，每一款首飾均聯繫了當時政治和經濟以及民族民俗，均引用當時描寫首飾的話語。

其次就是由李芽、王永晴等編著的《中國古代首飾史》（三冊）（2020年版）〔註11〕，這一套書用美學視角、文化視角以及文獻資料彙編的方法，對中國古代金銀首飾的緣起、定名、門類、材料、款式、工藝、紋飾以及歷史制度等方面進行逐一論證和分析，以首飾為本體，用首飾去反映古代社會的精神面貌、哲學思想以及審美標準。書中圖文並茂，史論與圖像分析相結合。

第二類是以圖像的視角對中國古代的金銀首飾進行分門別類的闡述，這一部分主要以圖片為主，作者用圖片去展現感性的傳統首飾文化。這一類的研究成果比較多，下面我將一一闡述。

王金華和唐旭祥編著的《中國傳統首飾》（上下兩卷）〔註12〕。作者打破了傳統的目錄式樣，他們採用的目錄形式將首飾的名稱列在目錄中，沒有一二三，只有結合民俗審美觀照基礎上而形成的首飾名稱。作者將首飾進行分類列舉出來，如銀鎖掛飾、耳環等每一張圖片都配有說明性的文字，有長有短，有的文字把首飾相關傳統文化性展示出來，在文字的最後，有比較簡短的製造工藝介紹。

還有王金華的《中國傳統首飾・簪釵冠》〔註13〕。這本書作者用豐富多彩的圖片，運用美學、人類學、民族學、民俗學以及藝術學的方法，在實物圖片的旁邊標注有大量的注解，在其中給我們講述了大量的有關這件首飾的歷史背景、形制風格、藝術特徵、材料工藝等等。整本書以圖片為重心，並附有簡短文字介紹。這部著作以簡短的文字對每一張圖片進行民族、民俗、

〔註10〕揚之水：《中國古代金銀首飾》，北京：故宮出版社，2014年版，第15頁。
〔註11〕李芽等：《中國古代首飾史》，南京：江蘇鳳凰文藝出版社，2020年版。
〔註12〕王金華、唐旭華：《中國傳統首飾》，北京：中國輕工業出版社，2009年版。
〔註13〕王金華：《中國傳統首飾・簪釵冠》，北京：中國紡織出版社，2013年版。

紋飾、題材以及象徵意義層面的闡述，文字簡短而內容充實。如圖 4，作者首先將作品的年代、地區、尺寸以及重量進行非常簡短的介紹，闡述了首飾中的「三多」形象及其寓意，並列出相關的事物的象徵內涵。

圖 4：三多銀耳挖釵

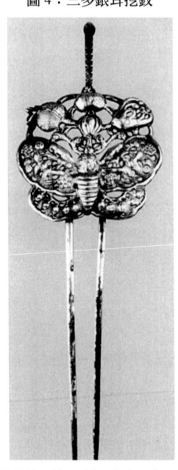

來源：王金華：《中國傳統首飾‧簪釵冠》，北京：中國紡織出版社，2013 年版。

　　王金華的另外一本首飾著述《中國傳統首飾精品》〔註14〕。這部著作與上一部《中國傳統首飾‧簪釵冠》著作有著相同的敘述思路，具有趨同性，在這裡就不闡述了。

　　還有王金華的《中國傳統首飾‧手鐲戒指耳飾》〔註15〕。這部著作把首

〔註14〕王金華：《中國傳統首飾精品》，北京：中國旅遊出版社，2014 年版。
〔註15〕王金華：《中國傳統首飾‧手鐲戒指耳飾》，北京：中國紡織出版社，2014 年版。

飾進行細分成手鐲、戒指以及耳飾，專門對這三種首飾製品進行專門圖像呈現。整個著作以圖片為主，簡短的文字襯托銀製圖像，他在書中的序言中這樣對銀飾製品說到：「自古以來人們就深信，佩戴銀飾可以闢難驅邪。所以，中國民間自古就有讓小孩佩戴銀飾的習俗，這樣既又能避解妖邪、舉陽得福，現代人認為：銀製品在一定方位內能產生磁場，釋放銀離子，激發能量，對人體具有保健功效。」〔註16〕

　　由楊伯達編著的《中國金銀器玻璃琺瑯器全集》〔註17〕。作者將首飾作為金銀器來對待，並與其他的金銀器一起圖像呈現。全書以圖為主，字極其少，全部以各個時代的金銀器和玻璃琺瑯器圖像為主，這些圖像為首飾研究者提供了一個更加感性的視覺感受。

　　第三類就是有的學者專門對某幾個朝代的首飾進行單獨研究。首先揚之水的《奢華之色：宋元明金銀器研究》〔註18〕作者從宋元首飾的類型與樣式和紋樣設計與製作工藝兩個方面進行入手，將三個朝代官方和民間的首飾製品全部囊括進去，對類型和樣式以及工藝詳細闡述了釵、簪、步搖、梳背、耳環、巾環、佩件等自身的式樣和紋飾，作者對每一個時期中的首飾進行單獨講解。這部著作以文字為核心，首飾圖像反而成了陪襯對象。

　　其次就是齊東方的《唐代金銀器研究》〔註19〕。作者認真的搜集了唐代以及唐代以前的金銀器上千件，對圖片進行鑒定並寫有文字說明，他運用圖像學、考古學、美術學以及歷史學等方法，全書以文字為核心，圖作為注解，如研究一個時代的首飾種類，他先一個時代的前幾個時代進行聯繫，看看有沒有造型、型制以及紋飾的聯繫，而後又對這個朝代不同地區的金銀器進行研究，緊接著對這個朝代的社會作用進行研究，最後對這個朝代的金銀礦產、外來文化進行聯繫。研究的非常詳細。

　　再次就是由李芽編著的《中國歷代耳飾》〔註20〕，這部著作作者通過實物考證、文獻搜集、審美觀念、文化闡釋、藝術學、人類學等方法，對中國原

〔註16〕王金華：《中國傳統首飾·手鐲戒指耳飾》，北京：中國紡織出版社，2014年版，第1頁。
〔註17〕楊伯達：《中國金銀器玻璃琺瑯器全集》，石家莊：河北美術出版社，2004年版。
〔註18〕揚之水：《奢華之色：宋元明金銀器研究》，北京：中華書局，2010年版。
〔註19〕齊東方：《唐代金銀器研究》，北京：中國社會科學出版社，1999年版。
〔註20〕李芽：《耳畔流光：中國歷代耳飾》，北京：中國紡織出版社，2015年版。

始社會到明清時代的耳飾進行單獨研究。書中有圖，圖中有字，圖字相互穿插，詳細闡述了耳飾的發展歷程以及型制與紋飾變化。

最後就是由《北京文物鑒賞》編委會編著的《明清金銀首飾》〔註21〕。這本書以明清時期的北京宮廷首飾圖片為主，對北京附近出土的明清時期的首飾進行圖片展示。書中用大量的、且高清晰的圖片對一些墓葬的首飾隨葬品進行圖像呈現，作者在書中將首飾圖片與工藝相結合，充分論證了工藝對於首飾藝術的本體呈現的重要性。本書作者結合考古學，對局部的墓葬中首飾進行圖像分析，用明清兩代的首飾圖片去展示宮廷和民間首飾的華麗與質樸。

第四類就是以服裝和首飾聯合起來進行研究，如沈從文的《中國古代服飾研究》〔註22〕，這部著作沈從文從考古學方面進行闡述，以考古挖掘出來的古代文物和繪畫作品進行實物考證和圖像學研究。從原始社會、商周、戰國等朝代的人形服飾資料開始緣起，探索了這幾個朝代的陶器、玉器以及各個朝代中的女性外在形象。

還有朱和平的《中國服飾史稿》〔註23〕。這部著作作者以緒論、服飾的起源、商周時期的服飾演進、中華服飾第一個浪潮、秦代服飾、兩漢服飾、南北朝服飾、隋唐五代服飾、兩宋高雅服飾、遼夏金服飾、元代服飾以及明清兩代衣冠制度等方面進行論述，裏面牽涉到了考古、美學、人類學、民俗學等學科，其中首飾的審美研究比較少，整個著作主要研究服飾的演進。

綜上所述，研究中國傳統首飾藝術的成果比較豐富，大多以圖片為核心，用圖片來展現古代首飾藝術的感性之美。還有的作者以史的視角進行了論述，用史論的形式將中國上下五千年的首飾發展串聯起來，使得我們後來研究者很清楚的作出判斷。還有的學者是以服飾進行交叉研究，服裝作為主要研究對象，而首飾則穿插其中，這類研究就是要將服裝和首飾不分家，形成了比較統一的研究對象。本著作主要講述了中國古代首飾的審美特徵，以審美作為研究主線，在前輩的研究成果之上，進行美學研究，我將從歷朝歷代的首飾圖像中進行抽離出來能體現審美觀念的圖片，逐一進行系統闡釋。

〔註21〕《北京文物鑒賞》編委會：《明清金銀首飾》，北京：北京美術攝影出版社，
　　　　2005 年版。
〔註22〕沈從文：《中國古代服飾研究》，上海：上海書店出版社，2002 年版。
〔註23〕朱和平：《中國服飾史稿》，鄭州：中州古籍出版社，2001 年版。

第二節　研究思路

　　本部著作從第一章到最後一張全書貫穿著一條主線：審美性。從原始社會的舊石器時代到清代末期，具有中國傳統審美意味的生命精神充分融合於每一個精美的首飾作品的創作之中，這些首飾或許是為了皇宮或富貴之家女性彰顯社會地位的一種象徵形式，或許體現家族的榮華富貴，或許有其他的內容。但是，不管是宮廷還是民間富貴之家所製造出來的首飾都含有一種對美的深刻期盼和領悟，他們看到了中國傳統首飾自身的美學特徵。

　　本書的研究是基於中國傳統文化這個大的視野環境下進行。第一，本人大量的搜集了一些書籍，包括電子書、紙質書以及各個時代能找到的雜誌，凡是有一處提到首飾，我都不會放過。這些材料有的對首飾圖片進行展示，有的圖與文字相互穿插，還有的就是對某個時期的首飾進行研究等等。這些豐碩的研究成果成為我撰寫這部著作的重要參考資料，也是我以後研究中國傳統工藝美術的重要歷史溯源。

　　第二，我對搜集大量的資料進行吸收與整理。經過一段時間對首飾研究成果的資料搜集，我開始對這些資料中進行詳細分析，一邊閱讀文字一邊讀圖，並認真做好筆記，用自己的話語對研究成果進行重新體悟。在整理和吸收的過程中，我將積極提取這本書所需要的知識點，如審美、造像、形式、題材、象徵、紋飾等等，這樣，在撰寫的過程中，可以直接使用本人的讀圖筆記。

　　在搜集資料這個階段，作者對每一細節資料認真研讀，特別是對於從網絡上下載的資料對其進行核實，著重購買一些紙質版的藝術書籍和美學書籍，將眾多學者所闡述的審美特徵問題，形成了一個差異化的對比，從中找到學者們的共同點，推動整個文本的深入研究。

　　第三，對圖像進行分析。中國傳統首飾的各個時代的圖像有著自身的文化和隱喻性，雖然都是統一在大的傳統文化環境之中，但是每一時代的首飾圖像都是不一樣，就是同一個時代的首飾圖像同類首飾也是不一樣的。如宋代和元明代三代相比，明代的金銀首飾製作手段更為豐富。這時候，累絲、打造和鑲嵌成為區別於宋元兩代的重要工藝。蒲松齡在《七言雜文‧銀匠第十七》中說到：「惟有銀工手不貧，手持銷鐵打金銀。枝葉拔絲如鋼板，掠鉤傾片上錘鏨。耳墜響鈴襯頁額，丁香排環墜耳輪。花纏明珠光照耀，金鑲蝴蝶鬧紛紜。簪頂牢箝石榴子，金箍搖動水波雲。巧為官員鏨銀爵，喜逢美女

打金盆。十鍰（援）金釵媚少婦，千兩銀壺送大人。壽星更騎梅花鹿，天仙又送玉麒麟。全憑加移輕重，又復攙銅亂假真。打作鎗又二錢重，化來只剩銀三分。」從蒲松齡的描寫之中，我們知道，傳統的打造在明代還在使用，但是這個時期開始出現累絲和鑲嵌技術。我們在看宋代的金銀圖像，圖例金荔枝簪（如圖6），植物以及果實是傳統首飾紋飾塑造的重要題材。荔枝圖像用於金帶銙，又稱為御仙花，歐陽修在《歸田錄·卷一二七》中這樣說：「太宗嘗曰：『玉不離石，犀不離角，可貴者惟金也。』乃創為金銙之制，以賜群臣，方團球路以賜兩府，御仙花以賜學士以上。今俗謂球路為『笏頭』，御仙花為『荔枝』，皆失其本號也。」南宋吳曾在《能改齋漫錄卷一十三》：「近年賜帶者多，匠者務為新巧，遂以御仙花枝葉稍繁，改鈒荔枝，而葉極省。」我們這樣就知道，吳曾認為御仙花和荔枝在圖案紋飾上有著差別，御仙花的枝葉比較繁密，而荔枝則簡潔優雅。御仙花太煩密給製作工人帶來了很大的不便。元代的荔枝簪往往是採用浮雕圖案進行表現，荔枝在中間，周圍有不同式樣的枝葉襯托。

圖5：金鑲玉蓮花頂簪　　　　圖6：金荔枝簪

來源：揚之水：《奢華之色：宋元明金銀器研究》，北京：中華書局，2011年版。

來源：揚之水：《奢華之色：宋元明金銀器研究》，北京：中華書局，2011年版。

　　第四，把這些圖像放置在整個傳統思想體系中，與其他的器皿、工藝美術製品進行比較，從而形成獨具特色的首飾創構特色。

　　第五，在撰寫這本書的過程中，始終將藝術學、民俗學、歷史學、藝術

人類學、圖像學、幾何學以及其他的相近的學科融匯到作品的分析和文字撰寫過程之中。在此基礎上，對首飾不同母題進行分類研究，力圖揭示出較為紮實的、較為豐富的首飾審美特徵。在此過程中，要積極吸取相關學科的研究成果，並保持研究課題的前沿性和創新性。

最後，在以上幾點基礎上，本文自始至終高度重視將中國古代藝術理論的現代轉化問題，努力探索中國藝術審美與現代藝術美學、中西美學與藝術理論的對話與融合之路，試圖建構一個既能繼承古代文化、又具有現代意義的中國首飾藝術的審美理論框架。

第三節　研究方法

古代社會是人類社會在發展過程所經歷的重要社會形態，也是人類走向現代文明的重要基礎。古代社會是動物與人在生產勞動實踐過程中互相分離的一個形態體。本文首先以馬克思主義方法論為指導，在內容和觀點論述上努力堅持以歷史唯物主義與辯證唯物主義相結合，堅持以歷史與邏輯相統一的方法。在此基礎上，論文擬採用以下研究方法：美學、二重證據法與思辨相結合、田野考察法、跨學科研究法、歸納法、文獻法以及宏觀與微觀研究等方法，基於這些方法對首飾藝術作審美溯源研究，從首飾圖像中找到首飾意象的外在諸多呈現層面，從線條、造型、構圖、意象創構以及藝術風格等各方面共同對首飾審美特徵進行架構和梳理。

第一，美學研究方法。首飾是中國藝術美學的重要研究對象，也是中國傳統審美意識和繪畫藝術的主要源頭。中國傳統首飾包孕著古代先民對生命精神的體認，孕育著傳統的審美意識，更包含著古代先民對物象的觀看和處理方式。傳統首飾的造型體現了傳統先民稚拙、粗獷而又簡約的審美風尚，也使得我們可以通過首飾圖像來研究傳統審美意識的發展與變遷，為我們當下的藝術作品提供一定的歷史研究資料。

第二，將二重證據與思辨方法相結合，試圖建構中國傳統首飾藝術的審美方法論框架。這種方法以首飾遺址與理論的相互印證，從而實現理論的創新，讓更多的相關學術資源發揮它自身的重要作用，實現歷史與現實、理論與實證高度融合與統一的同時，將創新精神融入其中，並多層次、多視角地互印證，從而開創研究中國傳統首飾藝術審美特徵的新局面或新視角。

　　第三，跨學科研究法：中國傳統首飾藝術的審美研究是一個綜合性的研究對象，它不僅僅是基於不同的材料媒介創作畫面，對所刻繪的圖像進行分析。而且中國首飾還與其他的學科有著千絲萬縷的聯繫，如與文化人類學、生態地理學、考古學、文化生態學、宗教學、藝術學、傳播學、美學、符號學等學科。因此，我們研究中國傳統首飾藝術的審美特徵就要將這些學科的知識資源進行整合與歸納，實現相互印證，相互結合，共同將一個問題探索出來。正如劉錫誠所說的那樣：「研究原始藝術現象……必須超越作品表面所提供的信息，把目光投注到中國文化的深處，投注到相關學科所提供的豐富的資料和方法，才能全面地把握住所要研究的對象的整體。」〔註24〕例如如果沒有藝術學的知識，我們就無法分析首飾的造型是如何塑造的，首飾自身所呈現的形式特徵和藝術風格特徵就無法領會；沒有符號學的知識，我們就無法理解古代先民用不同的材料和紋飾刻繪了很多具有抽象語義的符號都分別代表著什麼意思，沒有考古學的參與，中國傳統首飾就不能被發現等等。因此，為了真正把握中國傳統首飾藝術的審美特徵內涵，我們要綜合運用多個學科，多學科相互交叉，知識交融，你中有我，我中有你，從不同學科的知識交叉範圍中找到相關的知識點，以便更全面地論證中國傳統首飾意象與藝術理論精神在現實中的建構與呈現。除了以上列舉出的學科之外，我們還要借助於歷史學、社會學甚至更多的學科，進一步拓展和更新首飾審美的研究思路。

　　第四，現場實物圖像研究方法。中國傳統首飾藝術的審美特徵主要保存於古代的首飾圖像之中，以圖像為原點，從圖像中來分析首飾的審美特徵。古代先民是以圖像向我們當下人講述那個時代曾經發生的事情，有圖必有意，圖像後面所隱藏的某種內涵均是要通過圖像向我們呈現的，雖然有的古籍中詳細記錄了首飾的線索，但是，文獻記錄缺乏對當時創作的論證，有的記錄甚至有些類似傳說或神話的意味，我們要借鑒田野考察對首飾現場圖像進行審美研究。潘天壽說：「時代正由讀寫為主向視聽為主，而視聽時代一個重要特點便是密集信息造成圖像的濃縮和語言的省略，畫家更是沒有完整的時間啃大部頭的史論著作。」傳統首飾圖像大多數都是承載著某種民俗、宗教語言性質的，而這些圖像藝術品都是人類意象世界的產物和結晶。因此，

〔註24〕劉錫誠：《原始藝術與民間文化》，中國民間文藝出版社，1988年版，第200頁。

我們要借助於田野調查的研究成果，對具體現實的圖像進行分類研究和審美特徵研究，並加以概括和歸納，總結出傳統首飾意象的理論脈絡。

運用這種方法時要注意以下三個問題：首先，對現場的實物圖像要體現實證精神，要尊重歷史實物圖像，尊重其周圍的社會環境以及居民現在的居住狀態，依據歷史實物圖像對傳統首飾審美特徵進行深刻研究，不盲從，不跟風，要秉持對實物圖像實事求是的探索求證精神，不能偏離現場實物圖像的表層結構而作主觀化的猜測和臆斷。其次，我們要把中國傳統首飾審美特徵放置在整個中國美學思想發展史的大的構架之中，來考慮傳統首飾審美特徵在整個美學發展進程中的地位和意義，從一定的學術高度進行前後分析和研判，注重不同時代的政治、經濟以及當地民俗對首飾審美的影響，深切體悟現實實物圖像中所體現的原境性。再次，要注意保護現場圖像，在調研完畢的時候，要注重恢復圖像的原來面貌，盡最大努力保護和修復周圍的原生態環境。

第五，文獻研究法。文獻是研究中國傳統首飾審美特徵的主要陣地，是除了考察法之外另外一個重要研究方法。涉及到首飾的文獻比較多，而且，我們能直接從市場中或者網絡中直接擁有文獻。這些文獻資料涉及到不同的方向，有的是介紹藝術本身的，有的是宗教的，還有的是考古的，這些不同方向的研究資料為我們研究首飾的審美特徵提供了可以借鑒的新視野和新切入點。本文在撰寫的過程中，下載、購買、借閱文獻資料（書籍）400多本，特別是中國知網提供了大量的這方面的論文，包含不同學科，不同研究視角，並且將這些資料通過軟件識別，做成可以識別的、容易查閱的 word 或 pdf 文檔。

第六，歷史方法。原始文化和傳統首飾的研究方法之一就是我們確定怎樣用現代的視覺語言和思想觀念去還原當時的所發生的場景。由於現代人和古代人類之間發生時間和空間的斷裂，我們無法將對面的古代人類請過來來講述首飾是如何創作的，每一幅首飾的內涵是什麼，等等，我們只能通過對圖像進行審讀來還原傳統的歷史文化語境，以那個年代的思想去敘述那個時代所發生的故事。牛克誠也要求研究古代藝術要從歷史切入的方法進行研究，還原古代藝術的生存的原有環境。從以上兩位專家的言語中我們可以得知，我們研究原始藝術就要回歸到那個時代的「原境」，用那個時代先民自己的話語去講述首飾圖像自有的時代內涵，撇去現代人的思維偏見，運用古代社會

所形成的思維觀念、造型方式以及審美情趣對首飾圖像進行概括和總結。

本書在充分掌握有關歷史資料與圖像的前提下，積極運用文獻查閱、網絡調研、個案研究、專家訪談等研究手段，結合中外學者的研究成果，積極通過網絡、電話或者電子郵件諮詢有關專家與學者，並將宏觀研究和微觀研究統一起來，形成一個既能體現整體與局部，又能呈現繼承與創新的首飾論文。

綜上所述，傳統首飾藝術的審美特徵是中華民族在長期的審美實踐與生產過程中逐漸積累形成的，其中就孕涵了中國傳統首飾的藝術實踐。它是由傳統先民在長期的勞動與生產實踐的過程中得到啟發並創造的，是中華民族審美實踐的具體結晶和體現。這種獨具特色的傳統藝術審美，值得我們後代學人借鑒、傳承與發展。我們在研究古代首飾審美特徵的時候，要最大限度地將以上的方法與手段融合為一，「應儘量中西參照，方法多元，視野開闊，在重視中國美學獨特性、整體性的基礎上對其進行規範、總結，使其更加學理化，從而為當代美學，乃至為世界美學提供源頭活水。」〔註25〕我們要從全球意識和當代意識出發深化對中國傳統首飾的審美特徵研究，加強與全球首飾學者之間的對話與交流，會通中西，兼容古今，以當下的審美精神和首飾研究的實際出發，充分汲取中華民族優秀的藝術形式和理論，並將其發揚光大，不斷地將我們祖先的藝術話語通過一定的渠道傳播出去，並且把國外的一些研究成果傳播到中國來。在世界首飾藝術的審美特徵研究範圍中，我們需要有中國傳統文化和中國首飾學者的話語，在此基礎上，積極在全世界建構基於中華傳統美學視野下的首飾審美話語。本書引用了相關學科的成果，但是並沒有侷限於此，而是基於前輩研究的成果提出了自己的新說、新解，用原境的話語去訴說首飾自身的原始意象。雖說首飾是靜止的、不會言語的，但是我們要從空間、想像力、跨學科、跨文化以及尋找同類圖像等方面對其進行平行互證。

研究中國傳統的首飾審美，就要基於傳統視野，利用傳統的文藝理論，緊抓古代首飾工匠留下來的圖片，進行分析和研究，特別需要放開視野，對圖片和實物進行探索，不能一味的追求速度，要對傳統首飾上的紋飾進行田野考古，找到出處，要多問自己幾個問題，這樣，我們的首飾審美才能研究好。

〔註25〕朱志榮、朱媛著：《中國審美意識通史》（史前卷），北京：人民出版社，2017年版，第15頁。

第四節　研究價值

　　中華傳統五千年的文明歷史，在歷史長河中古代人民給我們後人留下了豐富而又寶貴的精神財富和創作思想財富。從原始社會的岩畫到清朝各種瓷器和玉器，這些傳統工藝美術為我們現代人提供了欣賞古代人創作藝術作品的審美趣味和題材，這些古代藝術品也為我們開闢了豐盛的精神食糧戰場，它們的每一個造型、型制、形式、顏色以及紋飾都代表著古代藝人對美好生活嚮往之情，更體現了古代人類用最美的感性物象去彰顯極具美學的物質文化。華東師範大學朱志榮教授在《中國審美意識通史・史前卷》中提到：「中國古人寄託在器物等創造中的那些尚未概括和總結的審美意識，與中國美學思想史和美學理論史共同組成了中國美學史的整體。因此，當代的中國美學史研究和美學理論建設必須珍視和研究中國審美意識史。」〔註26〕因此，我們可以說，研究中國傳統首飾的審美特徵是追蹤溯源的重要形式，是我們探究古代傳統文化和物質文化的重要方式，我們研究中國傳統首飾的審美，就是發展古代文化的創構思想，我們要繼承古人的創作經驗和理論知識，將古人的藝術思想與現代的藝術觀念相結合，並應用於我們的日常生活中，使得我們所繼承的知識和思想能夠產生一定的實踐價值，為社會主義建設服務。

一、必要性

　　現代的社會發展速度太快，而且這樣容易失去我們以前的自我。我們的國家是擁有五千年的偉大文明與歷史，這些歷史我們可以概括成中國傳統優秀文化，是傳統文化將我們的屬性保留住，是傳統文化推進我們向前進，特別是現代文化的多元性，我們要找到自己的傳統藝術文化在那裡，就要找到文化的「根」。我們在現實生活中經常說，我們現代人要積極繼承傳統文化。弘揚傳統文化，發展傳統文化。那麼，我們怎麼才能去繼承、弘揚和發展呢？必須有對策和策略！顯然，我們研究中國傳統首飾藝術是繼承、傳承、發展中國傳統優秀文化的重要切入點，畢竟，中國古代首飾是傳統文化的物質呈現，是被受眾觀看到和體察到的，不是抽象的，而是具體的，被人們經常佩戴的。所以，我們在這裡研究傳統首飾審美，就是把我們老祖宗好的藝術創造理論保留住，為我們當下的藝術創作服務。

〔註26〕朱志榮、朱媛著：《中國審美意識通史》（史前卷），北京：人民出版社，2017年版，第14頁。

　　中國古代首飾體現了古代手工藝人的審美意識，更是一些重要美學思想的溯源地之一。縱觀中國美學思想的發展史，很多的偉大美學家的美學思想都是從這些造物中進行高度概括和總結出來的，孔孟、莊子、劉勰的《文心雕龍》、王國維的《人間詞話》以及《髹飾錄》等精闢的美學思想觀念，都是從一些藝術作品中體悟出來的。中國傳統首飾從原始社會一直到明清時期，不管民間還是宮廷有很多且精美的首飾精品，這些藝術精品都成為們對審美意識進行總結和概括的重要切入點。因此，對於傳統首飾藝術的審美研究必須得到高度重視。

　　研究傳統首飾的審美可以更好的與西方美學、工藝進行交流，形成獨具特色的中華工藝文化。中國傳統的首飾藝術是區別於西方的飾品設計，中國的首飾內蘊著中華文明生生不息的生命精神，孕育著中國傳統人文內涵，更體現了中國人看待宇宙、自然物象的哲學觀念，彰顯了中國人對美好生活的期盼的美好願望。這些西方的首飾設計是不具有，且很難有的，中華民族的首飾本身就是一種哲學化的藝術精品，而西方的首飾設計更多偏重於奢華與功能性。因此，我們要研究傳統首飾，就是建構與西方的相互對話，把中國首飾設計的思想傳到西方，形成具有話語權的設計思想。

　　縱觀中國發展五千年的發展歷史，中國各個朝代的審美精神和審美趣味都要通過這些工藝品、器物或者繪畫進行世代相傳，這些對象對於受眾來說都是感性的，也融入了社會人群的內心深處，更為直接的表現了受眾的心理情感。中華藝術的各類工藝美術品或者藝術品都是中華審美精神的高度承載體，對象上的各種造型、形式、紋飾等都是潛移默化的影響著和散發著中華審美精神。宗白華在書中強調中國傳統的物態化的藝術作品，他說：「從美學觀點看，最早的，值得研究的首飾是陶器上的花紋。這些花紋不盡是模仿自然的形象，多是人的創造。」〔註27〕又說：「我們要從這些材料出發，研究中國美感的特點和發展規律，找出中國美學的特點，找出中國美學發展史的規律來。」〔註28〕宗白華強調從下而上的工藝品或者藝術品的研究，他認為陶器上的一些花紋均是來自於自然，都是對大自然的高度模仿。

　　研究中國傳統首飾的審美為我們現代的首飾的裝飾和造像提供了重要的

〔註27〕宗白華：《宗白華全集》第三卷，合肥：安徽教育出版社，1994 年版，第 595頁。

〔註28〕宗白華：《宗白華全集》第三卷，合肥：安徽教育出版社，1994 年版，第 595頁。

理論引入和圖像參照。中國古代的首飾設計具有高超的設計思想和審美觀念，凝聚了哲學、民族學、民俗學、藝術學、藝術人類學以及文藝學的思想，這些思想被作者濃縮成一個個精美絕倫的首飾藝術品，這些首飾作品都可以作為我們現代教學的模板，作為我們設計思想的開路先鋒，而且，中國古代首飾設計可以為當下的文化創意提供一定的幫助作用。

　　綜上所述，中國傳統首飾藝術的審美特徵是我們研究中華審美精神的一個重要切入點，也是我們探尋中華審美精神的載體的重要形式，我們研究首飾審美，就要將古代的設計思想和美學思想轉化為我們當下的設計思想和美學觀念，繼承和發展這些老祖宗留下來的優秀傳統物質文化，並且我們要從傳統首飾的對象中找尋和歸納一些美學意識，形成具有中國特色的首飾審美理論。我們可以說，研究中國傳統首飾是對古代美學思想的一個方面的繼承和發展，因為中國傳統首飾是古代手藝人對前代或同代審美實踐和審美意識的高度概括，我們繼承這些思想就等於我們要對這些思想進行當下的實踐應用。

二、時代性

　　時代性對於中國傳統首飾來說，可以說再合適不過了！首飾在中華民族的文化長河中呈現出了和時代相向而行的藝術風格，但是又在各個時代又產生出不同的藝術風格，如原始社會的首飾較為簡樸，做工和美學觀念較為樸拙。夏商周的首飾獰厲恐怖，唐朝的首飾彰顯雍容華貴之象，而宋代的首飾製品呈現皇家為主並開始大量使用一些新的技術，恰恰到了明清首飾，大量的金、銀、玉以及琺瑯不斷用在首飾上，材料之間相互穿插，打破了原有首飾單個材料的限制，形成了你中有我，我中有你的新材料格局。

　　每一個時代的首飾藝術也深深的反映了時代的需求。原始社會的時代需求是能夠對動物產生一定的威懾和祈禱作用，帶上首飾能使得先民們產生一定的巫術能力，如捕獲獵物或者象徵著勇猛等等。這種需要是建構在對事物和社會的各種物質或者精神需要之上的，「如在陶器的紋飾中，對鳥、魚、蛙等各種動物的描摹和組合表明了他們對外在物象的體認，寄託了古人的審美理想。諸如時期時代對石材的選擇，賦予色彩以特定的文化意味等，都是審美意識的體現。」〔註29〕正如朱志榮教授所講的那樣，動物紋飾寄託了古代

〔註29〕朱志榮、朱媛著：《中國審美意識通史》（史前卷），北京：人民出版社，2017年版，第6頁。

先民對時代的需要，那麼首飾這種筆簡小、但是又被賦予力量的對象又被時代賦予了重要的生命精神色彩。如明代的女子頭上的《金鑲玉珠玉魚藍觀音挑心》（圖7），明代女子比較講究盛裝，把整個頭髮裝飾的滿頭都是，一些首飾就開始裝扮於這些女子頭髮之上，這種佛像挑心最初來源於兩宋時期，它是將觀音寶冠上面的化佛應用到現實生活之中，特別是「仁宗黃帝每日頭上戴一枚，大者襆頭帽子裏戴，小者冠子裏戴，嘗言：我無德，每日多少人呼萬歲，教佛當之。」這支挑心以金為底座，內嵌一個玉製的佛像。在佛像的背後有用白玉做成的鏤空的底紋，金累絲做成蓮花臺，佛像端坐在上面，蓮花臺的兩邊有蓮葉和五朵蓮花伸展並合成底座。整個首飾以「白玉為質，便更顯俏靜。用作挑心，似乎真正是『頂禮膜拜』，但此中滲透的仍是世俗情感。信仰與裝飾的結合，固有祥瑞、護佑之期盼，然而對美的追求該是遠過於宗教修習意義。」〔註30〕從揚之水所揭示出的道理來看，這個時代是需要像佛、玉以及金的首飾存在，這些物質上的材料不但呈現出一種裝飾性，而且更重要的是出於宗教性。

圖7：金鑲玉珠玉魚藍觀音挑心　　圖8：金鑲寶桃枝花鳥掩鬢一對

來源：揚之水：《奢華之色：宋元明　　　　來源：揚之水：《奢華之色：宋元明金
　　　金銀器研究》，北京：中華書　　　　　　銀器研究》，北京：中華書局，
　　　局，2011年版。　　　　　　　　　　　2011年版。

〔註30〕揚之水：《奢華之色：宋元明金銀器研究》（卷2），北京：中華書局，2011年版，第20頁。

　　首飾存在於任何一個時代中，在首飾上能找出具有時代的裝飾特徵。時代的變化會賦予物質器件，在物質器件上會清楚的反映這個時代最主要的紋飾或者象徵物。如明代的「掩鬢」首飾，這個「掩鬢」是明代的特有的典型首飾之一，最常見的形式：花朵、在花朵之上有各種吉祥紋飾，還有在祥雲上面托著觀音菩薩，但是這些造型最初在唐代壁畫（如圖9）上出現，後來，明代的作者把掩鬢看成一個具有神秘的東西。

圖 9：敦煌石窟筆劃第 334、320 壁畫

　　總之，研究中國傳統首飾的審美特徵對於我們來說具有一定的時代性，通過首飾，我們可以觀看千奇百怪的首飾視覺圖像。通過觀看這個首飾圖像，我們能夠還原當初的審美語境，通過架構首飾的審美時代性，我們能夠學習到這個時代的主要特徵是什麼，我們能夠清楚的知道，不會去盲從，更不會將一個時代的首飾紋飾說成另一個時代的主要審美特徵。

第五節　研究意義

　　史前藝術就是現代文明的「源頭活水」。中國古代審美意識主要通過先

民的造物、繪畫體現出來，特別是通過岩畫這種形式將先民的內在審美意蘊和外在對生活熱情洋溢的讚頌鮮明生動地表現在畫面上。岩畫是人類進行藝術創作的最初級的藝術形式和藝術種類，是原始人類社會物質和精神的高度濃縮，孕育了中華民族樸素而又逸靜的審美意識。它的線條、造型、構圖等形式以及意象等方面的特點，時時刻刻地都被後代人所借鑒，成為我們造物和研究對象的一個重要的切入點。研究原始藝術就可以幫助我們回答原始思維、宗教巫術以及原始藝術的特點是如何發生與建構的。因此，我們研究古代文化就是在研究人類的最初發展階段的文明，它對中國藝術審美視域的全新建構具有某種拓荒作用。它「將中國審美意識史溯源上溯了數萬年，而且對於我們今天將中國傳統的美學精神發揚光大、走向世界提供了重要的感性資源」〔註 31〕。

　　中國傳統首飾藝術的審美特徵研究可以激活中國傳統藝術美學的潛在資源，實現其價值，並讓其在當下發揮重要的作用。首先，中國傳統藝術品類繁多，且都深深地植根於傳統社會之中，我們研究中國首飾藝術的審美將為其他的傳統藝術審美提供了一個契機，極大地拓寬了傳統藝術審美的研究資源，豐富和完善了中國藝術史的研究。其次，研究中國首飾藝術的審美特徵可以拓展和彰顯中國古代文論在當下的學術價值。中國首飾藝術的審美特徵研究將提升首飾研究的新視野和新視角，用線、形、意的話語去訴說先民的祈願，這為當下的旅遊文化和文化創意產業的發展注入了新的活力。再次，研究首飾藝術的審美特徵可以豐富中國古代意象理論體系，通過對首飾審美意象的研究，使得我們的審美意象史研究可以追蹤溯源，以史前作為起源點，以線的形式嚮明清發展，使得中國審美意象成為一個研究整體。可以說，沒有中國傳統首飾藝術的加入，中國古代審美理論就不完整，它顯然是中國古代美學體系中一個重要的組成部分，以當下的研究視角來詮釋具有傳統美學中的一個「點」，對於整個美學界的學者們來說具有極其重要的現實和歷史意義。

　　中國傳統首飾的審美特徵研究，可以為藝術意象理論、藝術史以及美術史提供新的研究思路和研究方法。本研究對象是多學科的整合研究，也就是說，我們研究藝術史、美術史以及各類藝術意象都需要使用很多學科的資

〔註 31〕朱志榮、朱媛著：《中國審美意識通史》（史前卷），北京：人民出版社，2017年版，第 4 頁。

源。中國傳統首飾的審美特徵自身有著自己的研究特點，我們要從田野考察開始，對文獻和遺跡通過二重證據法進行比較研究，在此基礎上對各類首飾母題意象進行研究，形成了宏觀與微觀相結合的研究思路，這種研究思路為我們當下研究藝術史或美術史提供了借鑒。中國傳統首飾是原始先民自身的話語傳播形式，它運用點、線、面等美術元素將一個個生動活潑的造型意象傳播開來，我們要緊密結合現實圖像、文獻研究、歷史研究、跨學科研究以及田野調查研究等研究方法，來探尋和建構中國傳統首飾的審美意象，這類研究還為我們研究現代一些少數民族的藝術意象提供了研究思路和方法。

我們要立足於當下的藝術審美，結合中國傳統首飾的審美特徵對當下的藝術現象進行深度的挖掘剖析。當下，我們生活在一個後現代藝術的世界裏，不同的藝術種類具有不同程度的審美表現。我們要從當代這些審美表現出發，不斷地挖掘和探究中國古代繪畫藝術的審美及其表現形式，特別是對中國古代意象要進行深層次挖掘和探究，還原先民造物的初心，並將先民的文藝思想進行彙編整理，使之成為我們後代學人研究古代社會的重要參考資料。

總而言之，研究中國傳統首飾的審美特徵是基於傳統文化視角下的一種圖像的審美觀照，是對後代造型藝術的溯源，研究傳統首飾的審美特徵有利於豐富和彌補當下造型藝術呈像的一些審美缺憾，豐富現當代的旅遊文化形式，增加現當代旅遊文化場所，為當下的文化創意產品設計提供一些鮮活的生命力。當下藝術的研究既要體現藝術的時代性和文化性，又要彰顯中華民族優秀文化傳統的審美精神。這就需要這類具有古典審美意味的傳統物態化資源為當代藝術創作提供新的視角，為現當代的裝飾藝術提供了新的題材和審美資源。因此，我們要積極挖掘古代藝術的審美表現，特別是傳統首飾藝術的審美特徵，並基於這類藝術的審美特徵來為現當代的文化形式服務，以此拓展人們的審美視域，滿足人類自身的精神需求。

第一章　中國傳統首飾藝術的審美演進

　　在今天，「傳統首飾」這個在我們日常生活中耳熟能詳的古老命題彷彿開始融入到我們的現實生活中，自古以來，「首飾」作為服飾實用美術的重要視角，它在社會生活中擁有著美麗和雍容華貴的文化形式，一方面，作為歷史文化的諸多元素之一，「首飾」是運用色彩、文化、造型、工藝、材料等形式來彰顯主人公的身份地位；另一方面，首飾文化「這一敘事方式而在文本內蘊和深度上有所削弱相反，這種情景因為有了作家敘事策略上的『退』而獲得了思想表達上的『進』和藝術手法上的新。」〔註1〕「首飾」，顧名思義就是起源於對頭面的裝飾和打扮，它是一種「有情感的文化」的風格體現，這種首飾文化是以封建社會的頭面飾品為主要表現對象，隨著成人世界自我隱性秘密的釋放，它也發展到對整個身體的裝飾。

　　首飾，顧名思義就是佩戴在頭上或者其他部位並表現出一定的審美情趣裝飾物，「早期是專門指男子之首服。」〔註2〕後期則加入女性、兒童等飾品，比如簪、墜、釵、梳、鐲、環、戒指以及其他配件。它是隨著服飾文化的發展而不斷演進，與其他裝飾品相比較，首飾的審美性和裝飾性更強，因而主要服務於女性群體。據《後漢書·輿服志》記載「：「秦雄諸侯，乃加其武將首飾為絳袙，以表貴賤。」又說：「後世聖人……見鳥獸有冠角、䫇鬚之制，遂作冠冕纓蕤，以為首飾。」這裡所提到「首飾」一詞更多的指向狹隘層面上的

〔註1〕沈杏培：《童眸裏的世界：別有洞天的文學空間》〔J〕，《江蘇社會科學》，2009
　　　　年1月，第167～172頁。
〔註2〕揚之水：《中國古代金銀首飾》，北京：故宮博出版社，2014年版，第17頁。

頭部佩飾，不包括其他部位並使人產生美感的飾物〔註3〕。

圖1：加里曼丹族婦女的首飾裝飾

　　中國古典文化具有五千多年的文明傳播史，在原始社會日常的狩獵活動中，先輩在經過多次與歷史交鋒，把自身的具有民族概念化的文化保留在身邊，使得我們為首飾藝術的社會學層面發展提供了新的社會視角和理論空間。在距今約五萬年至六萬年的舊石器時代，由於人的直立行走和運用石器漁獵的原因，人類鍛鍊了自己的審美與對社會生活生存的關注，在先秦時期，人類就開始主動的選擇一些怪誕神奇的材料，並在閑暇時間來製造各種裝飾品來裝扮自己，這些材料已經不是通常意義上的單一性結構、普遍性的價值屬性，它所呈現的是經過精心布置以及加入當時無與倫比的情感工藝。如石墨、瑪瑙、石英石、礫石等石質材料。如在遼寧海城小孤山發現的骨針。先人對材料的感性視覺肯定源於對社會價值和材料情感的觸發和回歸，這些材料更符合那個時代的某種民族自律性或民族心理的抒發，這無疑於將物象的生動客觀性去表現極盡奢華、虛構的場景，無論是創作者還是受眾，

〔註3〕這裡「具有美感的事物」更多指的是以某種具體的物象為媒介，並通過這種
　　　　物象使主體具有超越個體自身的表面視覺形象，而形成某種超越物質存在的
　　　　神秘精神情態。

他們的表面形象多充斥著其自身審美情感的立場和敘事傾向。

　　在我國古代時期，首飾的取材往往與變化多變的自然界有著很大的依賴關係，並和人工對審美材質的探究相結合起來，探索出多種多樣的材質和首飾分類。據《後漢書·輿服志》曰：「上古衣毛而冒皮，」用飾物來表達對於美、禁忌、崇拜以及性的裝飾。如在北京海澱區上莊鄉出土的清代《累絲嵌珠寶蝦形金飾》，整個飾物採用精緻的累絲工藝鍛製，作者用金、紅寶石材料非常逼真的打造出一隻金燦燦的並富有裝飾美感的立體大蝦，在大蝦的脊背上，作者還別有趣味的鑲嵌了一顆巨大的橢圓形的紅寶石，在大蝦的四周圍有蓮花以及其他水生植物，一方面，金、紅寶石材質在當時社會環境下的使用包含了作者對於美的執著追求。另一方面，雖然說藝術品不能脫離基本的造物屬性〔註4〕，但首飾是以特殊的藝術形式構思成一種孕育的物化過程，「因為這是一件無比重要的事實，……任何藝人都對自己的媒介感到特殊的愉快，而且賞識自己媒介的特殊能力。這種愉快和能力感當然不僅僅在他實際進行操作時才有。他的受魅惑的想像就生活在他的媒介能力裏；他靠媒介來思索，來感受；媒介是他的審美想像的特殊身體，而他的審美想像則是媒介的唯一特殊靈魂。」

圖2：清代累絲嵌珠寶蝦形金飾

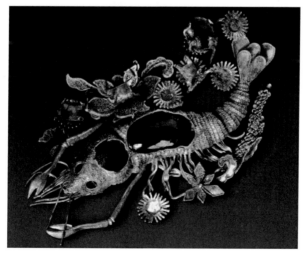

來源：《北京文物鑒賞》編委會：《北京文物鑒賞：明清金銀首飾》，北京：北京
　　　美術攝影出版社2005年版。

〔註4〕在《作為簇概念「藝術」》（"'Art' as a cluster concept"）中，貝伊斯·高特借
　　　用維特根斯坦的哲學，提出藝術資格的標準：作品擁有審美屬性、情感、智
　　　力、形式、傳達，觀點、想像力、技巧、以及意圖。

　　中國傳統首飾藝術把人們的審美轉變為世俗化的審美傾向〔註5〕，把凡夫俗子的高雅姿態被巨大的社會倫理給折服。雖然，它對於美化〔註6〕某種紋飾有著一定的教化作用。但是，同時這種建構的語言也消解了紋飾與造型之間存在著不同審美意義〔註7〕的鴻溝，如在南朝時的「歌謠文理，與世推移」的社會環境中，首飾文化不得不轉向被文人鄙視的庸俗化體系中。如宋代的銀鍍金項圈，項圈出土於浙江寧波天封塔的宋代地窖，整個項圈失去了唐代的雍容華貴和婦女追求美好形象的裝飾風格，在藝術家看來是以社會認識衍生出物質極度匱乏的理性認識，並在其中試圖構築一個理想的實用社會。整個項圈造型為圓形制，鏨刻雙線帶連珠紋飾，雙線中間鏨刻有盛世牡丹（富貴），項圈在邊緣的處理上更加採用變化與統一的圓線紋和富有波浪性質的心形線。另外，這種造像所追求的是對自身思想日益變化的舊有視角的全新敘述和認知〔註8〕，是教化下的血緣社會對先人的繼承和對人的思想模式禮儀的低度反響。

　　中國傳統首飾藝術所使用的材質〔註9〕主要包含有金、銀、瑪瑙、綠松石、銅、竹子、骨、玉、蚌等。藝術家就是運用材料進行生命活動的再創造，一件作品的誕生就是一個幻想構造的孕育過程。按照首飾的實用功能性可分為六大類。即：髮飾（簪、釵、梳篦、扁方、步搖、花鈿、華勝等）、耳飾（耳環、耳墜、耳璫）、項飾（金項圈、瓔珞、項圈鎖、長命鎖、筒狀鎖、銀質掛件、別針、紐扣、領扣等）、手鐲（壁釧、金銀釧、金銀鐲、戒指）、佩飾以及服飾等品類。

　　傳統首飾藝術的文化屬性就規定了它屬於一種歷史的「近似物」，這種歷史歷史的近似物具有一定的指向性，它所稱的是傳統首飾藝術自身的人文歷

〔註5〕這種世俗化的審美傾向本人認為就是對審美思維的一種挽救和撫慰。在《美與藝術理論系譜》（"Beauty and the Genealogy of Art Theory"）一文中，卡羅爾警告說：一種師徒挽救審美路徑的方式是重新有效地界定「審美」的意義，以使作為對藝術的適當反應的所有事物被重新制定為一種審美的反應。

〔註6〕這裡我覺得「美化」是以一種概念上的詞彙出發的，也就是揭示出人類對物質生活和精神生活如何進行裝扮。當然，不同的民族對於「美化」的看法也相應不一致，畢竟不同的民族是站在自身的民族文化的角度對詞彙的設置。

〔註7〕這些審美意義包括審美愉悅、審美鑑賞、以及審美價值。

〔註8〕它體現了新時期對於首飾藝術所表達的情與景的複合物，從人到物的視覺演變，從物到受眾之間所表達的旨趣，都在說明創作者所進行的某種行為是符合那個時代人的審美要求。

〔註9〕指的是材料或者選材，在傳統工藝美術活動中，物質材料是製作工藝美術品的重要基礎，沒有物質，整個的設計物象的審美就不能得到顯現。

史、材料、造型、形狀、形式、以及佩戴所形成的美感等。當這種指向性在某一個階段或者某一個指稱方面發生某種帶有某種意圖性的呈現時，詮釋總是將某件作品作為製造者後面的意圖體現出一種穩固的內在聯繫，當然，這種關係是具有規定性的和描述性的解釋性過程。當我們理解浙江餘姚河姆渡遺址中發現 4 隻形似辣椒造型並用獸齒製成的頸飾的時，我們要找尋河姆渡文化所形成的歷史範圍和場景，找到當初原始社會所製造辣椒造型首飾的目的和意圖是什麼，還要建構在時空觀基礎上的對原始社會的空間理解上。從各種骨飾中找到這種詮釋活動發生的過程，一方面，這種材質的使用包含對自身體魄和勇敢的讚美，對這種飾物賦予更多的原始文化巫術意義。另一方面，雖然說藝術品不能脫離基本的造物屬性，但首飾是以特殊的藝術形式構思成一種孕育的物化過程，「因為這是一件無比重要的事實，……任何藝人都對自己的媒介趕到特殊的愉快，而且賞識自己媒介的特殊能力。這種愉快和能力感當然不僅僅在他實際進行操作時才有。他的受魅惑的想像就生活在他的媒介能力裏；他靠媒介來思索，來感受；媒介是他的審美想像的特殊身體，而他的審美想像則是媒介的唯一特殊靈魂。」〔註 10〕

　　詮釋理論要求我們認真對於作品或者文本進行有秩序的「翻譯」，翻譯的概念不單單是「Translation」，更重要的是闡釋作品中帶有穩定關係的「話語」。而翻譯的內容是什麼呢？這種翻譯是從屬於藝術作品自身還是主體對文本界於某種語境下的「翻譯」？這些問題其實我們先瞭解一下傳統首飾作品它所轉向而產生的過程本身就可以的。傳統首飾藝術具有一定的「歷史化」和「諷喻化」，我們要把這種藝術作品置於它賴以產生的歷史語境之中並進行解讀，解讀歷史所形成的某種策略，例如原始社會的首飾藝術是介於感性基礎上的拜神活動，而商周時代則是我國青銅藝術達到頂峰的時期，也是承載著描繪人的內心思維活動的外在表現物。那個時期首飾藝術被作為青銅藝術的一個種類，也凸顯著人類對於技術與材料的檢視。「它運用的語言這種彈性最大的材料也是直接屬於精神的，是最有能力掌握精神的旨趣和活動，並且顯現出他們在內心中那種生動鮮明模樣的。」〔註 11〕

〔註 10〕〔英〕鮑桑葵：《美學三講》，周煦良譯，上海：上海譯文出版社，1983 年版，第 31 頁。

〔註 11〕〔德〕黑格爾：《美學》第三卷‧下冊，朱兆潛譯，北京：商務印書館，1981 年版，第 19 頁。

在「諷喻化」的詮釋活動中，我們要對於傳統首飾作品在歷史形成過程中不管受眾還是製作者都在這個活動中需要做些什麼，這種歷史性的諷喻化可能超越了當時的歷史語境，也就是說，我們要用另外一種符合以及超越歷史作品自身的「普遍」解釋力量，這種諷喻化強調在隱喻性和對文本自身的闡釋上，將實用與實際生活所突出的人文內涵表現在歷史過程中，去詮釋傳統首飾作品所具有的文本呈現策略。如秦漢階段，儒學的核心價值觀的提出適合了這個時代為君主服務的觀念，並影響與改變了春秋戰國時期的車途異軌、衣冠異制的局面。古代從漢代以來，服飾的改變超越了「普遍」的解釋力量，將具有規範秩序化的制度賦予那個時代的某些作品。「禮儀之邦」的教化則使得首飾文化肩負著讓社會的各種行為規範「內化於心。」再加上與西域加強交流和溝通，人們的審美指向和構建逐漸「調適著與根深蒂固的入學關係，加之教人救贖的佛教給人哲思。」〔註12〕首飾藝術在這時期大量的在各個階層中出現，實用化的首飾用品在這時期演變為塑造貴族婦女、體現財富、美化髮飾、象徵信物的重要修飾體。如重慶明墓出土的金髮釵以及湖南長沙馬王堆漢墓帛畫中的墓主人頭上佩戴的綴有珍珠飾品的步搖最為典型。

詮釋理論另外一種解釋理論就是「中性原則」，這個原則的提出是為了詮釋本身在分析作品過程中的正確性，也就是說，將形式與尊重設計者和製造者原來的「意圖性」作為解釋的一個重要因素，那麼在我們古代社會中，明清是中國封建社會最後兩個專制、統一的王朝，兩個時代飾物的材質、圖案以及造像更加趨向日漸式微和吉祥寓意，由民間的藝術活動形式轉變為官辦，在保留唐宋的某些特徵前提下，在創制觀念內容上轉向世俗正統化：「由元代規定的「顧姑冠」回到漢宋以來的戴鳳冠、著霞帔的裝扮。」〔註13〕如北京定陵出土的皇后鳳冠。首飾的使用也區分不同的人群，這樣就產生了種類的多樣性，製作工藝更加精緻，如鏨刻、花絲、鑲嵌以及鎏金等。寶石、瑪瑙、翡翠以及珊瑚等貴重材質運用到宮廷首飾文化中，反映出濃鬱的等級世俗情懷。而民間首飾文化多以銀質材料為基礎。據（清）張廷玉的《明史·志

〔註12〕張維青：《魏晉六朝時期玄學思潮與審美觀照的契合會通》，《齊魯藝苑》，2005 年第 3 期，第 85～91 頁。

〔註13〕杭海：《妝匣遺珍——明清至民國時期女性傳統銀飾》，北京：生活·讀書·新知三聯書店，2005 年版，第 116 頁。

卷 067 志第四十三・輿服三》記載：「今群臣既以梁冠、絳衣為朝服，不敢用冕，則外命婦亦不當服翟衣以朝。命禮部議之。奏定，命婦以山松特髻、假鬢花鈿、真紅大袖衣、珠翠蹙金霞帔為朝服。以硃翠角冠、金珠花釵、闊袖雜色綠緣為燕居之用。一品，衣金繡文霞帔，金珠翠妝飾，玉墜。二品，衣金繡雲肩大雜花霞帔，金珠翠妝飾，金墜子。三品，衣金繡大雜花霞帔，珠翠妝飾，金墜子。四品，衣繡小雜花霞帔，翠妝飾，金墜子。五品，衣銷金大雜花霞帔，生色畫絹起花妝飾，金墜子。六品、七品，衣銷金小雜花霞帔，生色畫絹起花妝飾，鍍金銀墜子。八品、九品，衣大紅素羅霞帔，生色畫絹妝飾，銀墜子。首飾，一品、二品，金玉珠翠。三品、四品，金珠翠。五品，金翠。六品以下，金鍍銀，間用珠。」如北京海淀區青龍橋董四墓村明墓出土的明代累絲鑲嵌寶金釵。此件飾品採用御用金色，運用累絲、鑲嵌、鏨刻等工藝加工而成，釵中焊接了一個金錢盆，配上瑪瑙，色彩奪目，意趣高遠。在裝飾題材上，人物故事、福祿壽、神話、動植物（花草為主）、龍、鳳、麒麟等母體紋樣被鏨刻工藝嵌進飾物的表面物質體中。如清代福建地區的銀器仕女遊春銀配飾、香包式鎏金銀掛飾以及長命富貴蓮生貴子銀鎖等等都是比較著名的作品。除了以上的題材之外還有蓮生貴子、八仙過海、望子成龍、狀元及第、白蛇傳等具有程式化的吉祥故事教化題材。作為強勢文化的載體映入明清主題易趣的具體物象世態的觀照中，這種觀照可以說典型地反映了人性的解放和多元文化的藝融，消解了宮廷與民間無法克服的審美趣味，促使著各自的審美趣味觀推動飾物向獨立的「以意為主」的個性情感脈絡發展，從而形成內容與形式、實用與裝飾相契合的並充滿思想品質為載體的視韻精神氛圍。如清代的一路連科如意銀鎖。這是一件祈福孩子科舉及第和平安祥達的銀質配飾。在一個底紋滿鋪由數個球型物連接起來的銀鎖，造型別致，把吉祥文字和圖形有效的結合起來。整個鎖的主鎖用鏨刻的工藝手法刻繪出蓮花、鷺鷥鳥和四個吉祥文字「百家保鎖」，整個主鎖呈心型，這種將極為精神性的圖案與現實生活中的世俗性結合在一起是我們民族所獨具特色的一種藝術品格。隨著社會的發展，民國以後，我國的服飾逐漸西化，一些裝束已經不復存在，女性的裝扮也逐漸簡潔，一些佩戴別針和耳墜風俗習慣的區域逐漸被排擠到農村。如民國時期的這件雙壽桃獻壽銀鎖，此飾物由鏨刻的桃葉和雙桃，右側鏨刻有象徵「福」到的蝙蝠和祥雲圖飾，整個銀鎖表達了作者對美好生活的期盼。當然，古代社會在對首飾作品分析的時候強調這種「中

性原則」，特別是首飾用品的等級用途和材料貴賤等。

　　對於歷史主義敘事學說來，「首飾」的出現將減少人們對於歷史文化高估的普遍姿態，以歷史文化為主體的飾品藝術是首飾內在運作機制的話語填充。中國古典首飾文化作為歷史文化意向的表現樣式和獨特風貌，折射出不同時代的文化情感韻味和對生命權限的認知。說到首飾，不能不說作為首飾的原始載體：女頭面的冠文化演變，儘管學界對冠文化的型制以及應該如何對待首飾的起源性存在不同意見，但對歷史文化下的飾品藝術還是有共識的。首飾藝術首重一個「首」字，也就是說，這種文化藝術形式是「頭文化」。「冠」是在先秦時期本是一種帶有「幪持髮」或者「貫韜髮」的功能儀式髮罩，《說文解字·一部》：「冠，絭也，所以絭髮。」「冠者也，所以幪持其髮也，」《白虎通·卷十》《士冠禮記》；「委貌，周道也。章甫，殷道也。母追，夏后氏之道也。」在春秋戰國的冠開始演變大冠、高山冠、趙惠文冠、高冠、南冠等。秦漢時期，根據官職的高低將冠進行改革，「計有進賢冠、委貌冠、通天冠、長冠、遠遊冠、高山冠、法冠、建華冠、趙惠文冠、方山冠、巧士冠、卻敵冠、爵弁、術化冠等」《後漢書·輿服志》冠隨著時代發展而變化，它逐漸從男冠向女冠制度過渡並在晉代見於有文字記載，晉王嘉《拾遺記》：「使翔鳳調玉以付工人，為倒龍之佩；縈金，為鳳冠之釵。」「士人暑天不欲露髻，則頂矮冠。」在矮冠上加狀上珠、玉等眾物為飾，「掌王后之首服，為副、編、次、追衡、笄，為九嬪及外內命婦之首服，以待祭祀賓客。」《周禮·天宮·追師》唐朝時女冠發展最完備時期，有禮服冠、常服冠，並且在冠上按照不同等級進行佩戴裝點不同的金銀等飾品，據《舊唐書·輿服志》記載：「第一品花鈿九樹，第二品花鈿八樹，翟八等。第三品花鈿七樹，翟七等。第四品花鈿六樹，翟六等。」又如唐朝劉禹錫在《雜曲歌辭·竹枝》提到：「銀釧金釵來負水，長刀短笠去燒畬。」如陝西西安何家村出土的唐代金鑲玉手鐲一對，整個金鑲玉鐲用片純金打造，金合頁鏈接三段弧形白玉，金合頁以金釘貫插固定，三段弧形白玉有一枚銷釘可隨意插取，以利於佩戴開合功能，金合頁上鑲飾虎頭紋，整體造型富有大方，製作精密。當時的宋代沈括對金鑲玉手鐲也讚歎不已：「予曾見一玉臂釵（釧）兩頭旋轉關，可以屈伸，合之令圓，僅於無縫，為九龍澆之，功侔鬼神。」婦女佩戴冠是宋代開始流行，這種在女冠體現的等級更加明顯，《宋史·輿服志三》：「中興，仍舊制。其龍鳳花釵冠，大小花二十四珠，應承輿冠之數，博鬢，冠飾同皇太后，皇后

服之。」「第一品，花釵九株，寶鈿準花數，翟九等；第二品，花釵八株，翟八等，第三品，花釵七株，翟七等；第四品，花釵六株，翟六等；第五品，花釵五株，翟五等。」在南宋《歌樂圖卷》中可以發現畫中女子皆是高髻加白角冠。如宋代半月形卷草獅子紋銀梳，此梳子採用模壓、鏨刻等工藝在梳子背上雕刻龍鳳獅子等動物，從中能看到唐朝的遺風。永安三年，在唐宋基礎上發展出髮髻、團冠、燕居冠等冠制，金銀飾品也開始根據女冠地位的高低進行定制，並詳細規定不同冠種上面的飾品多少和用材，據《明史志·第四十三》載：「洪武三年定，雙鳳翊龍冠，首飾、釧鐲用金玉、珠寶、翡翠。諸色團衫，金繡龍鳳文，帶用金玉。四年更定，龍鳳珠翠冠，真紅大袖衣霞帔，紅羅長裙，紅褙子。冠制如特髻，上加龍鳳飾，衣用織金龍鳳文，加繡飾。永樂三年更定，冠用皂縠，附以翠博山，上飾金龍一，翊以珠。翠鳳二，皆口銜珠滴。前後珠牡丹二，花八蕊，翠葉三十六。珠翠穰花鬢二，珠翠雲二十一，翠口圈一。金寶鈿花九，飾以珠。金鳳二，口銜珠結。三博鬢，飾以鸞鳳。金寶鈿二十四，邊垂珠滴。金簪二。珊瑚鳳冠觜一副。大衫霞帔，衫黃，霞帔深青，織金雲霞龍文，或繡或鋪翠圈金，飾以珠玉墜子，」還有在《明史·輿服志二》提到：「其冠飾翠龍九，金鳳四，中一龍銜大珠一，上有翠蓋，下垂珠結，餘皆口銜珠滴，珠翠雲四十片，大珠花、小珠花數如舊。三博鬢，飾以金龍、翠雲，皆垂珠滴。翠口圈一副，上飾珠寶鈿花十二，翠鈿如其數。托裏金口圈一副。珠翠面花五事。珠排環一對。皂羅額子一，描金龍文，用珠二十一。」

當我們去探求一個藝術作品自身所具有的歷史語境和歷史意味的時候，我們要在以上的詮釋方法基礎上再次強調文本、意圖以及受眾詮釋的規範性，將不同的首飾作品相互融合，當然，如果將一個獨立的作品與一個受眾個體進行匹配詮釋的話，那麼這樣很容易忽略這個作品所發生的社會政治語境和社會歷史人文環境。

我們在考察傳統首飾的等級觀念的時候，我們要考察這個作品必須與當時的社會文本建構恰當的關係，還要對作品的詮釋政治性的語義進行解讀，為什麼使用金色？從某種意義上說，它暗示著一種地位、標誌物，並成為強權體系下的為統治者服務的工具，這種「禮」以至於傳承到當下的社會各個階層中。如清代《乾隆妃梳妝圖》，在畫中「女子頭戴金質珠翠頭箍，耳墜串珠金耳環，手戴金質嵌珠手鐲，正往頭上插串珠步搖簪。桌上還有一個同樣

的簪子，可見是左右成對插戴的。這樣一組配套首飾當是精心設計、特別訂製的。」〔註14〕為什麼採用不同的造型來寓意等級？因為在歷朝歷代對於首飾象徵某種等級觀念有著嚴格的界定。在宋代政和年間規定：「一品命婦花釵九株，二品花釵八株，三品花釵七株，四品花釵六株，五品花釵五株。」〔註15〕這是等級觀念的敘述常用的手法，不同於首飾文化的內在規定性，在關注首飾藝術純真生存現實的同時，受眾也對社會政治制度的階級化作動態性的解構和去深度化（通過首飾中的視覺紋飾進行淺層性的展示，讓受眾一看便知其中的含義），並把這些動態性的語義置於國家觀念、民俗習慣、政治制度中。如北京藝術博物館收藏的一個明代鳳形金簪，鳳鳥分為四部分：翅膀、鳳鳥軀幹、祥雲、簪杆，運用鏨刻、焊接等的工藝把四部分結合起來。整個金簪表現出展翅欲飛的神情，鳳鳥的駕馭著祥雲，鳳鳥身上鏨刻著精細的花草紋飾，在祥雲上鏨刻著一支牡丹，無比精美，是一件不可多得的首飾製品。為什麼將等級觀念賦予小小的首飾上面？因為「禮」的精神滲透到我們社會的各個階層中，當然也包括藝術家的內心生活。在「禮」的教化下，形成了一種內外有禮、尊卑有序的封建倫理理性的等級觀念。

綜上所述，中國傳統首飾是建構在古代受眾心理和服飾的基礎上而形成的一種物質文化，也就是說，首飾審美是基於不同時代、不同年齡和不同性別在內心生發的，是主體與客體相互融合，是對物象的細緻觀察而形成的一種美學思維。中國古代的首飾設計者始終站在人性化的角度去設計首飾，首飾的寬窄度、大小以及整體造型呈現方式都和人的局部產生一種適合性的搭配關係，古人在設計首飾的時候，強調天人合一、人與自然相融合，從物質材料到造型形式都內蘊著古代勞動人民對美好生活的嚮往和追求。

第一節　原始社會

藝術的本質是為滿足人類的精神和物質需求而生發的，陳望衡認為：「藝術是人類審美活動的典範形式，也就是說，雖然人類生活中普遍存在著審美活動，但諸多的審美活動其實不純粹的，它們只是某一個功利性活動的附屬

〔註14〕杭海：《妝匣遺珍──明清至民國時期女性傳統銀飾》，北京：生活·讀書·新知三聯書店，2005 年版，第 121 頁。

〔註15〕杭海：《妝匣遺珍──明清至民國時期女性傳統銀飾》，北京：生活·讀書·新知三聯書店，2005 年版，第 115 頁。

品、派生物或者助燃劑。唯有藝術，其審美品格相對地比較純粹，比較集中，比較強烈。因此，藝術自古以來就是美學研究的中心。」〔註16〕要說中國傳統首飾藝術與審美的源頭，我們首先想到的就是原始社會（舊石器時代和新石器時代）。在那個時候，華夏兒女們就開始使用一些簡單的生產技術，如鑿刻、磨製或者鑽孔等技術，將動物的骨骼、牙齒以及天然材料製作成具有審美意味的生活品，從那個時代開始，首飾和美就形成一個統一體。「美不美實際上潛在地指導著工具的製作。『美』成為工具製作中一條重要的標準，這標準自始至終地結合著工具製作中的另一標準——『利』。可以說，『美利結合』是原始人工具製作的基本原則。『美』是可以直覺把握的，而『利』則需要經過實驗。」〔註17〕如在遼寧海城小孤山有一件舊石器時代的穿孔項飾，在一根繩子上，古代區域先民利用穿孔技術，將獸牙和貝殼串連起來，在獸牙和貝殼的上面留有一些紅色的顏色，估計是赤礦粉。在貝殼的邊緣有向心式的刻線，這些線條均是短直線，且刻畫比較粗糙，他們憑藉著原始巫術禮儀，將巫術文化以短線的形式積澱在、凝結在、濃縮在這個貝殼的邊緣，使得這些線條充溢著大量的社會歷史內容和豐富的社會意義。當然，原始社會的首飾藝術製造和創製是伴有宗教巫術性質的，在那個時候，遠古神話成為首飾藝術的重要思想基礎。原始社會的首飾藝術，是「對自然的依賴、直覺、模仿恐懼、抗爭進而征服的過程。這不僅僅指中國人，在整個人類的童年時期，各地域的人都如此。再有，對部族的生生不息的渴望，對超自然力量的恐懼與崇拜，對生的珍惜對死的不解乃至對死者靈魂的朦朧幻覺，都帶有全人類原始文化的特點。」〔註18〕

中國傳統首飾藝術可以追溯到原始社會的舊時代晚期。大約在 2 萬年前的北京周口店山洞的遺址中就發掘並出土骨針和一些石珠、礫石、獸牙、海蚶殼等串成串的飾品，其工藝與材料停留在簡單地磨製技術層面上，這種原始的飾物形式具有鮮明的地域性和人文圖騰因素。這時期，人類經歷了種種的自然苦難以及社會芸芸眾生的苦相，引發先人對人性自身等方面的深度思辨，栩栩如生的原始飾物更多的渲譯對巫術的崇尚之情，原始社會稚拙

〔註16〕陳望衡：《文明前的「文明」——中華史前審美意識研究》，北京：人民出版社，2018 年版，第 11 頁。
〔註17〕陳望衡：《文明前的「文明」——中華史前審美意識研究》，北京：人民出版社，2018 年版，第 8 頁。
〔註18〕華梅：《服飾與中國文化》，北京：人民出版社，2001 年版，第 4 頁。

的首飾藝術形態由「寫」人到拜「神」而墮落到對「趨吉辟邪」的人生審美〔註19〕軌跡的遵循。據《禮記·玉藻》提到：「君子無故，玉不去身，君子於玉比德焉。」如在遼寧滿城出土的舊石器時代晚期飾物，整個飾物是佩戴在主人頸的部位，在獸骨、獸牙、石珠中間打眼穿孔而成。很顯然，在遠古時代，首飾是包含著對狩獵勝利的紀念以及可能是一種試圖超越本體所追求的禁忌、崇拜和蘊含著原始人類對靈性山水的深切感悟〔註20〕。最後，卻終於走向對「神的功利」的「形而上」的視角來闡釋自然、人生和藝術了。

隨著氏族社會分工的逐步規範，原始社會的人類在某種意義上開始追尋傳統人文美飾。距今約 1.8 萬年到 2.5 萬年的北京山頂洞人，在先輩的工藝基礎上他們用獸骨做成縫製衣服的骨針並在衣服上用獸牙、石珠等原始天然物品打孔串飾進行裝飾。有魚、野獸的牙齒、骨骼，還有用石材製作成的石墜和石珠等等，他們「以獾的牙齒為多，狐狸的犬齒次之，並有鹿、狸、艾鼬的牙齒和一枚虎牙，均在牙根一端用尖狀器掘挖成孔。」這些經過原始先民雕刻的裝飾品一般都染上紅色。他們把這些裝飾品作為一種有生命的物象存在著，並且這個物象擁有超自然的神秘力量。列維·布留爾在《原始思維》一書中也印證了原始時代的飾品存在的意義。他說：原始先民「不論是房屋，還是家庭用具，還是武器……都想像成有生命的東西……這像是一種靜止的生命，但它十分強大，不僅能夠頑強地、蔑視一切地表現自己，甚至還

〔註19〕在《藝術的審美概念》（"Aesthetic concepts of Art"）的文章中，詹姆斯·安德森（James C anderson）提出了對於藝術審美的界定：「藝術的審美定義是審美鑒賞概念，當一個人把他或她關於某個對象或行為的經驗視為具有了本質價值時，審美鑒賞就發生了」〔美〕諾埃爾·卡羅爾：《今日藝術理論》，殷曼楟、鄭從容譯，南京：南京大學出版社，2010 年版，第 16 頁。在《現代畫家》（Modern Painters），第二卷，第三部分，第一節，第三章，第16 段中這樣對「美」進行界定：「美這個詞……其特有含義有兩個，其一是指外在的形體美……無論是石頭、花草、野獸或是人類，都是一樣的道理；而且也顯示出某種具有神性的典型特徵，因此……我稱之為「典型美」（Typical Beauty）。其二是指生物機能的巧妙運行，特別是指人類愉悅健全的完美生活；這種美……我稱之為「活力美」（Vital Beauty）」。

〔註20〕「這一切都以最為深遠的方式，通過成人指涉、腿短和意圖屬性而受到威脅。關於語境的相關困難、思考的歷史性、真理和只是、主管和客觀的區別，以及我們隊真是事物的那種理解，這些都可能加重這些憂慮」〔美〕諾埃爾·卡羅爾：《今日藝術理論》，殷曼楟、鄭從容譯，南京：南京大學出版社，2010 年版，第 118 頁。

能通過秘密的途徑來積極地行動，能夠產生善與惡。由於他們所知道的生物，例如動物，都具有符合於它們的形狀的功能（鳥有翅能飛，魚有鰭能游，四足動物能跳能跑，等等）……所以，人的手製造出來的物品也根據它們所具的形狀而具有各種功能。」〔註21〕這時期的氏族部落的民族心理個體開始穿越有傳統審美意識的外物探索，用動物獸骨、牙齒、貝殼等富有原生態的具體敘述情態組成多視角、多維度並折射出一定的氏族文化觀念的項圈裝飾品。

原始社會的首飾一般分為項飾、耳飾、腕飾以及足飾等。這些首飾的材料大多取自動物的骨頭、自然物體或者經過簡單的人類加工而創製的造型。舊石器時代的首飾一般保持自然天性，他們將蚌殼、石柱、礫石用繩索串起來，在蚌殼上面染上赤礦粉，這樣增加一定的美觀程度。新石器時代，人類使用簡單的工具對一些對象進行加工，加工痕跡明顯，他們為了表現出一定的功利目的，常常將一些骨骼製成尖狀的工具，每一個人工製品都呈現出光滑、規則、美觀的特性。例如在陝西臨潼姜寨少女墓的骨珠項飾，整個項飾共計有 8721 顆，這些顆粒都是由獸骨磨製而成，整個項飾圍繞於頸部好多圈，形成一種圓盤式的造型形式。

我們所出土的上古時期的耳飾、項飾以及骨笄等，都是原始先民建構在社會的氏族與文化生活基礎上的，這些飾物在他們的生活中扮演了重要的角色，除了一些實用功能之外，還被賦予了一些神秘的色彩和象徵性意義，成為原始文化藝術研究的重要部分。這些首飾一是為了滿足原始巫術的信仰所需，他們常常把某個飾品作為對物象的一種模擬或者代表，當然，這種對物象的擬人化成為中國藝術特有的「比德」傳統的重要溯源，也為後代的祥瑞圖案打下了深深的思想基礎。這些飾物也折射出了原始先民對宗教巫術的信奉和豐富、瑰麗的內心人文世界。二是為了滿足審美需求。我們目前所見到的一些上古飾物大多具有審美功能，例如一些玉玦在整個新石器時代不斷的出現，主要集中於東南沿海地區，這種材料常常被先民製作成耳飾，並陪葬於墓中。其造型可以分為凸紐型、圓珠型、獸型、扁體型等，有的用象牙或者獸骨製作成牙骨玦，還有的用石材製成石玦等等，不管使用何種材料，它們都被先民作為一種耳飾進行美化自身。

〔註21〕〔法〕列維—布留爾：《原始思維》，丁由譯，北京：商務印書館，1981 年版，第 31 頁。

　　中國傳統首飾藝術可以追溯到原始社會的舊時代晚期。大約在 2 萬年前的北京周口店山洞的遺址中就發掘並出土骨針和一些石珠、礫石、獸牙、海蚶殼等串成串的飾品，其工藝與材料停留在簡單地磨製技術層面上，這種原始的飾物形式具有鮮明的地域性和人文圖騰因素。這時期，人類經歷了種種的自然苦難以及社會芸芸眾生的苦相，引發先人對人性自身等方面的深度思辨，栩栩如生的原始飾物更多的渲譯對巫術的崇尚之情，原始社會稚拙的首飾藝術形態由「寫」人到拜「神」而墮落到對「趨吉辟邪」的人生審美〔註 22〕軌跡的遵循。據《禮記・玉藻》提到：「君子無故，玉不去身，君子於玉比德焉。」如在遼寧滿城出土的舊石器時代晚期飾物，整個飾物是佩戴在主人頸的部位，在獸骨、獸牙、石珠中間打眼穿孔而成。在浙江餘姚河姆渡遺址出土的新石器時代的玉器有璜、珠以及管等多種型制。不管是舊石器時代還是新石器時代，這些骨、玉以及牙齒等元素組成的飾品或多或少具有審美因子在裏面，不過，這種裝飾物原始巫術精神佔有多數，他們往往將這些配飾作為一種信仰或者其他功利的象徵。「更是權利、意志、力量、勇敢和財富的標誌。」〔註 23〕很顯然，在遠古時代，首飾是包含著對狩獵勝利的紀念以及可能是一種試圖超越本體所追求的禁忌、崇拜和蘊含著原始人類對靈性山水的深切感悟〔註 24〕。最後，卻終於走向對「神的功利」的「形而上」的視角來闡釋自然、人生和藝術了。

〔註 22〕 在《藝術的審美概念》（"Aesthetic concepts of Art"）的文章中，詹姆斯・安德森（James C anderson）提出了對於藝術審美的界定：「藝術的審美定義是審美鑒賞概念，當一個人把他或她關於某個對象或行為的經驗視為具有了本質價值時，審美鑒賞就發生了」〔美〕諾埃爾・卡羅爾：《今日藝術理論》，殷曼楟、鄭從容譯，南京：南京大學出版社，2010 年版，第 16 頁。

　　　　在《現代畫家》（Modern Painters），第二卷，第三部分，第一節，第三章，第 16 段中這樣對「美」進行界定：「美這個詞……其特有含義有兩個，其一是指外在的形體美……無論是石頭、花草、野獸或是人類，都是一樣的道理；而且也顯示出某種具有神性的典型特徵，因此……我稱之為「典型美」（Typical Beauty）。其二是指生物機能的巧妙運行，特別是指人類愉悅健全的完美生活；這種美……我稱之為「活力美」（Vital Beauty）」。

〔註 23〕 賈璽增、程曉英：《傳統首飾》，武漢：湖北美術出版社，2014 年版，第 2 頁。

〔註 24〕 「這一切都以最為深遠的方式，通過成人指涉、腿短和意圖屬性而受到威脅。關於語境的相關困難、思考的歷史性、真理和只是、主管和客觀的區別，以及我們隊真是事物的那種理解，這些都可能加重這些憂慮」〔美〕諾埃爾・卡羅爾：《今日藝術理論》，殷曼楟、鄭從容譯，南京：南京大學出版社，2010 年版，第 118 頁。

　　原始社會的首飾藝術是介於感性基礎上的「拜神活動」〔註25〕，而商周時代則是我國青銅藝術達到頂峰的時期，也是承載著描繪人的內心思維活動的重要溯源期。那個時期首飾藝術被作為青銅藝術的一個種類，也凸顯著人類對於技術與材料的檢視。「它運用的語言這種彈性最大的材料也是直接屬於精神的，是最有能力掌握精神的旨趣和活動，並且顯現出他們在內心中那種生動鮮明模樣的。」〔註26〕隨著大規模絲綢的生產，首飾文化也漸漸地形成生產與佩戴的制度化和社會化。那個時期，首飾藝術作為一種區分尊卑貴賤的禮儀象徵功利性而存在的，不但有階級的等級內涵風韻，而且還賦予這些飾物宗教性的烏托邦理念。《禮儀・士昏禮》:「女子許嫁，笄而醴之稱字。」商周時期首飾中的人文精神更加關注於等級觀念下的人生主題，去探討新的「肉體的形而下」的鄙俗化和對人性的褻瀆，無論物質環境下的高堂還是政治意識視野下的社會制度，這時期首飾意義最主要的裂解了在原始社會神性的基礎去控制人們的行為舉止與觀念。

　　總之，原始社會的首飾是充滿了宗教、實用、審美於一體的時代，他們運用擬人化的手法創製了大量的首飾製品，由於材料的限制，大多均取自與大自然，相對來說，首飾的造型也比較簡潔，沒有那麼多的圖案和紋飾，只是在外在造型上雕刻了比較簡單的豎線或者曲線，大部分的表面均是平整或者光滑。原始先民所創構的任何一種首飾製品均包含著先民對宗教虔誠的崇拜，對美好生活的嚮往。雖然這些首飾在工藝上無法與現在的首飾製品相比，但是，這些首飾為我們現代的首飾藝術的審美打下堅實的基礎，他們在創構這些首飾的時候，依然採用了形式美的審美規律，大小、虛實、長短等等各個要素都恰如其分的融入到作品之中，從每一件作品中我們都能發現先民在用心的創構每一個作品。

　　我們研究首飾藝術的審美特徵就是要研究它的溯源，研究首飾發展的傳統美學脈絡，這不僅僅有助於我們用理論來認識中華先民們的早期審美思想和觀念，探索本土的藝術形式和審美資源，還有利於將古代審美意識傳承下來，與當下的課程思政相結合，使得傳統美學資源發揚光大，並借助首飾這

〔註25〕在這裡，原始社會視野下的首飾藝術與巫術有著千絲萬縷的聯繫，巫術的建構推動了首飾藝術的發展，巫術是首飾發展的推動力。原始首飾往往運用較為原始的材料如象牙、虎牙、石頭等物質材料進行有限度的雕刻裝飾。

〔註26〕〔德〕黑格爾:《美學》第三卷・下冊，朱兆潛譯，北京:商務印書館，1981年版，第19頁。

類傳統對象把中國特色的美學理論體系推向世界。

第二節　奴隸社會

先秦後期，隨著階級的產生，奴隸社會的自我情感滿足已經步入到傳統的規序中，「禮既是反映中華民族早期文明（如各種禮器）的重要標誌，又與中國古代政治文明（如禮樂制度、禮儀節度等）、精神文明（如禮儀規範、民間禮儀等）的發展相始終。」〔註 27〕這時期首飾藝術已經被賦予宗教性和階級的內涵，將民族文化統攝於具有倫理化的天人合德內涵中，「或者具現為人與人之間永遠無法溝通的孤獨，或者具現為死亡對證的多角度思辨，或者具現為『惕於親戚，毀於親戚』的『連環套』，或者具現為力存則欲生、力亡則欲死的生死邏輯，」〔註 28〕帶有某種對人性、人生的普泛性統攝揭示。有意思的是，這時候的首飾藝術多運用玉、骨、蚌、金以及銅等材料製成各種物質化的首飾。如河南安陽婦好墓中出圖精美的各式骨笄，樣式多變，充分反映墓室主人的高貴身份。

商周時期，隨著物質資料的豐富和禮樂制度的推行，助長了一些商周貴族的奢靡之風，大量被奢華雕刻的首飾製品被工匠們製造出來。一些貴族無論出行還是飲食，均使用了一些製作繁瑣的首飾製品（與原始社會相比），他們用這種繁瑣的圖案來規定自己的身份高低，用這種璀璨無比的首飾製品來彰顯貴族自身的富貴之氣。「它們之所以美，不在於這些形象如何具有裝飾風味等等，而在於以這些怪異形象的雄健線條，深沉凸出的鑄造刻飾，恰到好處地體現了無限的、原始的、還不能用概念語言來表達的原始宗教的情感、觀念和理想。」〔註 29〕如在河南應國墓出土的玉組佩，整個玉組佩由許多玉管和玉珠組合而成，西周人將玉珠和玉管用繩串起來，在其上面有一塊較大梯形的玉牌，並將眾多的玉管和玉珠從梯形物體中串出來，在梯形的兩端有一繩索作環裝。這個首飾製品當時是用在墓主人的胸前，作為象徵其貴族地位。

〔註27〕卞敏：《論中國傳統文化的禮樂特色》，《江蘇社會科學》，2008 年第 5 期，第 19～23 頁。

〔註28〕昌切：《無力而必須承受的生存之重——劉恒的啟蒙敘述》，《文學評論》，1999 年第 2 期，第 104～110 頁。

〔註29〕李澤厚：《美的歷程》，北京：生活·讀書·新知三聯書店，2009 年版，第 38 頁。

　　商周時期還有一些首飾作品採用仿形設計，將這些製品以平面剪影的形式展示出來，用於掛於腰間或者胸前。商周時期的玉器首飾常常以動物跑動的姿態進行飾品設計，他們把各種吉祥動物的美妙姿勢用平面的剪影形式製作出來，在上部鑽眼用以穿繩索。造型常以象、牛、犀、羊以及鳥作為飾物的外在造型，有單體也有合體。它們已經不是對自然界的簡單模仿和再現，而是工匠對客觀物象的藝術加工和裝飾，「其中對自然物象的誇張、變形和省略，使人感受到無窮的想像意味。他們在生動的神態中孕育著豐富的情感形態。簡練的情感敘述，寫其大意，主要訴諸於『意』的表達。而幾何紋飾則完全脫離了象生形態，演變為純粹的精神和宗教意蘊的象徵。」〔註30〕如西周時期的玉鹿佩，整個玉鹿佩取鹿奔跑和遠眺的狀態，前後蹄均作凌空跑動，鹿的角被西周人描述的非常漂亮，鹿的身體結構非常準確，整體簡潔而又生動，造型極其傳神。又如商代一個鳥首人身玉佩（圖3）。

圖3：商代鳥首人身玉佩飾

來源：https://baijiahao.baidu.com/s?id=1685498672560620410&wfr=spider&for=pc

---

〔註30〕朱志榮：《商代審美意識研究》，北京：人民出版社，2002年版，第61頁。

這件玉佩是考古學家在江西新幹大洋洲遺址發現的，整個玉佩的設計與製作借用了仿形設計方法，也是我們目前發現最早的玉羽人。「羽人」源於中國古代早期的神仙思想，在《淮南子》、《山海經》以及《博物志》中都有記載，「羽民國在其東南，其為人長頭，身生羽。一曰在其比翼鳥東南，其為人長頰。」它指的是身長羽毛或者披著羽毛外衣並能飛翔的人，這類形象在古代岩畫的一些作品中能找到，例如在雲南滄源佤族自治縣就發現羽人的岩畫形象。這件作品具有人、獸、鳥和神融匯於一身，設計巧妙，雕琢之精妙。整個作品呈現蹲姿，頭部是鳥的造型，長勾鼻子，C形大耳，在頭部的後方有活鏈設計，在人物的身體表面刻繪有曲線和直線，雙膝彎曲蹲坐，雙臂放於胸前，造型奇特，充分反映了商代工匠在玉器製作的最高水平，這件作品是遠古土著居民在南方地區的圖騰崇拜的遺俗和變異。

商周時期的首飾製品總體來說加工比較精細。商周時期的農業種植業相對來說比較穩定，已經出現多餘的勞動力，而這一部分勞動力恰恰被分配到手工業或者商業，一些規模化、精密化的首飾業越做越大。這個時期的加工工藝已經與前代比手法與製作工具更加多元化，這個時期的加工技法有捶壓、雕刻以及鏨刻。商代出現了一種新的工藝：錘鏷工藝。大量對於金飾製品的需求來說是一種利好消息，它打破了傳統飾品都是以玉作為主要原料，由平面化的玉飾品向立體化的視覺發展。

商周時期的首飾大多在表面使用線條組成不同的形象，而這些形象大多是平面化的和一維度的。在良渚文化遺址上出土了一件三叉形玉冠飾，整個造型呈現「山」字造型，這個冠飾是配合長玉管和錐形器組成，在三叉形冠飾表面上作者用堅硬的工具雕刻了大量的曲線，且曲線都組成了各種各樣的紋飾，作者將現實化的邊緣線「純粹化（即淨化）的抽象的線條和結構。……不是一般的圖案花紋的形式美、裝飾美，而是真正意義上的『有意味的形式』。」〔註31〕在商周時期，作者盡可能的將物象幻化成線的形式，用流動和活潑的線條來象徵著生命精神的存在。

在這個時期的玉器裝飾也比較繁瑣。「最初，商代的禮祭器是一些造型講究、裝飾手段細膩的陶器。但是陶製的祭器，尤其那些器壁薄、體型大的，很容易破碎。這時，人們發現把銅和錫按一定比例配在一起可以在陶範裏鑄

〔註31〕李澤厚：《美的歷程》，北京：生活·讀書·新知三聯書店，2009 年版，第 45 頁。

成各種各樣的形狀和精密的花紋。」〔註 32〕後期，一些飾品的器型高大厚重，「造型精巧富於變化，裝飾繁縟華美。」〔註 33〕有人形紋飾、象紋、兔紋飾、鹿紋飾、鳥獸紋飾、夔形紋飾、鳳紋紋飾以及饕餮紋飾。如商代的夔形頭骨笄，整個器型長 14 釐米，整個頭骨笄被鏨刻上大量的夔形紋飾，張口，露齒，在棱形的邊緣，有大量的較為距離勻稱的圓孔，在圓孔中間有短線。又如，河南輝縣的 5 號戰國墓中（圖 4），有一個包金鑲玉嵌琉璃銀帶鉤。整個銀帶鉤用了金、銀、銅、鐵以及玉等材質，材質的使用就非常複雜。商周人將一些玉飾品嵌入到由多種材質和紋飾包裹中的帶鉤內，鉤身有三塊玉玦構成，玉玦上淺刻有卷雲紋或者略帶有回紋的視覺感受。

圖 4：戰國鑲玉嵌琉璃銀帶鉤

　　來源：賈璽增、程曉英等：《傳統首飾》，武漢：湖北美術出版社，2014 年版。

〔註 32〕唐克美、李蒼彥：《金銀細金工藝和景泰藍》，鄭州：大象出版社，2004 年版，第 7 頁。
〔註 33〕龔書鐸主編，廖名春：《中國文化發展史・先秦卷》，濟南：山東教育出版社，2013 年版，第 279 頁。

商周時期的貴族祭祀需要借助首飾來完成特定的儀式。「祖先所使用的器物明顯異於自己所處的時代，這種差異恰可彰顯時間流逝的痕跡。器物的歷史感和陌生感會給後世觀看者帶來敬畏之心，這種感受得之於直覺和想像力，並直接『喚起』對不朽生命的記憶——已經逝去的、失去了形質的先人，恰恰可以借助這些器具和儀式返回儀式『現場』。」〔註34〕首飾製品在這個時候成為一種媒介物，首飾的存在成為當下的生者對逝者的一種懷念。「他們的語言和情感保留在器物銘文中，他們的；音容笑貌」隱藏在自己親手製作和使用的器物裏。後來者終究要與現任合為一體，古物（特別是古禮器）正是溝通二者的橋樑。」〔註35〕

這一時期，首飾製品的種類較原始社會不斷增加，也趨於一定對審美的追求。主要種類有骨笄、玉璜、玉組佩、玉虎佩、玉鹿佩、玉環、梳、銀帶鉤、玉冠飾、編石飾、耳飾、鬢飾、額箍飾、椎髻冠飾、雙髻冠飾、玄冠、支頁、巾幘以及緇布冠等種類，種類的增多，帶來了一些階級對不同產品的喜好，也必然帶來了審美的追求，他們為了體現階級的審美需求，不斷使用一些別致的造型，如仿生設計造型等，他們也不斷地從大自然中吸取靈感，來製作自己所需要的首飾製品。從人類早期的骨以及比較簡單的穿孔技術，到商周時期的鑿刻、捶壓等工藝技術，從原始社會的簡單項飾到商周時期琳琅滿目的首飾種類，我們發現，這種變化反映了商周工匠開始有了「觀物取象」、「立象盡意」的審美意識，「從中體現出濃烈的主體意識。這種主體意識是在神本文化的背景中孕育起來的，又積極推動了中國上古文化從神本向人本的過渡。他們從器皿和其他對象的功能中誘發出造型的靈感，強化了線條對主體情感的表現能力和藝術的裝飾功能，並從線條中寓意，使作品具有象徵的意味。」〔註36〕

商周兩代的首飾審美既體現了他們對大自然的認知體認，也彰顯了強烈的主體意識。我們看到的所有的首飾製品，給我們的第一感覺就是物質材料比較豐富，工藝比較繁雜（相比原始社會，但是與唐宋以後朝代相比，還差一些距離），他們想用這種物質性以及工藝性去體現政治、宗教或者其他的因

〔註34〕孔令偉：《悅古：中國藝術史中的古器物及其圖像表達》，上海：上海書畫出版社，2020年版，第21頁。

〔註35〕孔令偉：《悅古：中國藝術史中的古器物及其圖像表達》，上海：上海書畫出版社，2020年版，第21頁。

〔註36〕朱志榮：《商代審美意識研究》，北京：人民出版社，2002年版，第58頁。

素，用物質性和工藝性來體現自己的主體地位或者情感需求。如河南淅川下寺 1 號墓葬中出土的玉獸面紋梳，梳子的表面雕刻了夔紋紋飾，這位主人想通過對大自然物象的認知，將自己的政治和經濟地位與玉梳的做工、造型以及裝飾相結合，充分展示自然萬物在這個人內心中的折射，用玉梳來表達人類自身的情感審美需求。又如，西周時期的玉鹿佩，整個玉鹿佩是採用了仿生設計，充分體現了工匠對大自然萬事萬物的生命體悟，將自然萬物的生命精神通過物質和工藝體現出來，將主體的情感和哲理主動貫注於這個造型之中，可以說，「它是從人的視野出發，象其形，肖其音，在表情達意的外表下凝結了豐厚的人文內核。」〔註 37〕

這一時期的首飾開始追求物質性。大量的一些首飾被作為一種明器使用，將這些飾品與一些墓主人在一起。「明器所保留的僅僅是日常器物的外在形式，而拒絕了原物的實用功能。在視覺文化和物質文化的領域內，這種對功能的拒絕可以通過使用不同的材質、形狀、色彩和裝飾來達到。」〔註 38〕商周兩代的工匠大量使用了一些物質材料，並將這些材料體現在一些首飾的禮制活動中。在河南輝縣固圍村的墓中，有一個配飾叫雲獸紋青玉璜。整個飾品長約 20.5 釐米，寬約 4.8 釐米。璜作為一種禮儀功用早在奴隸社會有些有地位階層中流行。《周禮》將玉璜與、玉琮、玉璧、玉圭、玉璋稱為「禮天地四方」的禮器。玉飾多發現於墓主人的胸腹處，往往是整個玉佩中的主體。這件飾品使用了青白玉、鎏金青銅獸構成。中間的玉以銅片進行穿連，左右兩端各裝飾鎏金青銅獸首，兩隻獸首分別銜著橢圓形玉，作品採用陰刻、浮雕、鏤空、接榫等各種工藝，代表了當時玉器製作的最高水平。

春秋戰國是中華服飾變革的第一個浪潮，無論在服飾的款式、用料、結構等方面進行大面積的繼承和改革，同時，也漸漸地將服飾的圖像架構投向更加凸顯傳統藝術冷靜視域下的思辨精神。首飾除了使用珍貴的材質和美妙的裝飾形式之外，也帶有禮教表徵德操和社會等級地位的內涵。這一時期造型和形式更加具有精緻和帶有寓意的觀念，功能區分更強，種類更多，上面雕刻著龍、鳳、夔紋等紋飾。如在河南輝縣固圍村 5 號戰國墓出土的包金嵌琉璃銀帶鉤，整個器表用獸首鑲金製成，兩側和正面有兩條夔龍、兩隻鸚鵡

〔註 37〕朱志榮：《商代審美意識研究》，北京：人民出版社，2002 年版，第 59 頁。
〔註 38〕（美）巫鴻：《時空中的美術：巫鴻中國美術史文編二集》，北京：生活・讀書・新知三聯書店，2009 年版，第 175 頁。

和三塊玉搭配而成。在古代的服裝上，沒有紐扣，一幅的開合僅靠繫在腰間的絲、革等繩類，因為這類物質材料較硬，需要用帶鉤將革帶兩端相連，帶鉤有金、銀、銅、鐵、玉以及其他材料構成，帶鉤一般由鉤獸、鉤身以及鉤紐組成。

春秋戰國繼承了商周時期的首飾製作與審美傳統，除了首飾的裝飾和材質比較講究外，也帶有禮教表徵情操以及一些貴族運用首飾來凸顯自身的社會地位。這個時期的首飾種類有：髮笄、梳、金耳墜、項飾、臂飾、指環、金（玉）帶鉤、金冠飾等等。

春秋戰國時期的首飾明顯在工藝上精到許多，特別是對造型的塑造工藝。我們看一個碧玉龍形佩耳飾（圖5），整個玉龍佩曲曲折折，像在雲中穿行，龍頭向回望，在平面龍形之上刻繪了大量的紋飾，從龍頭到龍尾，都是用一整塊材料雕刻而成，龍頭和龍尾非常符合形式美規律的要求，特別是龍的外形圓潤而又生動，給人一種精神上的享受。當然，這個時期的首飾製作工藝也逐漸發展，首飾匠人已經掌握了刻畫、焊接榫卯、鎏金、石蠟澆注以及鑲嵌技術等等，這些技術為各種各樣的首飾造型提供了基礎。

圖5：碧玉龍形佩

來源：http://www.360doc.com/content/12/0228/15/3114071_190291980.shtml

春秋戰國時期的首飾紋飾裝飾意味比較濃厚，紋飾大都呈現出圓潤性。我們從這個時期的臂飾、玉佩以及青玉觿等器物中可以看出，首飾的表面大量被工匠陰刻一些具有圓形的弧線，這個時期的線條不再和商代時期一樣了，而是由直角幻化為圓角，線條的刻繪也逐漸形成了前後粗細一致性。工匠在陰刻的過程中，故意將線條刻繪成具有類似於圓形的形態，很像回紋，但又不像，例如在春秋戰國時期的龍紋玉玦（圖6），整個造型呈現圓形，在

圓形的表面陰刻了兩排類似於圓形或者漩渦形的紋飾，每一個紋飾都是先直線後曲線。又如黃玉鏤空龍形佩（圖7），整個造型很像穿雲吐霧的龍，身軀曲曲折折，身軀被兩條短的直線支撐起來。在粗細一致的身軀內，有圓形的穴，排列有規則。

圖6：龍紋玉玦

來源：http://www.bet2265.com/cq/16205.html

圖7：黃玉鏤空龍形佩

來源：http://www.360doc.com/content/12/0228/15/3114071_190291980.shtml

　　春秋戰國時期的首飾延續了商周時期的設計風格。商周時期的首飾設計採用仿生設計，就是首飾的造型是仿照大自然或者虛擬的一些動物造型進行塑造，並在物象的身軀表面鏨刻上不同種類的紋飾，「早期那種象徵通天禮地，浸染著神秘的宗教氣息和崇拜意味的強烈的本體存在意味已蕩然無存，自然會投入到對形式美的追求中。在當時那禮崩樂壞和百家爭鳴的合奏中，民本思想和理性精神上升，佩玉人格化成為新的審美風範，既要表現出統治階級尊貴的等級身份，展現出諸侯將相等貴族們雍容大度的氣勢，又要表現出獨特性，自然要『工於巧』，追求形式的精美與雅致。」〔註39〕所以，這個時期的首飾製品更多地展現了對外在形式化的熱切追尋，有一點可以確認，從商代延續到春秋戰國時期的設計風格，具有一定的趨同性，首飾上豐富多樣的形式化構件不僅滿足了這個時期貴族的心理需求，而且也必然為後世的首飾的繁盛奠定了強大的工藝和裝飾基礎，例如唐朝和元明清等幾代。

　　這一時期，工匠們不但注重外在形式美，而且還重視首飾的裝飾美。「『制禮作樂』、『學在官府』的文化壟斷在春秋戰國時期已被打破，以『士』為中心新的文化體系開始崛起，顯示出春秋戰國人本主義的覺醒。」〔註40〕人對於外在的形式化的裝飾更加關心，因為這些首飾時刻伴隨在左右，他們要對於首飾的外在造型賦予一定的柔和創造，大量使用曲線，使用曲線將首飾的表面分割成幾個塊狀，有大塊，也有小塊，每一個塊都盡顯出質樸優雅、古意盎然。使得整個首飾的外在形式更加規整和嚴謹，「布局有序，注重紋飾與器型的協調，在形式、韻律、節奏中體現了和諧。其注重虛實相生的原則，真實地反映了有生命的世界。」〔註41〕如春秋戰國時期的雙鳳白玉璧（圖8），整個璧分為上下兩部分，上部分裝飾的很繁瑣，用陰刻的線條將物象栩栩如生的刻繪出來，曲線較多，充滿了華麗的美學特徵。而下方的圓環則帶有密密麻麻的小凸釘，排列整體有序，高度一樣，距離也是相對一致的，給人感覺整齊劃一。

　　首飾裝飾的繁複華麗與簡約素淨之美交相輝映。繁複華麗和簡約素淨是中國傳統審美中的兩個重要範疇。繁複華麗就是利用曲折的線條將首飾的表面裝飾的非常華麗，不管明紋飾還是暗紋飾都極其複雜。相對繁複的藝術風

〔註39〕朱志榮：《夏商周美學思想研究》，北京：人民出版社，2009年版，第362頁。
〔註40〕朱志榮：《夏商周美學思想研究》，北京：人民出版社，2009年版，第365頁。
〔註41〕朱志榮：《夏商周美學思想研究》，北京：人民出版社，2009年版，第369頁。

格來說，簡約素淨則是另一個極端。它傾向於少，用最少的線條來體現首飾製品的簡約素樸之美。「一方面，由於鑄造工藝水平的提高，製作出不少精美絕倫、巧奪天工的器物；另一方面，由於中國青銅器正走向它的最後階段，不少青銅器形制簡單，沒有裝飾花紋，」〔註42〕可以說，春秋戰國「打破了繁複華麗的單一審美追求，突破了『芙蓉出水』般新的審美理想，去除鏤金錯彩的裝飾，追求自然可愛，在中國審美意識發展史上是一大解放。」〔註43〕也就是說，這個時期的每一件首飾繁複和簡約均集中於一身，將虛實相生融化於整個首飾的表面之上，虛中有實，實中有虛，這樣就等於形成了一種多與少的數量概念。例如春秋戰國時期的雙鳳白玉璧，上部分則用曲線裝飾成鳳凰圖像，而下方用簡單的小凸釘來對表面進行布置，充分體現了繁與簡的立體融合。

圖 8：雙鳳白玉璧

來源：http://www.360doc.com/content/12/0228/15/3114071_190291980.shtml

　　這一時期的首飾中的裝飾線條總體來說呈現一種屈曲擺動、柔婉飄逸見長。這主要表現在以下三個方面：首先，春秋戰國時期的首飾中的線條曲折

〔註42〕朱志榮：《夏商周美學思想研究》，北京：人民出版社，2009 年版，第 374 頁。
〔註43〕朱志榮：《夏商周美學思想研究》，北京：人民出版社，2009 年版，第 375 頁。

而又纖細修長。如春秋戰國時期的玉虎形佩（圖9），整個玉虎形佩被工匠設計成一隻奔跑、呈攻擊姿態的老虎，首飾的前方裝飾的比較簡單，而後部則裝飾的極其繁瑣，工匠將纖細修長的曲線線條對物象進行裝飾，每一條曲線都代表了這一時期的審美風尚。其次，這一時期的工匠喜歡使用短曲線。在玉虎形佩的首飾圖像中，我們可以看到，在整個玉虎中後部裝飾有數量繁多的小圖像，這些小裝飾都是由一條條短小的線條架構而成，近處看比較碎，但從遠處看，好似一些小塊的雲彩在動物身上飄動。

圖9：玉虎形佩

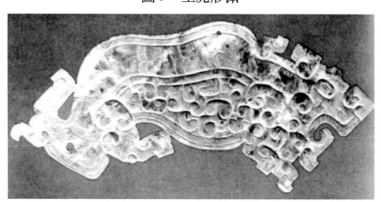

來源：http://www.360doc.com/content/12/0228/15/3114071_190291980.shtml

第三節　封建社會

到了秦漢階段，儒學的核心價值觀的提出適合了這個時代為君主服務的觀念，並影響與改變了春秋戰國時期的車途異軌、衣冠異制的局面，「禮儀之邦」的教化則使得首飾文化肩負著讓社會的各種行為規範「內化於心。」再加上與西域加強交流和溝通，人們的審美指向和構建逐漸「調適著與根深蒂固的入學關係，加之教人救贖的佛教給人哲思。」〔註44〕首飾藝術在這時期大量的在各個階層中出現，實用化的首飾用品在這時期演格為塑造貴族婦女、體現財富、美化髮飾、象徵信物的重要修飾體。

縱觀秦漢時期的首飾藝術，從哲學語彙與審美角度看，它恰恰經歷著一個由單一儒家思想詮釋下的社會觀念轉向多元思想彙集的人文心態。由於諸

〔註44〕張維青：《魏晉六朝時期玄學思潮與審美觀照的契合會通》，《齊魯藝苑》，2005年第3期，第85～91頁。

子百家對於服飾文化的不同主張造成了服飾有著很大的區域差異。同時，以材料的珍貴、真實、象徵地將首飾美學呈現給世界，講述和深化一個共用載體上的特徵。工藝與形式蘊含著豐富的歷史精神演化，日趨繁複，由實用性逐漸轉向貴族婦女「形象塑造」、「美化髮式」、「炫耀財富」、「區隔身份」的重要裝飾物。

隋唐是中國封建社會一個高度興盛、一種共同文化發展〔註45〕的時期，這個時期的儒學教義也經歷了被批判、打倒和重新煥發生機的局面，重「飾」則作為身體裝飾語言的構成元素的基礎概念，就成了古典等級文明創構和維護的出發點和落腳點，也為首飾文化在不同階層的發展提供了契機。隋唐時期的婦女，把雍容華貴、雅致的詠歎、追求瑰麗美豔的飾物通過不同種類、不同材質來表現審美內涵的人生意味，把更能超越一切「無我」的根基作為「展示自己的外部動作和內心活動。」〔註46〕如唐代的髮飾品種就有「簪、釵、梳、箆、步搖、翠翹、金銀寶鈿和搔頭等。」〔註47〕品種已經超越了商周秦漢，並突顯對不同人文精神和宗教制度的激活。如在唐‧杜牧《樊川集》三《代吳興妓春初寄薛軍事》中描寫女性「霧冷侵紅粉，春陽撲翠鈿。」在敦煌莫高窟第 98 窟壁畫中的三位飾面靨的女子頭戴巨型的鳳凰式樣的髮釵以及步搖，梳高髻，並飾以滿頭繁縟的髮飾，可以說這種炫麗多彩的大唐理性化與哲學化運用首飾藝術來充實民族自身的審美意蘊，這樣大大促進了人格與唯美的道德視閾化。

隋唐兩代特別是大唐帝國這個時期首飾製品不管在裝飾還是工藝、品種

〔註45〕「團結觀念把共同利益定義為真正的自我利益，一個好的共同體、一個鮮活的文化不僅會營造空間，而且也會積極鼓勵所有人乃至所有個體，去協助推進公眾所普遍需要的意識的發展。任何教育體制都會反映出一個社會的內容，任何對於探索的強調都來自於對共同需要的強調。在傳承和反應的偉大模式下，不可能形成兩個完全相同的個體。這才是我們實際的任性尺度，而不是任何特定的美德意象。一種共同文化的觀念以一種特定的社會關係形式把自然生長的觀念和扶持的觀念結合在一起。前者單純是一個浪漫的個體主義的典型；後者則單純是一種集權主義訓練的典型」。〔英〕雷蒙‧威廉斯：《文化與社會1780～1950》，高曉玲譯，長春：吉林出版集團有限責任公司，2011年版，第343～347頁。

〔註46〕李建軍：《小說修辭學研究》，北京：中國人民大學出版社，2003年版，第154頁。

〔註47〕杭海：《妝匣遺珍──明清至民國時期女性傳統銀飾》，北京：生活‧讀書‧新知三聯書店，2005年版，第17頁。

上面都凸顯出繁盛的景象。隋唐時期重視女性的美髮，喜高髻，這個時期的髮飾極為盛行，有金銀簪釵、素釵、折股釵、步搖、花鈿、梳篦、耳飾等等，種類及其繁盛。釵的造型有的是整體呈現一個倒立的「U」，在「U」的連接處用各種材料進行裝飾，如用玉或者做成各種各樣的裝飾造型。釵上多刻繪有花卉紋、草葉紋。如湖北安陸的唐吳王妃楊氏墓出土的鈿頭釵子（圖10），這種釵子是唐朝最為特色的創新物象，這種釵子在釵梁上裝飾金鈿，整個釵子長19.3釐米，釵子的端部為金製的飽滿綻放的寶相花，在層層疊疊的花瓣上面鑲嵌著眾多的小圓托，好像裏面放置什麼。有的兩枝修長，「頂端處結作一束，然後秀出一樹花枝一般的釵首，細薄的金片銀片，鏤空作成剪紙式圖案化的纏枝花草，花葉間對飛著鳥，多半是銜枝或銜綬的鴻雁、鴛鴦、鸞雀、鳳凰、鳳蝶。」〔註48〕如西安西郊電纜廠出土的銀鎏金花樹釵（圖11），銀鎏金花萼為座，兩毫米厚的一枚花葉式的葉片上面碾作纏枝花草，線條曲曲彎彎，柔性很強，在複雜的纏枝花葉之間有一隻展翅飛翔的鳥，整個造型採用了鏤空雕刻，技法嫻熟，形象生動。還有的釵的造型在釵首用動物的形象進行裝飾，這一類主要具有象徵意義。這樣的造型在一些詩句中也提到，如「篦鳳金雕翼，釵魚玉鏤鱗」〔註49〕和「小魚銜玉鬢釵橫」等等。如浙江長興下莘橋出土的晚唐銀釵，在釵首鏨刻一尾口銜如意雲朵的魚，魚身上的魚鱗清晰可見，雕刻細緻，形象生動。步搖在兩代的女性髮飾上佔有一定的重要地位，一般放置在頭髮的兩側，在這個時期，其製作有了新的變化，「常常把細銀絲或細銅絲做成螺旋式的枝條，然後於頂端縛花葉、綴珠玉。」〔註50〕這類步搖是仿照一些動物的外在造型，如蝴蝶等動物。上面用鏤刻，紋飾有的疏，有的則密。如安徽合肥西郊南唐墓出土的金鑲玉步搖（圖12），整個步搖的端部以花葉為主體逐漸幻化為一直蝴蝶的翅膀，將花葉的兩邊用鏤空技法將其雕刻成不同紋理的紋飾，在翅膀的下面，有四個小部分，均用細銅絲纏繞成各種紋飾，正所謂「翠釵金作股，釵上蝶雙舞。」〔註51〕

〔註48〕揚之水：《中國古代金銀首飾》，北京：故宮出版社，2014年版，第88頁。

〔註49〕《全唐詩》（卷六百八十五　吳融二），北京：中華書局，1980年版，第7868頁。

〔註50〕揚之水：《中國古代金銀首飾》，北京：故宮出版社，2014年版，第94頁。

〔註51〕張璋、黃畬：《全唐五代詞》（卷二·唐詞·溫庭筠·菩薩蠻），上海：上海古籍出版社，1986年版，第197頁。全詩是這樣寫：蕊黃無限當山額，宿粧隱笑紗窗隔。相見牡丹時，暫來還別離。翠釵金作股，釵上蝶雙舞。心事竟誰知，月明花滿枝。

圖 10：鈿頭釵子

來源：揚之水：《中國古代金銀首飾》，北京：故宮出版社，2014 年版。

圖 11：銀鎏金花樹釵

來源：揚之水：《中國古代金銀首飾》，北京：故宮出版社，2014 年版。

圖 12：金鑲玉步搖

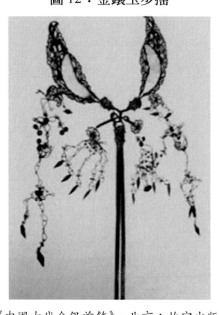

來源：揚之水：《中國古代金銀首飾》，北京：故宮出版社，2014 年版。

事實上唐朝的服飾是隨著女性的「高髻」和「假髻」（假髮）發展起來的，相應地在首飾等級裝飾上也與西域文化有著千絲萬縷的聯繫，使得其在製作上盡顯的極為華麗和精美。《新唐書·志第二十四·五行》：「天寶初，貴族及士民好為胡服胡帽，婦人則簪步搖釵，衿袖窄小。楊貴妃常以假髻為首飾，而好服黃裙……時人為之語曰：『義髻拋河裏，黃裙逐水流。』」〔註 52〕《新唐書·卷二十四·車服》：「花釵禮衣者，親王納妃所給之服也。大袖連裳者，六品以下妻，九品以上女嫁服也。青質，素紗中單，蔽膝、大帶、革帶，韈、履同裳色，花釵，覆笄，兩博鬢，以金銀雜寶飾之。庶人女嫁有花釵，以金銀琉璃塗飾之。連裳，青質，青衣，革帶，韈、履同裳色。」〔註 53〕又：「鈿釵禮衣者，內命婦常參、外命婦朝參、辭見、禮會之服也。……一品九鈿，二品八鈿、三品期鈿，四品六鈿，五品五鈿。」〔註 54〕如唐代鴻雁銜枝紋金質梳背，整個梳背長 75 釐米，高 18 釐米，在半圓型制的框底上用金珠、鴻雁銜枝紋樣填塗，讓人不由得感歎唐朝服飾文化的宏大之美。

唐朝的首飾凸顯了工匠的雕刻之美。如在陝西西安交通大學內出土的鴛

〔註 52〕（宋）歐陽修、宋祁：《新唐書》，北京：中華書局，1975 年版，第 879 頁。
〔註 53〕（宋）歐陽修、宋祁：《新唐書》，北京：中華書局，1975 年版，第 524 頁。
〔註 54〕（宋）歐陽修、宋祁：《新唐書》，北京：中華書局，1975 年版，第 523 頁。

鴛海棠紋玉簪飾（圖 13），整個玉簪用極其細緻的手藝，將花卉的枝葉和花卉一線一線的雕刻出來，刀工極其細密，形象生動，構圖完整，工匠將一些花卉圖像平面的表現在這一塊玉上，將立體圖像幻化成平面的且具有主觀意味的點線面圖像，這裡面就增加了主體的審美情感。又如，江蘇宜興安壩出土的鏨花銀簪，整個銀簪長達 26.8 釐米，在簪的平面上細緻並很形象地雕刻了一棵被好多石榴壓彎的石榴樹，在樹的上面，有一個手持纏枝石榴樹的兒童，兒童呈現奔跑姿勢，兒童身體上的各個結構都依稀看的很清楚，在其下面，有一隻橫向奔跑的猧子，這樣的畫面構圖，在詩人的語句中可以得到驗證：「五五相隨騎竹馬，三三結伴趁猧兒；捉蝴蝶，趁猧子，弄土擁泥向街裏。」〔註55〕再如何家村窖藏出土的玉臂環（圖14），整個玉臂環運用金和玉兩種材質進行創作，玉中有金，金中有玉，玉材質的表面光亮剔透，沒有任何裝飾紋飾，玉與玉之間的連接處有進行閉或開合的機械構件，在構件上面雕刻著獅子頭的形象，眼睛、鼻子以及嘴巴都刻畫的栩栩如生，特別是匠人將獅子的嘴巴與栓子一起，形成了具有裝飾意味極強的首飾。這副首飾凝聚了先民對於陰陽、虛實以及簡與繁的內在較量。

圖 13：鴛鴦海棠紋玉簪飾

來源：http://www.kaogu.cn/cn/kaoguyuandi/kaogubaike/2017/0524/58285.html

---

〔註55〕王重民等：《敦煌變文集》，北京：人民文學出版社，1984 年版，第 68 頁。

圖 14：玉臂環

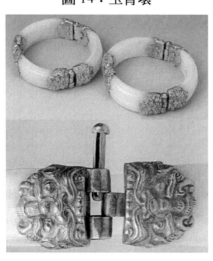

來源：http://www.kaogu.cn/cn/kaoguyuandi/kaogubaike/2017/0524/58285.html

　　唐朝的首飾呈現出裝飾繁瑣、材料多樣、造型別致。如河南省三門峽市唐墓出土的銀鎏金梳背，整個梳背高 7.5 釐米，寬 14.5 釐米，整個梳背被工匠分為三個部分，最外部的邊緣是運用鏤空工藝，將相互纏繞的花葉刻繪出來，鏤空可以延伸或拓展視覺者對空間的要求。內緣中毯路紋飾作底，整個毯路都採用鏤空技法，飾以鎏金，毯路之上有兩隻鸞鳳，正在遊戲。裝飾疏密有致，虛實相生。又如，陝西長安縣南里王村的唐竇皦墓出土的玉梁金筐寶鈿帶，整個帶飾使用了多種材料，例如金、玉以及珠寶等能體現上層社會的材料，由於材料的屬性不同，它所呈現的視覺效果自然也就不同，在這個帶上，每一個造型都是有別於其他的造型形式，沒有重複的，製作細緻，充分體現了古代勞動人民的心靈手巧。

　　歷代貴族對於手的本體關照要大於任何部位，秦韜玉在《詠手》曰：「一雙十指玉纖纖，不是風流物不拈。鏡巧梳勻翠黛，畫樓閒望擘珠簾。金杯有喜輕輕點，銀鴨無香旋旋添。因把剪刀嫌道冷，泥人呵了弄人髯。」這裡指的手飾主要包括手鐲（臂釧）、戒指等飾物。手鐲古時稱之為「釧」或者「環」，「釧，臂環也。」《說文解澤》「釧，俗謂之鐲。」《清稗類鈔·服飾類》手鐲古時候男女均可佩戴，經過社會審美和女性地位的不斷內涵化，逐漸衍化為女性所獨有的裝飾物。在唐朝之前，手鐲無疑成為主人為回歸平安意願的一種心裏安慰方式，那時候由於傳統的審美觀念固定現成的藝術含義並不可靠，老百姓要用一種新的財富關注點使藝術的美學引向外在的身外世界，這

種敘事在打破首飾自身語意外而形成隱喻的虛幻效果。唐以後，手鐲開始增加對女性動態蘊含的描述，由原來的半開合式向全天開合，型制華麗、結構複雜以及材料高貴的方向發展。如遼代銀質手鐲，整個手鐲呈現兩頭細中間寬，表面鏨刻西番蓮、寶相花以及卷草紋，其鏨刻程度精細。明代以後，手鐲的用材開始實行嚴格的等級，「皇后常服：洪武三年。首飾，釧鐲用金玉、珠寶、翡翠。一品命婦「鐲釧皆用金」，五品命婦「鐲釧皆用銀鍍金」，六品命婦「鐲釧」皆用銀，至於一般平民，則明確規定了「庶人冠服：首飾、釵、鐲不許用金玉、珠翠，止用銀。」這一時期手鐲的裝飾紋飾也形成一定的祈福納祥語意，題材大致分為：牡丹、蓮花、菊花、石榴、龍、鳳、獅子、蝙蝠、八仙、梁山伯與祝英臺等，這些紋飾毫無疑問與社會、自然多元化的建構了相對立體的寓意敘事超想像空間。

　　每一個首飾造型都呈現出一種隱義的形式美。隱義和外在造型邊緣是相互並存的，隋唐時期的首飾設計已經與商周、秦漢都顯示出不同性，關鍵在這個時期的首飾除了工匠規定首飾的畫框之內，還拓展了畫框之外的東西，例如陝西長安縣南里王村的唐竇皦墓出土的玉梁金筐寶鈿帶，在整個帶飾的接口處，外在造型使用了向外弧線，形成了一定的形式感和細緻美，他們使用畫框外的各種形式去訴說首飾本身或者工匠自身對於審美的觀照，這也就是說，框內的是以一種物質材料向觀者展示表面的感性形象，這種展示是處於一種比較客觀的，這個製品所用的什麼材料，運用的何種工藝等等，而帶飾造型以外的隱匿的審美意義或者聯想和想像都是為這個製品增加某種不可言說的意義，一個構件為什麼採用弧線或者直線更或者採用不同物質的組合，這都是工匠所要重要表達的，「只要影像超出其顯義功能，它就已然脫離了它的母題，脫離了語言的循環束縛；它不再喚起它所源自的那個缺席的整體。它如今被在場地觀看，因而為觀者創造了一個空間，並在事實上創造了一個關於顯現的形而上學，因為觀者也相應地從禮拜的群體中被單獨劃出，且被表面地具體化為這一特定敘事部分的接受者，」〔註56〕在陝西長安唐竇皦墓出土的玉梁金筐寶鈿帶中（圖15），長方形和圓形共同組成了這個帶飾，長方形和圓形具有相互衝突的形狀，一個表現出僵直，一個表現出圓潤和柔性，為了達到帶飾的整體統一，作者使用了相等視覺數量的長方形和圓形。相應

〔註56〕〔英〕諾曼‧布列遜：《視閾與繪畫：凝視的邏輯》，谷李譯，重慶：重慶大學出版社，2019年版，第134頁。

地，在帶飾的局部既有長方形又有圓形，形成了圓與方形的相互交融，這種不同型制共同融合於一個造型之中的觀念，它「獨立於影像內部空間構成中所發生的一切，將觀者建構為這一獨特、高度特別化的圖式的受眾。」〔註57〕

圖15：玉梁金筐寶鈿帶（唐）

來源：揚之水：《中國古代金銀首飾》，北京：故宮出版社，2014年版。

　　隋唐兩代金銀首飾裝飾風格具有精細纖巧。我們從唐代的各類首飾裏我們可以看出，唐代的首飾在製作上和配料上講究精細的工藝，且每一塊的部件都能嚴絲合縫的與主體保持一致，每一個部件的大小都是經過工匠主觀計算之後才直接實施的。構件中的每一個紋飾如寶相花、纏枝花、柳葉、鴛鴦、孔雀、鳳凰等元素能恰如其分地表現主人使用飾品的環境和所處的身份地位，且多用金色。如湖北安陸縣的唐吳王妃楊氏墓出土的金簪，整個金簪材質使用的是金作為原料，在簪端部和下部均閃閃發光，在首飾的端部以曲線組成一個大的花卉造型，外在邊緣粗細一致，在花卉造型的最外緣，散落了幾朵小花，花雖然小，但是花很精緻，每一片花瓣都清晰的分辨出來。在大花的裏面，工匠用細線條圍合成纏枝花，金絲很細，而且粗細一致，堪稱

〔註57〕〔英〕諾曼・布列遜：《視閾與繪畫：凝視的邏輯》，谷李譯，重慶：重慶大學出版社，2019年版，第137頁。

製造水平極高。當然，這些極高的裝飾工藝也來自非中土的工匠。例如隋朝李靜訓墓出土的金鑲寶珠項鍊，不管從工藝還是裝飾上都非常精細和華麗，從圖像上來看，頗有中亞地區的工匠痕跡。

唐宋時期是首飾功能發揮最大化的一個時期，當首飾被唐朝以後的貴族使用之後，首飾成為結婚嫁女的重要部分，當然也成為我們現代結婚必備的重要部件。《新編事文類聚啟札青錢·續集》（卷九）曰：「銀匠厶人團造鏤巧精細，似聞宅上營辦嫁染，敢以一緘遣來執役。」「薦至厶匠，雖荷不鄙，但寒家遣女，初無黃白打造，虛辱其來耳。」「金銀首飾的成批打製是集中在嫁女時節，如果是一家一戶的集中購求，常常會雇請銀匠到家裏來專務打造。也因此出自同一銀匠的一時打造，多半簪釵成雙頭面成副，頭面一副之數少則十幾，多則二十以上。」〔註58〕據陸游《入蜀記》記載，西南一帶的婦女，「未婚嫁者率為同心髻，高二尺，插銀釵至六支，後插大象牙梳，如手大。」這時期工匠運用牡丹、鳳凰、二龍戲珠、石榴等象徵吉祥喜慶色彩的裝飾題材進行首飾創構，成批的金銀首飾被打製出來，使得這些金銀製品多半成雙頭面成副，頭面部件少則十幾個，多則二十個有餘，首飾為嫁女營造了某種吉祥氛圍。

宋明理學無論在社會學層面上還是藝術學層面上，都離不開本土地域化主體性探索造物的努力，古雅的塑造形象和展現出大眾化的意境感將再現於首飾物我一體中。正是古雅美的創造及其豐富性、後天的經驗型，才有可能廣泛地運用於社會大眾的審美教育之中。宋元兩代依然延續唐時之風格，這時期女子額頭均以額陽為裝飾物，稱為「抹子」，使用的一些金銀珠子製成的飾品。特別是明清兩代俗稱「牡丹頭」的高髻頭和低髻之風盛行。《堅瓠集》：「我蘇（蘇州）婦人梳頭有『牡丹』、『缽盂』之名，鬢有『鬧花』、『如意』之號」。尤侗詩：「聞說江南高一尺，六宮爭學牡丹頭。」在製作工藝上，這時候將花絲鏨刻、鑲嵌等成熟工藝融入其首飾藝術的結構、人物、動物或花卉的塑造中，並且對於金銀材質的使用有著嚴格的等級區分。《明史》卷六十六記載：「皇后常服：洪武三年定……首飾、釧鐲用金玉、珠寶、翡翠，」六品命婦「鐲釧皆用銀」，「庶人冠服：首飾、釵鐲不許用金玉，珠翠，止用銀。」

宋代在首飾造型、形式、裝飾以及材質等方面較唐代更顯內斂並依然繼

〔註58〕揚之水：《中國古代金銀首飾》，北京：故宮出版社，2014年版，第146頁。

續繼承唐代舊制，對女子來說首飾在其日常梳妝打扮的過程中所起的作用非
常重要。在馬端臨的《文獻通考》中記載：「皇佑元年詔，婦人所服冠，高毋
得逾四寸，廣毋得逾一尺。」「都民士女，羅綺如雲，蓋無夕不然也。」（《武
林舊事》南宋：周密），「里巷婦女以琉璃為首飾。都人以碾玉為首飾。有詩
云：京師禁珠翠，天下盡琉璃。」（《宋史‧五行志》元：脫脫等）宋代女性所
佩戴的首飾在品類上花樣增多，官營的首飾作坊在製作材料和造型上更顯得
珠光寶氣，氣勢逼人。宋代女性與兒童常佩戴除簪、梳、釵、瓔珞外主要還有
項圈、長命鎖、銀質別針、兒童銀質掛件、梳，其材質往往運用有象牙、獸
角、玳瑁、金、銀、玉等等。如敦煌莫高窟壁畫中的婦女頭上的用金銀珠翠製
成的「冠梳」。「如官巷之花行，所聚花朵、冠梳、釵環、領抹，極其工巧，古
所無也。」（《都城紀勝》南宋：灌圃耐得翁）「元夕節物，婦人皆戴珠翠、鬧
蛾、玉梅、雪柳、菩提葉、燈球、銷金合、蟬貂袖、項帕，而衣多尚白，蓋月
下所宜也。」（《武林舊事》南宋：周密）如宋代《晴春蝶戲圖》延伸的銀質戒
指三枚以及四川成都雙流南宋墓出土的銀質手鐲等。如江西彭澤北宋易氏墓
出土的半月形卷草獅子紋銀梳，存有唐代遺韻。在梳子的中段鏨刻有卷草紋
和獅子造型，獅子嬉鬧在卷草紋中，顯得玲瓏美觀，上部刻有一些植物紋
飾，雕刻精細，富麗堂皇。宋代女性不但追求時髦，而官方更加提倡簡樸，
反對過於華麗，「不惟靡貨害物，而侈靡之習，實關風化。」「凡命婦許以金
為首飾，及為小兒鈴鐺、釵篸、釧纏、珥環之屬；仍毋得為牙魚、飛魚、奇
巧飛動若龍形者。非命婦之家，毋得以真珠裝綴首飾、衣服，及項珠、纓絡、
耳墜、頭𢄢、抹子之類。凡帳幔、繳壁、承塵、柱衣、額道、項帕、覆旌、床
裙，毋得用純錦遍繡。」宋寧宗時期還把宮中婦女所擁有的各種首飾飾物付
之一炬〔註 59〕，以表示其對於奢侈之風的反感。如在宋代銀質手鐲，失去了
大唐的富麗堂皇的時代精神，取而代之的是「以生命的呼喚寫出了真正的詩
篇，從而使作品由世俗的浮華走向深摯的人生慨歎，並對天道人事展開尋
繹。」〔註 60〕

　　宋代女子戴冠的風氣已逐漸流行於民間，在甘肅的敦煌的壁畫中可以佐
證。戴冠的興盛促進了民間金銀業的高速發展，吳自牧《夢粱錄》中說，「大

〔註 59〕這裡關於宋代統治者對於首飾是不歡迎的，而且頒布了《禁鋪翠》令。特別
　　　　是宋寧宗時期對於首飾採取毀禁之法，這是和其他的時代不同點。
〔註 60〕袁濟喜：《論六朝文學精神的演化》，《中國人民大學學報》，2001 年第 1 期。

抵杭城是行都之處，萬物所聚，諸行百市，自和寧門杈子外至觀橋下，無一家不買賣者，行分最多。」「最是官巷花作，所聚奇異飛鸞走鳳，七寶珠翠，首飾花朵，冠梳及錦繡羅帛，銷金衣裙，描畫領抹，極其工巧。」從上述話中可以看出，當時的金銀首飾市場是十分繁華的。

　　宋代首飾豐滿富麗，首飾體量較小，使用材料更為輕薄。這個時期與前一代相比有了新的變化，女子的簪和釵不僅受到遼和金的影響，而且，尺寸相對較小，製作工藝也逐漸從唐朝時期的鏤鏨大到這一時期就變成了鎚鏨，「即以『打』的工夫之精湛而把平面圖案做成起伏如浮雕的立體圖案，再輔以『鏤花』。」〔註61〕如浙江東陽金交椅山送墓出土的金竹節橋樑式釵（圖16），整個首飾體積偏小，釵的每一部分都用鏨刻將紋飾刻在圓柱體上，在釵上裝飾弦紋飾，在圓柱體的表面形成了高低起伏的花卉和竹葉，具有虛實相間的藝術效果。這一時期的首飾大多為帶狀的或者扁平的造型，線性表現造型居多，如浙江東陽金交椅山宋墓、湖南沅陵元黃氏墓以及福建邵武故城的南宋金銀器等等。又如江蘇丹徒碼船山大隊出土的金竹葉釵，整體呈現長方形，呈倒「U」，在整個折股釵的上部分用雕刻的方式雕製了大量的精緻的浮雕圖像，並飾以不同比例的竹節裝飾。再如，浙江永嘉銀器收藏的銀鎏金金龍傳穿牡丹紋簪，整個對於首飾的裝飾都集中在簪的首部，上面用鏤空的形式精細地雕刻的纏枝花、蛟龍、花葉，蛟龍佔據在畫面的中心。

圖16：玉臂環金竹節橋樑式釵

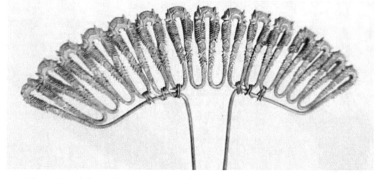

來源：揚之水：《中國古代金銀首飾》，北京：故宮出版社，2014年版。

　　宋代首飾體現了工匠藝人的生命感。工匠利用金、銀以及珠寶都物質材料，運用鏤空等技術將一些動物紋飾和植物紋飾鑲嵌在各種表面，每一個紋

〔註61〕揚之水：《中國古代金銀首飾》，北京：故宮出版社，2014年版，第146頁。

飾的產生都醞釀了主人對客觀物象生命精神的贊許，他們要把具有生命式樣的紋飾記錄下來並保留很久，「凡賦形出象，發於生意，得之自然。」每一個紋飾都重視生機、天趣、生意以及生趣。首飾表面的每一個紋飾所使用的工藝以及表現都深深隱藏著主體對客體的審美觀照，如鎮江市四擺渡工地出土的金花筒釵，這種造型呈現筒子狀，在筒子的表面飾以各種各式的花卉，每一個紋飾都是匠人將旺盛生命力通過葉子和花卉的綻放來體現出來，雕刻細緻，且每一個花卉或者葉片都是呈現張開的。

　　兩宋首飾裝飾的最高等級應該在皇室。在這個時候，黃帝更加注重對於細節和詩意的追訴，他們請工匠將紋飾中的細節刻畫的很精到，材料可以說搜盡了天下所有的珍奇異寶，甚至黃帝也親自監督首飾的製造，當然，首飾的製造可能和繪畫有著關係，兩宋的繪畫「以愉悅帝王為目的，甚至黃帝也親自參加創作的北宋宮廷畫院，在享有極度閑暇和優越條件之下，把追求細節的逼真寫實，發展到了頂峰。」〔註62〕中國臺灣省臺北故宮博物院收藏著一件畫像，此畫像是宋欽宗皇后像，整個畫像選取了皇后的四分之三側面，頭上戴著一個極度奢華的冠飾：最下面是耳飾，全是用珍珠製作的，晶瑩剔透。在皇后的冠飾額頭部位，有一排高冠廣袖的捧笏者，邊上有許多丫鬟，在上面，有九龍四鳳以及在雲間飛翔的伎樂，中間穿插著雲鶴、孔雀以及王母娘娘仙人隊等。在鳳冠的右邊有下垂的步搖，步搖成為傳遞皇后的情感的重要象徵。

　　元代依然繼承了唐宋以來的首飾品種，整體上呈現出紋飾的圖案化。元代不管簪還是釵，均將現實題材進行圖案排列，如使用適合或者對稱形式。如武漢黃陂縣周家田元墓出土的一對金累絲寶蓮塘小景紋塔形葫蘆環（圖17），在一片薄薄的底片上，其上裝飾一個水滴形的石碗，內嵌一個三角形的綠松石，在其四周有 11 個拱絲填出邊框的聯珠式樣石碗，在其頂端有荷葉，荷葉下面有一對慈姑葉，用卷草紋與下面的紋飾相連接。在這個圖像上，中間的綠松石被 11 個有序排列圓形所包圍，形成了圖案中的適合圖案。這樣的紋飾還有湖南臨澧新合元代的金卷草紋嵌形葫蘆環等等。工匠們常常將現實題材進行某種適合寄託情感的形式排列，圖案開始向圖案化發展，圖案使用的題材常常以牡丹、螭虎、鳳凰、荔枝、石榴、滿池嬌、鴛鴦、荷葉、桃花、

〔註62〕李澤厚：《美的歷程》，北京：生活・讀書・新知三聯書店，2009 年版，第 178 頁。

折枝桃花、麒麟以及雲朵等。這些題材都被工匠賦予兩情諧好、如意豐足的吉祥寓意，「它們所傳達出來的情感、力量、意興、氣勢、時空感，構成了重要的美的境界。這本身也正是一種淨化了的『有意味的形式』。」〔註63〕如湖南攸縣桃水鎮褚家橋元代銀鎏金滿池嬌紋簪，整個首飾是以滿池嬌為題材，簪首一個桃形狀的造型，曲線構成，在桃形內部是一幅荷塘景色，裏面有鴛鴦、花葉、荷葉以及其他水禽。鴛鴦上下相對，荷花左右排列，中間一個卷荷葉，形成了一個「十字形」，這些題材基本上是以適合性作為主要紋飾建構方式，「使得紋樣的幾個基本要素在規整適形的圖案裏，依然活潑靈動充滿生意。」〔註64〕

圖17：金累絲寶蓮塘小景紋塔形葫蘆環

來源：李芽：《耳畔流光：中國歷代耳飾》，北京：中國紡織出版社，2015年版。

元代的首飾均用一個動物或者植物作為主體物，這個動物比例稍大，且這個主體物動勢較強，其他的均為輔助或次要部分。在元代的一些簪或者釵上，我們都可以發現，這些簪首或者釵首均使用一個超大比例的動物或者植物題材作為主體物，其他的物象作為陪襯。如株洲丫江橋的金螭虎釵上的大

〔註63〕李澤厚：《美的歷程》，北京：生活・讀書・新知三聯書店，2009年版，第185頁。
〔註64〕揚之水：《中國古代金銀首飾》，北京：故宮出版社，2014年版，第240頁。

靈芝，在其下面有一對聳身向上的小形螭虎，株洲株洲丫江橋的金海水蛟龍紋如意簪，這個簪就是主體就是以蛟龍作為主體物，邊上的波浪都成為次要部分。湖南臨澧新合元代的金鳳簪（圖18），主體物是一隻鳳凰，在鳳凰下面有一個小比例的摩羯魚。這些首飾造型都是用打造的辦法塑造的，「全部成型之後再細施毛雕，不過兩枚金片只有一玫作裝飾，另外的一枚用作襯底。」〔註65〕例如湖南臨澧新合元代金鳳釵，這個首飾就是一面做裝飾，另外一面沒有紋飾。整個首飾的紋飾是以一隻展翅飛翔的鳳凰和一彎纏枝牡丹相結合，兩者形成了半個圓弧。

圖18：金鳳簪

來源：揚之水：《中國古代金銀首飾》，北京：故宮出版社，2014年版。

　　明清是中國封建社會最後兩個專制、統一的王朝，兩個時代飾物的材質、圖案以及造像更加趨向日漸式微和吉祥寓意，由民間自由的藝術活動轉變為「精英統治」〔註66〕的官作坊，在保留唐宋的某些特徵前提下，在觀念內容上轉向世俗正統化：「由元代規定的「顧姑冠」回到漢宋以來的戴鳳冠、著霞帔的裝扮。」如北京定陵出土的皇后鳳冠。首飾的使用也區分不同的人群，這樣就產生了種類的多樣性，製作工藝更加精緻，如鏨刻、花絲、鑲嵌以及鎏金等。寶石、瑪瑙、翡翠以及珊瑚等貴重材質運用到宮廷首飾文化中，反映出濃鬱的等級世俗情懷。據（清）張廷玉的《明史·志卷067志第四十

〔註65〕揚之水：《中國古代金銀首飾》，北京：故宮出版社，2014年版，第246頁。
〔註66〕卡羅爾在《過去與現在》中提出這個觀念，其實在古代歷史中，實行精英統治更多偏向貴族，運用精美的首飾飾品來對上層婦女進行裝扮。

三·輿服三》記載：「今群臣既以梁冠、絳衣為朝服，不敢用冕，則外命婦亦不當服翟衣以朝。命禮部議之。奏定，命婦以山松特髻、假鬢花鈿、真紅大袖衣、珠翠蹙金霞帔為朝服。以硃翠角冠、金珠花釵、闊袖雜色綠緣為燕居之用。一品，衣金繡文霞帔，金珠翠妝飾，玉墜。二品，衣金繡雲肩大雜花霞帔，金珠翠妝飾，金墜子。三品，衣金繡大雜花霞帔，珠翠妝飾，金墜子。四品，衣繡小雜花霞帔，翠妝飾，金墜子。五品，衣銷金大雜花霞帔，生色畫絹起花妝飾，金墜子。六品、七品，衣銷金小雜花霞帔，生色畫絹起花妝飾，鍍金銀墜子。八品、九品，衣大紅素羅霞帔，生色畫絹妝飾，銀墜子。首飾，一品、二品，金玉珠翠。三品、四品，金珠翠。五品，金翠。六品以下，金鍍銀，間用珠。」如北京海淀區青龍橋董四墓村明墓出土的明代累絲鑲嵌寶金釵，此件飾品採用御用金色，運用累絲、鑲嵌、鏨刻等工藝加工而成，釵中焊接了一個金錢盆，配上瑪瑙，色彩奪目，意趣高遠。在裝飾題材上，人物故事、福祿壽、神話、動植物（花草為主）、龍、鳳、麒麟等母體紋樣被鏨刻工藝嵌進飾物的表面物質體中。如清代福建地區的銀器仕女遊春銀配飾、香包式鎏金銀掛飾以及長命富貴蓮生貴子銀鎖等等都是比較著名的作品。除了以上的題材之外還有蓮生貴子、八仙過海、望子成龍、狀元及第、白蛇傳等具有程式化的吉祥故事教化題材。作為強勢文化的載體映入明清時期具體物象世態的觀照中，這種觀照可以說典型地反映了人性的解放和多元文化的融合，消解了宮廷與民間無法克服的審美趣味，促使著各自的審美趣味觀推動飾物向獨立的「以意為主」的個性情感脈絡發展，從而形成內容與形式、實用與裝飾相契合的並充滿思想品質的精神氛圍〔註67〕。如清代的一路連科如意銀鎖，這是一件祈福孩子科舉及第和平安祥達的銀質配飾。在一個底紋滿鋪由數個球型物連接起來的銀鎖，造型別致，把吉祥文字和圖形有效的結合起來。整個鎖用鏨刻的工藝手法刻出蓮花、鷺鷥鳥和四個吉祥文字「百家保鎖」，整個主鎖呈心型，這種將極為精神性的圖案與現實生活中的世俗性結合在一起是我們民族所獨具特色的一種品格。隨著社會的發展，民國以後，我國的服飾逐漸西化，一些裝束已經不復存在，女性的裝扮也逐漸簡潔，一些

〔註67〕「詩的激情、美得欲望、對藝術本身的熱愛，是此類智慧之極致。因為，當藝術降臨到你面前，它會坦言：除了在那稍縱即逝的時刻為你提供最高美感之外，它無所給於」。轉引自〔英〕雷蒙·威廉斯：《文化與社會1780～1950》，高曉玲譯，長春：吉林出版集團有限責任公司，2011年版，第181頁。

佩戴別針和耳墜風俗習慣的區域逐漸被排擠到農村。如民國時期的這件雙壽桃獻壽銀鎖，此飾物由鏨刻的桃葉和雙桃，右側鏨刻有象徵「福」到的蝙蝠和祥雲圖飾，整個銀鎖表達了作者對生活有著美好的期盼。

明清兩代的首飾是我國傳統首飾又一個高峰，我們現在大多數的首飾製品均是明清兩代的作品，清朝居多，這些首飾不論在製作工藝上還是題材的建構還是構圖上都凝聚了工匠的一腔熱血，從出土的這些首飾來看，整體上呈現出個性化、裝飾化以及雍容華貴性。

個性化主要體現明清兩代使用單一的立體動物作為簪或者其他首飾的主要形象。這個時候，以揚州八怪作為「乾嘉盛世」的主要畫派，他們用各自具有時代特徵的筆墨、構圖、色彩、形象或粗放好爽，或精工細緻，把中國明清兩代的繪畫藝術推向了一個新高度，他們借著這種個性化的藝術特點成為喚起審美情感「有意味的形式」的重要引子，他們用個性化的藝術形式「共同體現出、反射出封建末世的聲響，映出了封建時代已經外強中乾，對自由、個性、解放的近代憧憬必將出現在地平線上。」〔註68〕例如在武進孟河出土的金鑲寶草蟲啄針簪首（圖19），整個簪子是以一個寫實的螃蟹作為主體物。明清時代有很多這樣的，就一個動物或者植物，而且這種利用寫實性的技巧將物象的各部分細節都描述的非常細緻。一些工匠以蜜蜂、蜻蜓、蜘蛛、蟾蜍、螃蟹、蟬以及蝦子等物象作為主要題材進行裝飾。類似於這樣的設計非常精妙，具有獨特的個性化。

圖19：金鑲寶草蟲啄針簪首

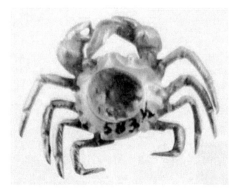

來源：揚之水：《中國古代金銀首飾》，北京：故宮出版社，2014年版。

〔註68〕李澤厚：《美的歷程》，北京：生活・讀書・新知三聯書店，2009年版，第213～214頁。

　　明清的首飾審美向著市民世俗化的生活演繹。李澤厚在《美的歷程》中說：「這種世俗文學的審美效果顯然與傳統的詩詞歌賦，有了性質上重大差異，藝術形式的美感遜色於生活內容的欣賞，高雅的趣味讓路於世俗的真實。……多種多樣的人物、故事、情節都被揭示展覽出來，儘管它們像漢代浮雕似的那樣薄而淺，然而它所呈現給人們的，卻已不是粗線條勾勒的神人同一、叫人膜拜的古典世界，而是有現實人情味的世俗日常生活了。」〔註69〕這樣的審美表現在首飾上主要有：首先，明清首飾裝飾極為豔俗，強調一個首飾上有很多的結構或者形式。這個時期的工匠盡可能的將不同材料和不同物象以不同的線條裝飾在首飾表面，首飾的外在式樣與裏面的裝飾形式形成統一的視覺效果，例如在上海盧灣區打浦橋的明代顧東川夫婦墓出土的銀鎏金鑲玉嵌寶帔墜（圖20），整個墜子呈現桃形，外邊一個圓，裏面還有一個圓，圓與圓中間有眾多的物象裝飾，還有眾多的小孔，且這些物象都是採用不同材質製作，尤其在最裏面的圓圈內，有兩朵盛開的花卉，用玉製作完成。整個首飾在構圖上疏密有致，既有讓人的視覺集中的地方，又有聯想和想像的區域。又如，北京右安門外萬貴墓出土的金墜領。整個首飾體現了裝飾凡俗，物象雕刻細緻，且呈現一定的吉祥寓意的象徵性。「花題打作一枚下覆的荷葉，荷葉背上立一對銜花鴛鴦。荷葉下緣墜七根金鏈，分別係著錐、刀、剪，荷包與盒與瓶與罐。小罐上面一個鏨出葉脈的荷葉蓋，罐肩四個開光內鏨荷花，下端一周仰蓮紋，腹部鏨折枝菊花。錐柄裝飾龍首，荷包鏨一對相向的舞鳳，中間一個金錠式扣結，上覆一個鏨著折紙牡丹的蓋子。」〔註70〕整個墜領傾向於世俗化的市民審美，當然，也寄託了市民對於吉祥寓意的情感表達。又如，福建地區有個金魚荷花銀梳，整個銀梳高6.5釐米，寬6.2釐米，整個銀梳採用鏨花、鏤空以及焊接工藝，在梳的上面，鏨刻或鏤空不同的動植物，如金魚、荷花以及麥穗，一對相向的金魚圍繞在一朵盛開的荷花周圍，取「連年有餘、金玉滿堂」的吉祥寓意。

　　這個時期的工匠會利用紋飾圍合成一個圖像，也就是說，紋飾會變成這個首飾結構的重要一部分。在首都博物館裏，有一件金累絲鳥籠簪，鸚鵡架的上面是被工匠做成一個鳳鳥頭與脖子的造型，而鸚鵡架的上部分是用花

〔註69〕李澤厚：《美的歷程》，北京：生活·讀書·新知三聯書店，2009年版，第193頁。

〔註70〕揚之水：《中國古代金銀首飾》，北京：故宮出版社，2014年版，第663頁。

草的形式充當架子的上部，這樣的形式在中國國家博物館也有一件金鈿翠鳥籠簪。

圖 20：銀鎏金鑲玉嵌寶帔墜（局部）

來源：揚之水：《中國古代金銀首飾》，北京：故宮出版社，2014 年版。

第四節　民國社會

　　隨著近代商業廣告和西方審美思想的傳入，一些在大城市發展的女性開始注重對美的裝飾渴求，一些清朝的首飾裝飾思想如工藝、紋飾以及造型還暫時存在一段時間。首先，自然情趣和西方自然主義對傳統首飾構成了影響。在圖 21 的杭穉英繪製圖畫中，一個年輕漂亮的女性倚靠左邊的物象上，在左邊的手上有一件翡翠手鐲，上面無任何的裝飾和雕刻，圓滑而又樸實，在女性的兩個耳朵下面有兩個珍珠耳環，這兩件耳環珠體渾圓、光澤靚麗，體現了作者在創構首飾的時候以天地、萬物以及自然為美的設計思想。圖 22 的廣告畫面中，在這幅畫中，最引人注目的就是女性耳朵邊的耳環，這個耳環色彩鮮豔，以紅色圓形花瓣為主體，在圓潤的花瓣的中心有黃色花蕊，作者使用這個質樸而又自然的首飾對象充分反映了他想用圖像去傳達對生活的祈福和美好祝願，體現了中國古代文化中的生命哲學以及有意味的造物思想。

圖 21：上海民國時期的廣告　　　　圖 22：民國時期的廣告

　　其次就是民國時期的民間首飾仍然延續了清代繁複的裝飾和造型方式，高度蘊含著民俗文化。例如圖 23，香荷包是中國傳統人文服飾中一個重要的組成部分，基本是隨身攜帶，可以提供主人放些零星物品。荷包有圓形、方形以及其他的形狀，在荷包上面繡上各種的動物、植物、人物以及風景題材，這件首飾充分展現了中國荷包文化。民國時期的民間裝飾首飾的主要題材依然是明清以降的圖像，如吉祥瑞獸、孔雀、猴子、龍、麒麟、獅子、烏龜、蝙蝠、蝴蝶、蟾蜍、魚以及十二生肖等，花卉植物題材一般有桃子、松樹、喜鵲等等。人物題材常常借用來描述有些故事和傳說，例如三娘教子、空城計以及賽龍舟等等。例如銀龍紋耳墜（圖 24），整個耳墜全長 4.5 釐米，每只重 6 克，採用民國時期用的較多的材質銀來製作，用銀打造成一個意象化的龍，在龍的身上刻畫了很多的斜線，在龍的下面下墜了四個墜件，呈現出一種動態的視覺形式。

　　最後，民國時期的首飾創構更加注重簡潔化，就是首飾表面很少去裝飾紋飾，除非必須，作者才去裝飾。例如在遼寧瀋陽的手鐲，這樣的手鐲裝飾這在安徽和遼寧比較時尚了，「手鐲從出現起發展到今天，已有數千年乃至上萬年的歷史。在這漫長的歷史歲月中，手鐲的形制經歷了無數次變化，從無

圖案到有圖案，從最簡單的工藝，到複雜工藝，從一種發展到多種，尤其是到了清代，更顯得細巧凡旺。民國初期的手鐲，款式上收到外來影響較大，無論造型設計、材料選擇、製作方式等方面都有所不同。」〔註71〕這件瀋陽地區的銀花卉紋掐絲實心手鐲，裝飾的紋飾很少，就在手鐲的連接處部位有長方形的圖像框，在框裏鑿刻有花卉已朵盛開的花卉圖像，在手鐲的中線，有掐絲痕跡，手鐲表面已被磨損，估計佩戴的很長時間，整個手鐲簡潔、直爽，沒有任何多餘的裝飾成分。

圖 23：銀扭花香荷包耳墜

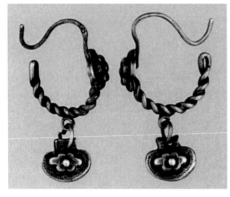

來源：王金華：《中國傳統首飾·手鐲戒指耳飾》，北京：中國紡織出版社，2014 年版。

圖 24：銀龍紋耳墜

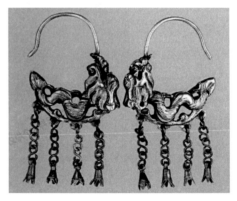

來源：王金華：《中國傳統首飾·手鐲戒指耳飾》，北京：中國紡織出版社，2014 年版。

圖 25：四式銀手鐲

來源：王金華：《中國傳統首飾·手鐲戒指耳飾》，北京：中國紡織出版社，2014 年版。

〔註71〕王金華：《中國傳統首飾·手鐲戒指耳飾》，北京：中國紡織出版社，2014 年版，第 234 頁。

　　總的來說，民國時期的首飾在一定的區域和一定裝飾紋飾上繼承了明清傳統文化中的吉祥文化，自然主義和東方文化相融合，傳統文化與西方近代文化相融合，這個時期的藝術家重視首飾表面的簡潔性和藝術性，用最簡約化的表面去呈現富有情感化的人文精神，以最少的紋飾去彰顯中華生命精神。在這個時期，「藝術家和工匠對生活的感性理解與表達躍然紙上，藝術家和工匠用明朗、豐富的藝術語言傳達其對生活的祈福與祝願，體現中國古代哲學的造物思想和文人雅趣，工匠用裝飾性的形式能表現首飾的詩情畫意，蘊含著對美好事物的崇高追求。」〔註72〕可以說，民國時期的首飾既內蘊著中華傳統文化的生命性，又受到西方文化的影響，從而在東方的土地上形成了一種內外兼容、內蘊傳統、外顯文化的首飾文化。

第五節　本章小結

　　總之，作為所有意指實踐中的比較物質化的首飾藝術，它深深的將繪畫等各種美術種類融匯於一個方圓大小的造型型制之中，「除了在『規範』和『信息』足以滿足需求的最高層上，繪畫都被鑲嵌於形式主義幾乎無法察覺（更不用說用它自己的術語作出解釋）的社會話語中。繪畫的『意義』將不會被為身體的特質（姿態、體態、服飾、言說）所構造的索緒爾式的語言發現。作為一個早已成型的有限的特徵它也不會在繪畫內被找到。」〔註73〕然而，首飾作為一種跟隨著中華文明不斷發展的物質載體，它時刻都在用自己的圖像去彰顯中華文明的博大精深和世界藝術話語。可以說，中國傳統首飾藝術是一部人類社會發展史，更是一個中華文明誕生、發展以及壯大的視覺呈現儀式。「這種儀式的形式、這種潛藏的節奏本身是沒有問題的，而且還被賦予了一種活生生的精神的外衣和角色：即對食物和生命以及那能帶來食物與生命的季節轉換的強烈而直接的願望。」〔註74〕古代首飾工匠做打造出來的首飾製品，是個人慾望中提升純化出來的一種精神載體，是超脫了實際現實情況的洞見，就是為了彰顯首飾主人的身份地位和社會文化氣氛，烘托

〔註72〕梁敏怡：《近代廣告畫中首飾藝術的審美風格》，《美術教育研究》，2019年第14期。

〔註73〕〔英〕諾曼·布列遜：《視閾與繪畫：凝視的邏輯》，谷李譯，重慶：重慶大學出版社，2019年版，第115頁。

〔註74〕〔英〕簡·愛倫·哈里森：《古代的藝術與儀式》，吳曉群譯，鄭州：大象出版社，2011年版，第67頁。

首飾佩戴者的文化與藝術修養，可以說，「對於真正富有創造性的藝術家來說，讚美和榮譽都會消失在創造的至高喜悅之中。只有藝術家自己能感覺到真正的聖火，那聖火也照亮了他的藝術品，因此觀眾哪怕是在於他握手時也能感受到他的喜悅。」〔註75〕中國傳統首飾經歷較長的時間進行演繹，形成了具有人文理念和承載中國世俗精神的重要承載物，工匠們用鏨刻、焊合、鎏金、錘打等技術將心目中的首飾製品幻化為物質性，並在這種物質性上裝飾各種現實性的題材，如鸚鵡、蟬、鳳凰、蛟龍以及各種花草，然後這些母題的使用都符合傳統人文思想，每一個紋飾都將吉祥祝福的隱喻內涵無聲無息地融入作品之中，他們把這些紋飾裝飾在平面上，以面塑立體，以面展示中國傳統的人文社會精神。至此，從原始社會到民國時期的中國傳統首飾它運用精湛的技術工藝和材料，把中國古典的審美風韻凝結在這個小小的藝術作品之中，它瑰麗無比和賞心悅目，它使得女性更加能凸顯自身的精神風味。可以說，首飾不但是一件物態化的東西，而且還是精神審美的象徵，它彰顯了中華民族審美體系的獨特性，也給世界的其他民族樹立了優秀的文化與藝術榜樣。

〔註75〕〔英〕簡・愛倫・哈里森：《古代的藝術與儀式》，吳曉群譯，鄭州：大象出版社，2011年版，第106頁。

第二章　中國傳統首飾線條的審美特徵

線條是中華傳統首飾表面裝飾的一個重要形式因素，沒有線條，首飾的體感和細節將不復存在。沒有線條，裝飾圖像的外形邊緣將隔絕在視覺的外層空間中。在中國歷朝歷代的首飾製品中，每一個首飾都使用多種屬性的線條，有的是粗線條，有的細線條，有的短線條，還有的則長線條，長短不一，虛實相生，共同塑造一件工藝美術作品。18 世紀英國著名的畫家威廉・荷加斯在《美的分析》中說：「數學家和畫家們在紙上畫物體時，經常利用線條，因此形成了一個固定的觀念，即似乎這些線條是存在於對象本身的。從這個前提出發，我們暫且不妨這樣說：直線和圓弧線及其各種不同的組合和變化，可以界定和描繪出任何可視對象，因此它們能夠產生出入如此無限多樣的形式，使我們有必要把這些線條加以區分。」〔註 1〕線條在首飾製品中可以分為直線、曲線以及不規則的線條形態，這些線條形態運用自身的線條屬性來展示首飾圖像自身所蘊含的審美意味。

第一節　線條的形態

在中國傳統首飾的表面上，大量存在著不同屬性的線條形態，有直線，有曲線，還有一些不規則的線條。這些線條形態是為不同題材的造型而準備的，也就是說，不同題材所內涵和運用的線條形態有著不一致。

〔註 1〕〔英〕威廉・荷加斯：《美的分析》，楊成寅譯，佟景韓校，桂林：廣西師範大學出版社，2002 年版，第 91 頁。

首先，直線形態。直線給我們的視覺效果是僵直、剛硬和很少的裝飾性，「因而也在它最簡潔的形式中表現出運動的無限可能性。」〔註2〕直線最簡單的表現就是垂直線和水平線，水平線給我們呈現出穩定的形式表現出無限的運動延伸性。而垂直線則給我們呈現溫暖而又剛硬的視覺可能性。在首飾的裝飾上，直線形態一般表現為首飾自身的結構和造型所需要的直線形態或者是有各種材料共同構成的近似於直線形態，這兩種直線形態在首飾中比較常見，如宋代的金花卉釵（圖1），整個釵由二十一隻忍冬花構成，有金銀花、二寶花以及銀花等。花卉鑿刻在直立的圓柱體表面，整個造型古樸，直線形態被安排在一個圓弧狀的線條之上，呈現扇形。

圖1：金花卉釵（局部）

來源：王金華：《中國傳統首飾‧簪釵冠》，北京：中國紡織出版社，2013年版。

其次，曲線形態。曲線形態在中國傳統首飾製品中較為常見，它代表著流動和順暢，因為有些造型和結構都必須使用曲線，如動植物的外在造型一般都是從曲線形態存在的。曲線可以分為波狀線、蛇形線和自由曲線。荷加斯在《美的分析》中說：「曲線，由於互相之間在曲度和長度上都可不同，因此而具有裝飾性。……波狀線，作為美的線條，變化更多，它由兩種對立的曲線組成，因此更美，更舒服。甚至在用鋼筆或鉛筆在紙上畫這種線條時，其動作就是生動的。最後，蛇形線靈活生動，同時朝著不同的方向旋繞，能使眼睛得到滿足，引導眼睛追逐其無線的多樣性。」〔註3〕我們從荷加斯的話中可以推測出，曲線是一種幾何或者自由意義上的波狀線，它在傳統首飾中

〔註2〕〔俄〕康定斯基：《康定斯基論點線面》，羅世平、魏大海、辛麗譯，北京：中國人民大學出版社，2003年版，第40頁。
〔註3〕〔英〕威廉‧荷加斯：《美的分析》，楊成寅譯，佟景韓校，桂林：廣西師範大學出版社，2002年版，第93～95頁。

常常表現為物象的外在結構和形體所要求的部位，曲線在各種造型中形成了面，有大面和小面。這種曲線形態會使得畫面產生更加活潑和柔滑的視覺效果，極容易產生「縱橫、交錯、旋轉、瀠洄的規律美。」〔註4〕如清代的一件銀點翠大拉翅（圖2），這種首飾均是清代富家女士所戴，整個大拉翅五顏六色，色彩風韻，多種技術工藝製作成。特別是整個大拉翅中的曲線比較多，如在大拉翅上的鳳凰紋飾，鳳凰的尾巴以及身體的「S」線均呈現了曲線形態，大拉翅上面裝飾的荷花等植物紋飾都使用了大量的材料和工藝，並給我們呈現了曲線形態，整個首飾華麗且造型精巧，作者用線考究。

圖2：銀點翠大拉翅

來源：王金華：《中國傳統首飾‧簪釵冠》，北京：中國紡織出版社，2013年版。

　　再次，曲線形態和直線形態共同架構起一件首飾製品。任何一個物態化的東西均是直線和曲線共同作用，也就是說，一件物品不能只有曲線或者直線，兩者都要有，這樣才能符合我們的視覺審美。宗白華認為：「造型藝術，其內容必含有多數的形體，萬不能一直線或一曲線可以構成也。」〔註5〕荷加斯在《美的分析》中說：「直線與曲線結合形成複雜的線條，比單純的曲線更多樣，因此也更有裝飾性。」〔註6〕直線和曲線形態就構成一個首飾畫面中相互對立的部分，也為各種造型的產生和創構提供了塑造元素。如清代福建的銀琺瑯彩戲曲人物步搖釵（圖3），步搖最早存在於貴族婦女頭上，以後成

〔註4〕潘天壽：《潘天壽畫論》，鄭州：河南人民出版社，1999年版，第71頁。
〔註5〕宗白華：《宗白華全集》（第一卷），合肥：安徽教育出版社，1994年版，第516頁。
〔註6〕〔英〕威廉‧荷加斯：《美的分析》，楊成寅譯，佟景韓校，桂林：廣西師範大學出版社，2002年版，第93頁。

為各朝各代皇家女性裝飾的主要部件。有曰：「步搖者，貫以黃金珠玉，由釵垂下，步則搖之之意。」這件步搖首飾將戲曲人物統統放在一個狹小的三角形內，空間雖小，但是亭臺樓閣、情節故事可謂是清晰可見和可感。工匠的直線主要體現在下拉的二十一隻金串上，每一個金串上都使用小環狀相互鎖住。曲線形態則體現在亭臺樓閣和各類戲曲人物上，沒有人物形象都使用了曲線形態，將人物的唱念做打的各種形態栩栩如生的表現出來。又如，清代的六式銀鍍金「五福捧壽」簪釵，中國傳統首飾一般採用吉祥的紋飾對首飾表面進行裝飾，在這個首飾表面上，作者採用了「五福」這個能反映中國人對美好生活嚮往的詞彙，《尚書·洪範》曰：「五福，一曰壽，百二十年。二曰富，財豐備。三曰康寧，無疾病。四曰攸好德，所好者德福之道。五曰考中命。各成其短長之命以自終，不橫夭。」〔註7〕也就是明清到現在所說的福祿壽喜財。這件首飾作品用曲線和直線共同構成福祿壽喜財的形象，曲中有直，直中帶曲。

圖 3：清代琺瑯彩戲曲人物步搖釵

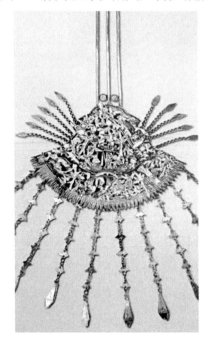

來源：王金華：《中國傳統首飾·簪釵冠》，北京：中國紡織出版社，2013 年版。

〔註 7〕（漢）孔安國傳，（唐）孔穎達疏，李學勤主編，廖名春、陳明整理：《十三經注疏》：北京：北京大學出版社，1999 年版，第 323 頁。

　　總之，中國古代匠人使用直線和曲線形態共同架構起一個物質化的視覺
形象，他們使用這兩種抽象的美術元素去塑造首飾文化中的吉祥符號。每一
個傳統首飾都將曲線和直線兩種形態呈現的淋漓盡致。直線和曲線都被工匠
用各種材料和結構呈現出來，也可以說，直線和曲線形態是中國傳統首飾的
外在的表現視覺形式，工匠使用這種形式來彰顯傳統首飾紋飾後面的吉祥寓
意或者古代勞動人民對美好生活的嚮往。

第二節　線條的特徵

　　中國傳統首飾承載了中國人內心對美好生活的詮釋，用首飾來寄寓吉祥
和幸福安康，傳統首飾就成了人們表達內心意願的最好的媒介了。「我們必須
忘記影像的舞臺表面，並思考那個身體，其活動對畫家和觀者而言一直是並
且僅僅是一個物質符號的轉化。那個身體可能被它自身的再現遮蔽，它可能
消失——就像一個神在它的特徵的豐富性中；但所有影像的流動是從它不可
見的筋肉向外，而不是從它熱切的凝視向內的。」〔註8〕傳統首飾不是簡單的
使用某個材料去完成的，而是用多種材料和雕刻一些紋飾裝飾完成的。設計
工匠又將線條作為呈現諸多紋飾的重要的因素，也就是說，線條是組成眾多
紋飾的重要基礎，勢必帶來了線條的某些特徵，例如簡約性、塑形性等特徵，
古代匠人就使用這些特徵將他們的吉祥話語幻化成具有審美意味的各類圖
像，用各類線條去呈現他們心中的美好寄託。

一、線條的簡約性

　　「簡約」在中西方繪畫界中有著自身的設定和觀念的拓展。什麼是「簡
約」？中西藝術家對這種美形成了自己的評述。鄭玄《易贊》曰：「《易》之
為名也，一言而函三：簡易，一也；變易，二也；不易，三也。」〔註9〕
「簡」就是去掉一些細節，化繁為簡，去用簡單的造型去概括一切物態的
變化和存在。明代畫家惲向曰：「畫家以簡潔為上，簡者簡於象而非簡於
象，簡之至者縟之至也。」〔註10〕清代工筆畫家瑛寶也提倡：「均以簡貴勝

〔註 8〕〔英〕諾曼・布列遜：《視閾與繪畫：凝視的邏輯》，谷李譯，重慶：重慶大
　　　　學出版社，2019 年版，第 224 頁。
〔註 9〕《山東省志・諸子名家志》編纂委員會：《鄭玄志》，濟南：山東人民出版社，
　　　　2003 年版，第 123 頁。
〔註10〕俞劍華：《中國古代畫論精讀》，北京：人民美術出版社，2011 年版，第 332 頁。

人。」〔註11〕中國古代繪畫將「象」的歸納作為「以形寫神」的重要表面特徵，從整體的「象」的特徵來達到對於物象的總體意蘊的把握。中國繪畫講求的是運用簡單的線條和顏色將對象物的生命精神體現出來，這也反映了儒家的「直而溫，寬而栗，剛而無虐，簡而無傲。」〔註12〕的藝術觀。西方的油畫或者版畫講究忠實於對象物的描寫，用過渡豐富的線條去儘量表現物象的細節。如中國寫意山水和西方的油畫。西方藝術家說：「藝術中的簡練是一種必然，也是一種風雅。簡練的人能促使思索；喋喋不休的人則會使你厭煩。永遠要用一種簡練而直截了當的方法描繪。」〔註13〕如意大利和希臘的藝術家為了求美而簡化現實的客觀物象，將那些影響主體意象特徵的細節淘汰或者刪除，希臘人簡化面部一些線條，「彌蓋朗琪羅和佛羅倫薩畫派，把附屬品，風景，工場，衣著，放在次要地位或根本取消；」〔註14〕而初期的法蘭德斯人則相反把聖母、聖徒等宗教形象中的理想化的人物歸結為一種肖像，它可以傳播和複製，畫家並竭力將肖像中的一些細節豐富的表現出來，不去簡化任何的表面內容。阿恩海姆認為簡約是和複雜相對的詞彙，簡約有兩種概念，一是簡單，這種簡單主要從物理「量」的角度而不是視覺「量」去考慮。二是就是簡約的反義詞是「複雜」或者「豐富」，它指的是對物象內外的輪廓線的歸納和概括。

中國傳統首飾運用簡約化的線條去塑造形體。縱觀傳統各類首飾的表面裝飾，我們發現，傳統首飾匠人使用簡約的線條去塑造各類形象，例如，工匠用單條曲線將物象的某個局部簡約成一條線，至於內部的細節統統省略，從而形成了具有大視覺效果的首飾表面裝飾形象。如清代的如意人物銀手鐲（圖4）。整件首飾品的兩端是如意形，在如意形的上部和下部均鏨刻了童子手持一朵高高的蓮花，蓮花高過童子的頭部，在首飾的中間有壽紋飾寶珠，在寶珠左右均有一隻展翅飛翔的蝙蝠，從而形成雙福拱壽的視覺式樣。這些紋飾均使用了單線，鏨刻較粗糙，線條將人物和動物的姿勢烘托的栩栩如

〔註11〕潘天壽：《潘天壽美術文集》，北京：人民美術出版社，1983年版，第47頁。
〔註12〕（春秋）孔子：《尚書注訓》，黃懷信注訓，濟南：齊魯書社，2002年版，第30頁。
〔註13〕楊身源、張弘昕：《西方畫論輯要》，南京：江蘇美術出版社，1990年版，第397頁。
〔註14〕楊身源、張弘昕：《西方畫論輯要》，南京：江蘇美術出版社，1990年版，第481頁。

生，大都使用了簡約的線條將形體粗略的繪出，省略了人物、蝙蝠以及荷花中的細節，只保留一個區別於他者的輪廓線。又如清代三式琺瑯彩銀扁方（圖5）。三個造型呈現兩頭大中間細的造型，第一個銀扁方表面作者鏨刻了荷花盛開的場景，荷花的彎曲的莖採用了平面化的粗線，前後粗細一致，在荷花的葉子上，作者用彎曲的細線條將葉子分隔成若干片，蓮蓬用細線陰刻，線條簡潔且將物象的結構生動地展現出來。植物的莖葉都不同程度的使用了線條刻繪邊緣或內在結構。這樣一來，不管荷花還是其他物象都能在平塗色彩的基礎上形成了一種邊界區分，我們說，這種區分是通常運用不同顏色的線條，根據物象或結構的邊緣進行刻繪，線條的顏色要區分周圍的色彩。又如在清代有一件銀點翠魚紋釵，作者就在魚的藍色平塗色基礎上，對魚的魚鱗使用細曲線將魚鱗描繪出來，顯然，這種金色的魚鱗邊緣與底色形成了顏色的不同。

圖4：清代如意人物手鐲　　　　圖5：清代三式琺瑯彩銀扁方

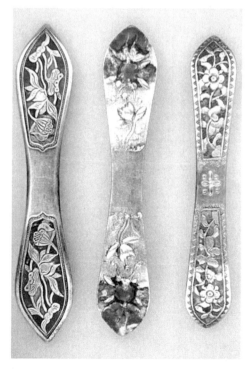

來源：王金華、唐緒祥：《中國傳統首飾》，北京：中國輕工業出版社，2009年版。

來源：王金華、唐緒祥：《中國傳統首飾》，北京：中國輕工業出版社，2009年版。

簡約化的線條顯示了物象的內外邊緣。法國畫家杜桑認為：「把處於運動中的頭簡略為一根單純的線條，……形態在通過空間時常劃出一條線；在形態通過時，它所劃出的線條又常常被一條條的線所代替。」〔註15〕任何物象都有邊界，邊界與邊界的界定規定了物象的整體造型面貌。古代作者將自然界的物象邊緣簡化成線，用這些簡潔的線條去形成動靜關係。「這個外邊緣由一條線或多條線閉合而成。如果它由一條線閉合而成，得到的是圓，如果它由多條線閉合而成，那麼邊緣則由曲線和直線組成，或由很多條直線組成。那條以自身的閉合而形成圈的線將變成圓圈。」〔註16〕這些簡單而具有高度概括的線條越明確，物象之間的界限越明晰，藝術作品的形象就越精準和挺勁，古代先民就運用這些簡約的線條把物象的內外結構表現在平面上。在中國古代的首飾飾品中，大量的首飾製品都是用簡約化的線條去大體表現內外邊緣。如清代的銀點翠蝴蝶簪（圖6），作者製作了一隻展翅飛翔的蝴蝶形象，在蝴蝶的翅膀上，作者用金色細線將蝴蝶翅膀內的各個羽毛用線條呈現出來，線條忽略了羽毛上面的細微之處，保留了大的整體效果。蝴蝶翅膀中的金線也將蝴蝶的主翼和後翼、上面和下面以及前面與後面主動的區分開來。又如，清代的銀點翠鯉魚跳龍門鳳冠（圖7），整件作品中有兩條龍和兩條魚，上邊是龍，下面是魚，中間類似是一個樓閣，在樓閣的下面有一個盛開的花卉。不管花卉還是龍、魚，都是用簡單的金線將各個部分進行區別，在藍色的底上呈現出不同的視覺形象。

圖6：清代銀點翠蝴蝶簪	圖7：清代銀點翠鯉魚跳龍門鳳冠

來源：王金華：《中國傳統首飾·簪釵冠》，北京：中國紡織出版社，2013年版。	來源：王金華：《中國傳統首飾·簪釵冠》，北京：中國紡織出版社，2013年版。

〔註15〕遲軻：《西方美術理論文選》，成都：四川美術出版社，1993年版，第815頁。
〔註16〕〔俄〕阿·阿·古貝爾、符·符·巴符洛夫：《返回原始——藝術大師論藝術》，劉惠民譯，北京：文化藝術出版社，1997年版，第9頁。

二、線條的塑形性

中國古代首飾是以線條的形式對物象的外形和結構進行塑造，他們使用不同形態的線條將物象的輪廓意象地呈現出來。線性刻繪自然地就成為中國傳統首飾塑形的主要特點。他們利用這些富有節奏和韻律化的抽象線條，以線構形、以線狀物、以線表意，所塑造出來的物象均在似與不似之間呈現出美學意蘊，充分地表達了古代勞動人民對世界萬事萬物的審美感受，向我們鮮明地呈現了古代社會萬事萬物的生命律動和構像的秩序性。因此，從一定程度上說，中國古代首飾的線性塑形功能對傳統山水畫、人物畫、風景畫以及其他近現代畫種有著深遠的影響。

線條塑造了各類形象。潘天壽說：「中國繪畫的表現技法上，向來是用線條來表現對象的一切形象的。因為用線條來表現對象，是最概括明豁的一種辦法。是合於東方民族的欣賞要求的。」〔註17〕古代勞動人民通過對物象的邊緣進行線性勾勒，省略內部的一些細節，從而將物象的整體面貌快速的呈現出來。古代作者喜歡使用各類顏色的線條對物象的最外部邊緣進行界定和區分，曲線較多，直線較少，且線性特徵較明顯。這些被線條塑造的各類形象，一般都呈現平面化或者省略特徵，物象的內在結構均為平塗單一色彩，物象均呈現均衡式樣。如清代時期的鎏金人物頭簪（圖8），整個頭簪上的人物、花卉等物象都是用線條圍合圍成，在圍合的封閉空間內平塗上各種單一色彩，如金色、暗紅色以及褐色等。中間一個人物站立，兩邊是花卉，下方有蓮花和蓮蓬。

有的首飾製品在用線塑形的時候，講究寫意性。中國古代首飾的造型有一些是呈現出寫意性，就是他們用簡單的一條線將物象的某個局部活靈活現的表現出來，如他們使用短線去表現眼睛，用弧線來表現袖子，用垂線表現褲子下垂的視覺效果，往往這些線條都沒有經過深思熟慮的去構思，而是瞬間的寫意行為，點到為止。如清代的西廂記人物戒指（圖9），整個的戒指高3.5CM，寬2CM，畫面的中間相對站立兩人，為西廂記中的人物形象或情節。畫面上人物臉部均用一條簡略的線條「隨意」刻畫，將五官所在的位置標注一下，至於五官的細節已經忽略不計了。人物的服裝則用弧線和下垂線進行描繪，雖然線條比較簡略，但是能生動地表現出人物的情節以及行為姿勢。作者想用這種人物形象來表現兒女情長的功利目的性。

〔註17〕潘公凱：《潘天壽畫論》，鄭州：河南人民出版社，1999年版，第39頁。

圖 8：清代鎏金人物頭簪　　　　圖 9：清代西廂記人物戒指

來源：王金華：《中國傳統首飾·簪　　　來源：王金華：《中國傳統首飾·簪釵
釵冠》，北京：中國紡織出版　　　　冠》，北京：中國紡織出版社，2013
社，2013 年版。　　　　　　　　年版。

　　中國古代首飾中的線條多注重塑造一些吉祥形象，並用這類形象來傳達
世間的祝福話語。中國古代首飾的作者用線條塑造的形象大多是具有吉祥寓
意的圖像或者一個故事情節，這些形象用簡略的線條和嫻熟的工藝將形象刻
繪在平面上，這些吉祥形象包括龍、雲紋、牡丹、鳳凰、喜鵲、鴛鴦、杜鵑、
燕子、竹子、鹿、蝙蝠、羊等物象，這些物象的出現根源中華民族的圖騰崇
拜，他們利用這些物象對民族的文化和民族心理產生巨大的影響，「也就是他
們會利用感官上的刺激來為自己創造一個特定的情境。一個成年的原始人也
可能採取這種方式。他的期望伴隨著一種運動衝動（即指意志），把整個周遭
環境的面目完全改變以適合他的理想。這種運動衝動提供了一個能使他們應
用幻覺的方式達到他們所預期的滿足的虛擬環境。這種滿足期望的表現方式

正如幼兒在遊戲中以純粹的感覺方法來獲取他的滿足一樣。」〔註18〕吉祥紋飾的多樣化也造就了中國傳統首飾藝術的繁盛與輝煌。古代首飾作者在刻繪這些吉祥形象的時候，更加注重用形象去傳達出吉祥話語，他們運用形象自身所包含的寓意和諧音，對自身的生活寄予厚望和祝福。例如清代的一件銀鍍金釵（圖10），整個形象利用曲線塑造出來一個盤長紋形象，盤長紋又叫盤腸紋，是中國傳統吉祥紋飾中的一種。在古代中國的任何一個階層「這一紋飾具有極強的生命力，是中國傳統結飾藝術的典型代表，盤長紋是由一條無頭無尾、無休無止的線組合而成的線形幾何圖案，它是由線繩盤曲環繞、循環穿插，首尾兩端相連而成，給人以連通貫穿、永無止境的感覺。」〔註19〕畫面中的盤長被作者用一條粗線圍合而成，在盤長的下面，作者也是運用線條塑造了一隻飛翔的蝴蝶，蝴蝶翅膀上的羽毛和裝飾物均用點和線來表示。這種「線條自身的流動轉折，墨色自身的濃淡、位置，它們所傳達出來的情感、力量、意興、氣勢、時空感，構成了重要的美的境界。」〔註20〕

　　古代作者用線塑形多為具象紋飾。所謂的首飾具象紋飾就是能夠清晰明確的辨認出是什麼樣的圖像。在中國傳統首飾的具象紋飾中，可以分為以下幾類，一類是無生命的具象紋飾，這類紋飾有太陽、月亮、波浪、橋體、樓閣、花籃、雲彩等。一類是有生命的動植物，如仙鶴、鹿、龍、鳳、松樹、花卉等。這一類具象紋飾多組成一定的構圖形式，多表現傳統吉祥寓意，傳達作者對生活和兒女情長的美好寄語。例如清代河北一件福祿壽銀鎖（圖11），作品全長35釐米，高6釐米，作者用線條塑造了一位騎者花鹿的南極仙翁，在其後面還塑有蝙蝠等具象圖像，作者想通過這些具象的圖像來傳達「壽比南山」、「加冠晉祿」以及「福如東海」的吉祥話語。還有一類就是源於一些戲曲、戲劇或者書畫中的人物故事情節。這類具象紋飾均是用線將形象塑造出來，人物形態及其五官均傾向於寫意，人物呈現均衡或者對稱模式，如左右或者左中右。如清代山東一件三娘教子鏨花銀鎖，這件銀鎖取材於三娘教子這一題材，三個人物呈現左中右結構，中間是三娘，三娘整體向右，朝向

〔註18〕（奧）弗洛伊德：《圖騰與禁忌》，文良文化譯，北京：中央編譯出版社，2005年版，第90頁。

〔註19〕王金華：《中國傳統首飾‧簪釵冠》，北京：中國紡織出版社，2013年版，第183頁。

〔註20〕李澤厚：《美的歷程》，北京：生活‧讀書‧新知三聯書店，2009年版，第185頁。

一個人物好似在說什麼。三個人物均用粗細、長短不等的細線進行雕刻，人物形象具象且具有神韻。

圖10：清代銀鍍金釵　　　　　　圖11：清代福祿壽銀鎖

來源：王金華：《中國傳統首飾·簪釵　　　　來源：王金華、唐緒祥：《中國傳
　　　冠》，北京：中國紡織出版社，　　　　　　統首飾》，北京：中國輕工
　　　2013年版。　　　　　　　　　　　　　業出版社，2009年版。

古代工匠用線條所塑造出來的首飾上的形象均具有造型別致和形象感人的審美特徵。中國古代首飾中的人物、植物以及動物形象均呈現出不同程度的審美特別，他們往往均擺出一定的姿勢，如臉部的歪斜或者身姿的扭動再或者身體用什麼物象予以支撐等等，這些不同的造型賦予了線條的塑形特徵，如清代山東的一件鎏金和合二仙帽飾，整個造型呈現類似橢圓形，作者用線塑造了兩位仙人，一位仙人手段蓋子，另一位仙人兩手放在胸前，整體的構圖以蓋子為核心，中間的線條比較密，中間之外的線條比較疏。在仙人的下面有五個鈴鐺，上面用線條刻繪出了螺旋紋。「這件飾牌上的『和合二仙』造型極為生動，刻線走鏨如同行雲流水，線紋厚重，形象飽滿，局部再走

一些細紋，底紋跳針卷草，有主次有變化。」〔註21〕整個造型和形式富有一定的美感。又如清代山西的一件鏨花荷包式掛鎖，整個掛鎖裏面的牡丹、花瓶以及蓮花等具象圖像均用線條進行塑造，荷花的造型舒展而又飽滿，蓮藕小巧，且細節豐富。

三、本節小結

中國傳統的首飾基本上大都是採用線條的塑造形體的辦法，他們用一根根粗細相間的線條對現實物象進行塑造，每一件首飾都夾雜著工匠的主觀情感和對這件作品的喜愛程度，他們用線條將一個個生動而又別致的造型表現出來，每一個造型又給我們呈現了與現實物象不同的視覺形式——簡約化，他們盡力用所鏨刻的視覺形象去表現用言語無法表達的審美意象。因此，線條既具有簡約性又具有塑形性的審美特徵。

第三節　線條的表現方式

中國古代代首飾作品是一種具有主觀和客觀合二為一的形式，古代勞動人民憑藉著易上手的線條對紋飾進行布置和轉化，線條都能把物象的具體細節呈現出來，線條的表現方式一般分為疏密性和裝飾性，這兩個表現特徵充分將線條「以線寫神」、「以線傳神以及「以形神兼備」的審美思想，他們利用不同屬性的線條去表現帶有吉祥寓意的生活觀念，將線條的表現融入到首飾的使用之中。可以說，線條不但表現了自身不同的屬性，同時，也給我們鮮明呈現了物象的本來面貌。

一、線條的疏密性

惠天木曰：「古者裳繡而衣繪畫，繪之事代有師傳，秦廢之，而漢復古，所謂斑間賦白，疏密有章，康成蓋目覩之。」古代作者將美麗的圖像疏密有致的排列在衣服的表面，使得這件服飾非常漂亮。潘天壽說：「古人畫幅中，每有用一件或兩件無疏密之畫材作成一幅畫者，在畫而上自無排比交錯之可言。然題之以款志，或鈐之以印章，排比之意義自在，疏密之對立自生。故談布置時，款志、印章亦即畫材也。」既然這樣，疏密性就成了中國傳統繪畫

〔註21〕王金華、唐緒祥：《中國傳統首飾》，北京：中國輕工業出版社，2009 年版，第 611 頁。

的一種形式。在線條方面，疏密也就成了表現視覺形象的重要表現方法。在中國傳統首飾中，作者用線條去表現不同形象與結構的疏密關係，使得不同形象中的面產生區分。對於疏密的設置，首飾作者沒有一條嚴格的秩序，從目前的圖像來說，主體物線條的密度大，次要物象較少，線條的密要大於疏。曲線的密度要大於直線。如在清代的麒麟送子點藍銀鎖（圖12），這件首飾中，工匠用曲線線條將麒麟的身體裝飾的很複雜，相反地，麒麟上的童子則被用少量的線條去裝飾，形成了反差。在下面的弔墜則用線條稀稀疏疏的鏨刻了幾個字，整體上呈現出有秩序的疏密變化。

圖12：清代麒麟送子點藍銀鎖

來源：王金華、唐緒祥：《中國傳統首飾》，北京：中國輕工業出版社，2009 年版。

古人按照結構進行線條疏密表現。這種方式是古人按照自然物象所本身具有的疏密程度對物象的局部進行還原，也就是說，線條的疏密程度是根據對象物的原有結構而進行的。例如麒麟這種動物，身體上有很多的毛，這類毛髮被古人高度概括成裝飾紋飾，例如雲紋等，顯然，它的身上就遠遠比人類要多的多的線條。例如頭髮或者鬍鬚等部位。如清代的一件福祿壽銀鎖，作者將老人的鬍鬚刻繪的很密，老人的臉部和衣服則比較少。又如民國時期

的童子騎羊鍍金銀鎖，整個的銀鎖全長 38 釐米，有項鍊和主體形象以及弔墜三部分構成。在中間的主體物的表面刻繪了一隻羊和騎在羊身上的兒童。特別是在兒童的身體上，人物形象憨態可掬，被作者添加可刻繪了很多的線條，羊的身上則很少有線條出現，幾乎是光面呈現出浮雕般的立體感。在羊的下面的弔墜則被作者用線條鑿刻的較密，從上到下給我們呈現了有節奏和韻律的視覺變化。作者想通過對於形象的塑造，來表達連生貴子的吉祥寓意。疏的地方呈現舒朗，密集的地方引起視覺注意。在中國古代首飾中，作者用大量的線條對比較重要的區域進行密集線性表現，如民國時期的蝙蝠紋銀步搖，蝙蝠作為一個高浮雕呈現，蝙蝠的身上的線條就少之又少，相反的蝙蝠下面的紋飾則是繁複複雜，鑿花成型，花卉和蝴蝶交相輝映，相映成趣。

總之，中國傳統首飾工匠用線條的圖像呈現方式，以疏密視角在各種物質載體表面上進行圖像創構，使得所創構的圖像疏密有致、超凡脫俗、高雅有致。也充分表現了古代工匠技藝高超，達意明朗、走線準確。

二、線條的裝飾性

線條作為一種媒介形式，在中國古代首飾藝術之中，是創構意象、表現情感和抒發先民情懷的重要媒介。古代勞動人民通過線條的盤旋、往復、曲直、疏密、重疊、流暢來反映自己內在的審美個性和情思變化，是古代人們表達自己對於美好事物審美的重要切入點。他們通過線條的曲折、直爽的特性，將一個個的現實物象進行圖案化和幾何化，把現實物象幻化成屬於自己主觀的形式，也有客觀的形式內容，甚至還有既非主觀也非客觀的形式內容，「因為客觀內容之中包含一定的主觀定式，而主觀內容之中也包含著一定的客觀定式，不管是客觀的還是主觀的前期定式，都會產生約束藝術創作的限定因素，都會對藝術家產生有形與無形的限制，其實民間藝術家在超越有形和無形的約束時仍然是處在一種潛意識的狀態，沒有明確的藝術表現中的功利目的，既不是對象化也不是自我化，是一個『無我』的狀態，有『無我』的狀態昇華或是轉化成『天馬行空』的藝術境界。」〔註22〕古代人用那些靈活多變的、流暢的並富有形式美韻律的線條去抒發審美趣味，他們所刻繪的每一條線都蘊含著自身對物象的抽象裝飾意味，他們把線條進行各種形式的穿插和

〔註22〕王金華、唐緒祥：《中國傳統首飾》（上冊），北京：中國輕工業出版社，2009年版，第 5 頁。

演進，使得先民借用線條自身的裝飾性，去表達對美好生活的精神訴求。

線條作為傳統先民進行首飾形象表現和塑造物象結構的重要表現方式，在整個首飾的物象構成中形成了獨具特色的線條裝飾性。線條在中西方的繪畫中比較常見，而且都把線條的裝飾性作為繪畫的主要表現形式。清朝唐岱在《繪事發微》中曰：「墨中有色，色中有墨，能參墨色之微，則山水之裝飾，無不備矣。」〔註23〕潘天壽說：「至新時期時期，始有彩陶繪畫之發明，以黑色粗簡之線條，描繪水波紋、雲雷紋、幾何紋，及鹿、魚、鳥、蛙、半身人像等以為裝飾。」〔註24〕高更在談到催眠式裝飾性的時候說到：「好比一幅彩色掛毯，用強有力的、單純的、富有表現力的裝飾性的飄動的線條聯接著，它們包圍著色彩，像景泰藍中的金線。」〔註25〕英國美術理論家荷加斯在其著作《美的分析》中認為不同屬性的線條所具有裝飾性也不一樣：「一切直線只是在長度上有所不同，因而最少裝飾性。曲線，由於互相之間在曲度和長度上都可怖不同，因此而具有裝飾性。直線與曲線結合形成複雜的線條，比單純的曲線更多樣，因此也更有裝飾性。」〔註26〕從以上的闡述中得知，線條是被人類賦予一定觀念的抽象性的裝飾符號。

古代工匠利用線條在表面進行修飾和添加。中國古代首飾作者一般在金銀表面上對物象進行添加和美化，這主要表現在，首先，作者經常使用曲線對器物進行裝飾。在中國傳統首飾的裝飾世界中，曲線是作者優先選擇的形式之一，他們將曲線線條進行二方連續或者四方連續進行排列，形成具有均衡化的圖案，利用曲線的柔和等特性對物象進行有意味的裝飾，不管從原始社會還是在民國時期，這種曲線的裝飾屢見不鮮。幾乎每一個物象上都使用了大量的曲線，而很少使用直線進行造型。如清代蒙古族的鑲嵌珊瑚松石花絲鎏金銀頭飾，這件首飾製品整個的大量的使用了曲線，將曲線模擬花草的形狀，形成捲曲紋飾，每一塊頭飾上面均使用了嚴格的程式化的秩序構圖，如四周使用直線做成一個邊框，在邊框進行曲線裝飾，中間的空白處則使用

〔註23〕（清）唐岱：《繪事發微》，周遠斌譯，濟南：山東畫報出版社，2012 年版，第 64 頁。

〔註24〕潘天壽：《潘天壽美術文集》，北京：人民美術出版社，1983 年版，第 3 頁。

〔註25〕《西方美術名著選譯》，宗白華譯，合肥：安徽教育出版社，2000 年版，第 14 頁。

〔註26〕〔英〕威廉‧荷加斯：《美的分析》，楊成寅譯，佟景韓校，桂林：廣西師範大學出版社，2002 年版，第 91～93 頁。

一個單元造型進行四次重複排列，在其中間鑲嵌有綠松石和珊瑚石等，其花草的線條勾勻流暢，規整。還有的將單元形依次變小，形成了牛角形等等，因此，這件頭飾大量的使用的曲線裝飾，在不同的塊體結構中均將塊體的內在結構進行分割，形成不同的內結構，按照塊體的分割結構進行線性裝飾。其次，古代作者利用曲線將內在畫面進行分割，在不同的塊體中進行曲線添加和美化。從頭上戴的，到腳上穿著，古代勞動人民對首飾本體進行內部分割，將其分割幾個快，在每一個塊中進行曲線添加和美化。如清代北京的如意人物銀手鐲，畫面作者利用曲線將形構圖分割成五塊，在每一個塊體中作者均使用了大量的曲線對人物、蝙蝠以及蓮花等物象進行美飾。還有在清代吉林的一件銀鎏金寶石大扁方（圖13），四條扁方各用一個字表示，每一個扁方均用曲線將畫面的形象進行視覺分割，均以圖案為主。第一個扁方是福字，在中間福字的左右兩邊作者用曲線塑造了大量的形象，包括鹿、仙鶴、荷花、牡丹等物象，同樣，這些物象的相互空間也被曲線所分割。第二個扁方是壽字，作者用方形壽字將畫面分割成三塊，裏面均用曲線去塑造物象，當然，對畫面內的不同空間進行分割。第三個扁方則是以百鳥之王的鳳凰作為主體，牡丹和鳳凰交相輝映，形成了一個祈望美好生活的寓意。第四個扁方則是用物象來襯托八仙過海中的八仙，如他們的法器等。這四塊扁方大量的使用的曲線去塑造物象，同樣，作者在長條的空間表面上使用曲線去塑造形象和分割空間，空間的大小以及形象的姿勢都是作者展示美和讚美美好生活而設計的。

圖 13：清代銀鎏金寶石大扁方

來源：王金華：《中國傳統首飾・簪釵冠》，北京：中國紡織出版社，2013 年版。

古代工匠將首飾表面裝飾成抽象的幾何藝術風格。朱志榮在他的《中國審美理論》一書中說：「藝術造型是從半抽象向具象和抽象兩個方向發展，人們因摹仿能力的提高而具象，又因逐步走向完善而抽象，由點和圈所構成的單純的幾何圖形被賦予了生命和律動。實際上，人們由於摹仿的本能，力圖逼肖對象，故有具象寫實的追求，但傳達的限制又使人們力求強化其象徵的意味，從而有抽象寫意的一路。」〔註27〕「畫家能通過一種幾何形化來表現三度空間。在單純地再現眼見的現實時，他能借助於視覺幻象，通過縮短及透視，而這卻將使被表現的或新創的形式變形。」〔註28〕陳望衡說：「事物規律化的過程即為抽象。抽象是思維的基本品質，沒有抽象就沒有思維，而沒有思維也就不能認識對象的性質。抽象程度的高低，從某種意義上體現看出思維的深度。」〔註29〕「那些取材於生活場景中動植物的幾何紋樣，特別是禾葉紋、稻穗紋和豬紋等圖案，則通過寫實的造型傳達了先民們對自然的禮讚，並由實物韻味激發豐富的聯想，甚至朦朧多義的象徵意味。」〔註30〕古代首飾作者常常把首飾表面進行幾何化表現，這主要表現在：首先，圓形表現。在中國古代首飾品的表面中，我們首先看到更多的是圓形幾何化的分割，他們把物象放到這個經過幾何化分割的空間中，進行表現。「圓，在所有的幾何形中最具審美價值，由圓心到圓周等距離構成的這一條弧線最為均勻，最為整齊，顯現出一種最有規律的秩序感，同時因為其變化，又顯現出一種不盡的動態感、韻律感，讓人聯想到運動的永恆，生命的永恆，宇宙的永恆。特別重要的是，由圓形到圓周等距離構成的這一條曲線，是剛柔相濟最為恰當的線，情感的親和、生命的張力，盡在其中。中國文化崇尚圓之美，最高的道理譽之為圓通，最高的境界譽之為圓滿，最高的形象譽之為圓相。」〔註31〕從宗白華、朱志榮以及陳望衡幾位先生的話語中，我們可以理解為圓具有極高的審美特性，它表現出來了一種無窮界限的審美情感力量。這類圓的幾何風格

〔註27〕朱志榮：《中國審美理論》，北京：北京大學出版社，2005年版，第76頁。
〔註28〕宗白華：《宗白華全集》（第四卷），合肥：安徽教育出版社，1994年版，第510頁。
〔註29〕陳望衡：《文明前的「文明」——中華史前審美意識研究》，北京：人民出版社，2018年版，第343～34頁。
〔註30〕朱志榮、朱媛：《中國審美意識通識‧史前卷》，北京：人民出版社，2017年版，第8頁。
〔註31〕陳望衡：《文明前的「文明」——中華史前審美意識研究》，北京：人民出版社，2018年版，第37頁。

不斷的滲透到傳統的工藝美術製作之中，例如在中國傳統首飾中，圓形的幾何話語不斷的出現，有的直接在首飾物表面畫了一個圓圈，然後裏面加入相應的字或者圖像，如清代內蒙古巴爾虎的銀鎏金鑲嵌珊瑚松石頭飾，畫面中，作者將頭飾分成若干個長方形，在每一個長方形上，均用圓形的珊瑚或者綠松石進行裝飾，整體的極具有立體感和秩序感。有的作者在圓形上做圖像，然後把圖像放置在裏面或者做一個類似於圓形的圖像，還有的作者意象化一個圓，這個圓不是有秩序的或者規則圓，而是一種從遠處看類似於一個圓。如清代河北省的銀琺瑯彩釵（圖14），整個彩釵長 14 釐米，重 18 克，這件首飾的邊緣沒有被作者具體的規整，而是利用圖像的端部處理成意象化的圓形。其次就是矩形或者長方形表現。這一類幾何造型相對來說均使用直線，將塊面分割開來，在被分割的塊面內展開刻繪。如清代山西的一件琺瑯彩護身符，整個護身符的主體是呈現一個長方形，有蓋，可伸縮，長方形內有一條四條直線將表面分割了一個長方形，內部填塗一個戲曲人物，作者想通過人物形象表現象徵意象，從而給我們呈現出具有民族精神和社會民俗化的情感色彩。

圖 14：清代銀琺瑯彩釵

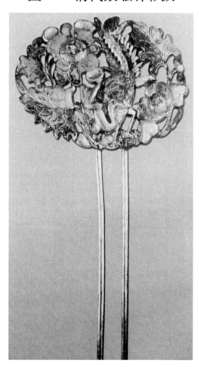

來源：王金華：《中國傳統首飾‧簪釵冠》，北京：中國紡織出版社，2013 年版。

首飾作者將現實物象圖案化。中國傳統的首飾表面常常伴有經過設計的痕跡，也就是說，首飾製品的表面的圖像經過作者加工和設計之後，將現實物象進行有秩序的排列，合理的安排在一個空間之內，讓其形成一定的適合性或者連續性，並使用點、線、面等美術元素進行藝術化的裝飾。這類裝飾作者已經將原有的現實物象平面的用美術元素來呈現出來，省略現實物象中的一些細節末葉，只給我們留下一個大體的物象輪廓，使其與其他的紋飾形成一種視覺融合。首先，大部分的首飾圖案均呈現適合性樣式。如民國時期的六式百家保銀鎖，整個造型以鎖為原型，在鎖的正面和背面作者用不規則的線條刻畫了一個區域，將物象刻繪進去，裏面的花卉是一朵盛開的狀態，左右均保持了均衡的樣式，植物的每一個造型或者每一步都在不規則的曲線內，時刻與外邊的邊線保持一種適合性。又如，清代福建省的鏨花鏤空鑲玉銀鎖，整個銀鎖呈現不規則的桃形，在桃形圖像的四周有七個下垂線，並在端部墜有飾物。中間的不規則桃形圖像內部還有一個桃形圖形，不過這個是鏤空的，在內部鏤空和外邊緣之間形成了一個寬度相對一致的空間，作者將牡丹花、石榴花、菊花和梅花裝飾與其中，每一個花枝都相互連接，形成了具有線性裝飾意味的圖案，在花枝中，兩個人物形象相互位於銀鎖的左右兩側，使得畫面產生了均衡的視覺效果。

三、本節小結

中國古代首飾的紋飾大多是以花卉和植物紋飾作為主體，大多使用流暢的曲線或者直爽的直線，人物和動物穿插其中，「它一方面通過宣揚儒家交易和歷史故事——表彰孝子、義士、聖君、賢相表現出來，另方面更通過對世俗生活和自然環境的多種描繪表現出來。」〔註32〕這些裝飾紋樣大大拉近了與民眾的關係，也可以說，民眾借用這些圖像來表達他們對現實生活的寄予和渴望。每一個裝飾圖案均是用粗細不等的線條進行塑形或者裝飾，他們有的線性圖像是經過作者幾何化的秩序排列，有的則是將其構圖成圖案形式，還有的則運用圖像來進行象徵意象表現，總之，不管怎樣，中國古代首飾均突出了線條這一特徵，他們都用線條這一媒介去表現他們內心中想要的吉祥話語，用線條去建構主觀化的圖案形式。

〔註32〕李澤厚：《美的歷程》，北京：生活・讀書・新知三聯書店，2009 年版，第 76～77 頁。

第四節　本章小結

　　線條是中國傳統首飾內在情感話語的重要表現方法，也是首飾外在形象向大眾呈現的重要媒介，他們以線寫形，以線寫意，用簡約化的線條去概括現實生活中的各種形象，使得這些形象幻化成具有裝飾意味濃厚的幾何或者圖案。它們或粗獷有力，或者生動優美，傳達出對象的不同情感特徵。古代工匠利用鏨刻等技術，在一個平面上把立體化的現實圖像轉變成平面化，去掉不必要的細節末葉，使得圖像具有象徵意義，凸顯了圖像對於受眾的情感訴求。

　　中國傳統工匠在首飾的表面大量的刻製不同屬性的線條，這些線條大多具有明顯的裝飾性，且具有一定的象徵功能。他們用這些具有裝飾和簡約化的線條將世間萬物刻製在一個方寸之內的載體上，使得首飾的審美意蘊被這些「會說話」的線條直接呈現出來，每一條線都凝聚著古代工匠的智慧和汗水，工匠在運用這些線條的時候，努力去表現世間的美好和幸福生活。

　　不管古代工匠使用何種線性元素去塑造首飾圖像和型制，但歸根結底都是使用線條去表現作者的審美意象性，這種審美話語超脫了那些純粹的模仿手段，它是將現實物象輸入到內心深處，對物象的細節進行剝離，將線條提煉出來，那些古代工匠「投射在藝術作品之中的藝術觀念，就是這樣吸引了觀賞者所具有的那些積極的人類價值。它並不像在某種單純的意象之中那樣，表現出來的是一種赤裸裸的存在體驗，而是表現了某種積極的、人的意義上的存在體驗。……它要求人們應當把這個世界當做崇高的、意境深遠的、高貴的東西來看待。」〔註33〕顯然，這種線條對首飾圖像的創製是經過工匠精心加工的，要把人的眼睛、心、腦和手並用，是一種共贏的視覺效果的產出。

〔註33〕〔德〕莫裏茨蓋格爾：《藝術的意味》，艾彥譯，南京：譯林出版社，2012 年版，第 185 頁。

第三章　中國傳統首飾造型的審美特徵

　　在中國古代首飾表面的形象世界裏，分散著不同的形象類型，有人物、動物、植物以及戲曲故事等等，這些形象為作者詮釋首飾自身的文化提供了一定的審美意象，也為首飾的審美增加了符號話語，可以說，首飾世界中的各類形象，都是工匠主體話語的外在呈現，也就是說，圖像世界中的各類形象為首飾自身提供了能說話的形式。當然，這些類型的形態展現了首飾的豐富複雜的審美特徵。

第一節　造型形態

　　造型形態是首飾呈像的一個重要的方式，大多數的首飾均通過外在的或者內在的造型形態將要表現的話語展現出來，有的採用人物形象，有的採用動物形象，還有的則採用人物和動物組合的形象，這些造型所表現的主體不同，有的表現家庭美滿，有的表現富貴有餘，還有的表現多生子孫等，不管表現什麼樣的題材，只有一個主線，那就是這些造型形態都是表現吉祥寓意，通過這些造型形態將要向大眾呈現的吉祥寓意表現出來。中國傳統首飾的造型形態有多種類型：人物形態、植物形態以及動物形態。

一、人物形態

　　人物形態是中國傳統首飾造型形態中一個重要的形象類型，古代工匠一般將這類型的造型安排在畫面中的中心位置，人物身體均有動作，人物的臉

部均呈現正面性，側身，手中均執一對象，動作具有敘事性和連貫性。在一個主題首飾中，人物形象的左右前後都有植物或者動物配合，如麒麟送子、三娘教子以及福祿壽等形式。整體的構圖則呈現一定的有意味的形式美，人物圖像一般被鏨刻在這種有意味的形式之內，這種有意味的形式一般不會是正方或者正圓，而是由弧線構成的特異造型或者方形倒角，這種造型看起來不會給人一種僵硬的視覺效果。

人物形態可以分為幾類：駕騎、站立、坐姿、舞蹈、戲曲、場景敘事等類型。第一，駕騎類型的人物形態。這類形態在首飾的形象世界中比較多，這類人物形象側面騎在某種動物身上，如麒麟（較多）、花鹿、獅子、山羊等，頭呈現正面性，肩膀多以四分之三側或者正面性較多，雙臂有的彎曲，有的下垂，手中手持某種物象，下肢呈現不同的姿態，有的雙屈，有的下垂，有的雙腿交叉，還有的雙腿朝向前方，側著騎在動物上。如清代天津的三式麒麟送子銀鎖（圖1），三個弔墜中均有童子騎麒麟的形象，麒麟昂首挺胸，童子笑顏綻開，童子和麒麟的造型整體上呈現正方形，比較僵直，麒麟的走路的姿態比較緩慢，且幅度較小，麒麟的前胸和後臀則呈現直線形式，人物肩部呈現正面，臉部也朝向作者，不管從那個角度來看，好似童子正在與你視覺交流。又如民國時期的童子騎羊鍍金銀鎖（圖2），畫面中一個童子左手持一個小旗子，右手上舉與周圍的一圈蓮葉融合在一起。上身呈現正面性，下肢則呈現側面性，並留有一肢在一邊，暗示著另外一邊還有一肢、對於古代童子騎羊的說法，在許慎的《說文解字》中對羊的解釋就可以看出：「羊祥也。」〔註1〕「羊」與「祥」是一個概念，可以說兩個字之間是想通的。第二，站立的人物形態。這類的人物形態均站立並做各種姿勢，雙手都持有物品（法器），有的人物穿著長袍，有的則是穿著肚兜，還有的則穿著上衣下裳，人物形態比較僵直。如清代山西的一件全家福銀鎖，畫面中出現了四個人物為主題的線刻形象，三者均直挺挺的站立，還有一個抱在懷裏的兒童，四個人物形象均使用等粗的線條進行刻鏨刻，左邊的老者左手持桃，右手持鹿頭拐杖，中間的老者則笑嘻嘻，雙手抱胸，最右邊的人物形象左手抱著兒童，右手持桃枝，這三位是福祿壽三星，作者想借用三個人物形象來象徵著壽比南山、金玉滿堂等吉祥涵義。又如清代山西一件如意人物項圈銀鎖，整個銀鎖的主體形象刻繪了四個站立的形象，最左側人物形象是一位翹首相應

〔註1〕（漢）許慎：《說文解字》，北京：中華書局，1963年版，第78頁。

的相公，一副愜意的神態，在其前面有一位老人，說明這是男方老人帶著年輕人見面相親，右邊則是一位老人帶著年輕女士做接帖狀，這位女士手持扇子，笑臉迎候。人物形象均兩兩相對，呈對稱式樣。第三，戲曲人物。作者經常借用傳統的戲曲人物，將這些人物搬上首飾的表面，使用鏨刻等工藝技術性的把人物呈現出來。如清代山西一件戲曲人物紋針筒銀配飾。畫面中借用了傳統戲曲中的人物，在樹蔭下有二人，人物高度均為 1.6 釐米，前面是一位老人，後者是一位武生，他頭戴頭盔，綴有絨毛，左右上下均有植物葉子進行裝飾，線條流暢，形象生動。又如在清代江蘇的狀元祭塔紋銀梳（圖 3），上面的紋飾主要取材於《白蛇傳》中的故事。許仙和白蛇的兒子許仕林金榜題名，高中狀元，就到雷峰塔下祭祀母親，感動天神，母子相見。梳中的人物形象單純簡約，均為站立，雙腿交叉，兩手均持有對象，人物的五官非常簡潔，用點和線就交代了五官所在的位置。

圖 1：清代三式麒麟送子銀鎖　　　　　圖 2：童子騎羊鍍金銀鎖

來源：王金華、唐緒祥：《中國傳統首飾》，北京：中國輕工業出版社，2009 年版。

來源：王金華、唐緒祥：《中國傳統首飾》，北京：中國輕工業出版社，2009 年版。

圖3：狀元祭塔紋銀梳

來源：王金華、唐緒祥：《中國傳統首飾》，北京：中國輕工業出版社，2009年版。

人物形態均具有簡潔性。縱觀中國傳統首飾中的人物形象，我們發現，作者在表現人物或者用人物表現題材的時候常常將人物細節省略，將部分的局部進行簡化，就保留一個整體的或者大概的視覺姿態，如人物的臉部就用幾個點或者線條表現五官，人物身上的服飾用短線進行鏨刻。如清代河北的戲曲人物如意鎖，戲曲人物是首飾人物形態中的一個重要方面，作者從戲曲中選取故事或者人物進行某種題材的表現。這個鎖的上面鏨刻了三個人物形象，每一個人物形象只是交代了人物的姿態和動作，至於細節已經被省略。

人物形態不太注重外在的造型。一些人物的臉部或者身上沒有按照現實化的人物造型進行塑造，裏面穿插著寫意化的思想，他們對外形是不太注重的，講究神韻，強調遠觀，把人物的姿態通過寫意形式表現對象。如清代山西一件六棱柱式掛鎖，在六個棱柱子上面有六個人物形象，每一個人物形象都是被作者簡單的把動作鏨刻，交代了戲曲中的人物姿態，如踢蹴鞠等，這些人物形象省略掉了其中的細節，只留下臉部、身軀、腿部的造型，這些結構作者用簡短的幾條線交代了關節的轉折處。

總之，人物形態是中國古代首飾中不可缺少的一個重要方面，它和植物、動物形態共同組成具有中華傳統文化的視覺畫面。作者借用戲曲或則現實中的人物形態來告示大眾，用人物形態來傳播中華文化的內在精神。從這些被作者主觀化的人物形態來看，這些形態均呈現平面化、簡約化以及動態化，每一個人物形態都隱喻著不同的主題和內涵。

二、植物形態

在中國的傳統首飾藝術中，植物紋飾佔有相當高的比例，大致僅次於人物形態。這些植物主要有梅花、蓮花、蘭花、竹子、寶相花、牡丹、白菜、梅花等一些植物花卉，這些植物均以成長或者綻放的花和葉子呈現的，一般畫

面山有花卉和葉子搭配構像，在曲折多變的空間之中，作者將植物物象的顯著特徵表現出來，將誇張或變形融入到植物的形態式樣中，經過合適的構圖，用線條將生生不息的植物生命精神塑造出來。植物形態有的是頂視圖，有的是側視圖，不管頂視圖還是側視圖，造型都極其簡約。特別是構圖上，植物形態一般多位於一些比較的規矩的造型內。如民國時期的鑲嵌珊瑚銀扁簪，整個型制上大下小，作者將梅、蘭、竹、菊形象鏨刻在畫面的上部，疏密有致。蘭草在簪的兩邊，一一相對。又如民國時期的鼎式燒藍銀鎖，整個銀鎖中間有兩枝植物，分別向兩個方向生長，兩個樹枝又正好形成一個「心」的造型、植物上的葉子，作者巧妙的運用平面化的處理手法，省略了葉子中的細節部分，將葉子的外輪勾勒出來。

　　植物形態呈現一種適合樣式。適合就是適宜性，也就是指的是既有的構像和既定的條件之間形成一種契合的合作關係。適合的圖像一般在一定的平面空間範圍內進行，這個空間有的是三角形，有的正方形，還有的是菱形等等，就要將所表現的紋樣通過一定的手工藝或者設計活動添加到這個造型的平面內，使其達到雙方的約定方式。在中國傳統首飾的裝飾世界裏，有很多這樣的案例。比如說，在清代的鄂爾多斯有一件銀鑲珊瑚頭飾的局部（圖4），畫面中有兩個規矩的圓形，圓形就是我們所說的既定的條件，就是說，裏面所有的造型或者紋飾都要與這個圓形形成一種相互契合相互合作或者相互平行的視覺話語，在圓圈的裏面有一朵盛開的花卉，花卉造型飽滿且具有雙瓣。在花瓣和外圓圈之間有一個圓形的裝飾物，圓形裝飾物與花瓣形成了適合性，最裏面的花蕊與周圍的造型也形成一定的適合紋飾。

圖4：銀鑲珊瑚頭飾（局部）

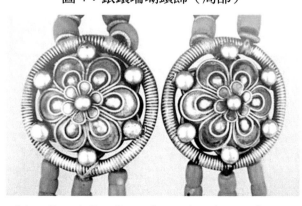

來源：王金華：《中國傳統首飾・簪釵冠》，北京：中國紡織出版社，2013年版。

　　植物紋飾只保留大的姿態。在中國傳統的首飾世界中，我們發現，植物紋飾一般不會將內部的細節寫實性的呈現出來，他們只會將裏面的結構勾兩筆，把外面體現植物生命姿態的式樣認真畫出來，例如在清代山西的鏤空針筒銀配飾，配飾類似一個瓶狀，在瓶體作者鏤空鏨花裝飾，除了花瓶的左右都有兩個墜飾之外，下端還有兩個墜飾。在花瓶的中間，作者將盛開的花卉以及葉片舒展的呈現出來，葉子的中間作者劃了一條線，這條線比喻是葉子的結構，至於花卉的細部作者沒有刻畫出來。又如雙壽多子銀配飾，中國人認為，多子、多壽和多幅是人生最高的境界，作者將桃子鏨刻在在首飾表面，在首飾對象的下面，一個下垂的石榴，作者在桃形紋飾上，作者將植物的莖葉進行平面化，把植物向上生長的精神表現出來。

　　總之，傳統首飾工匠在現實首飾創作中，將現實化的物質圖像通過寫實、抽象或幾何方法，把物象的整體面貌表現出來。這些植物紋飾均與傳統吉祥寓意相聯繫，其造型多簡練和半抽象，傳統符號的出現相對較少。

三、動物形態

　　動物形態與人物形態、植物形態共同搭配組合起來使用，這些鏨刻在首飾表面的動物均表現為：漫步狀或者小跑狀，動物身上所鏨刻的紋飾較多和較豐富，大部分的動物的頭都是俯仰起來的，飛鳥有的落地，還有的都是起飛了的。如清代北京銀點雙喜紋，整個頭飾充滿了神秘的生活氣質。在首飾上面的左右，鏨刻著兩條具有遨遊天際的龍。動物的裝飾圖像有以下幾種：龍、鳳凰、麒麟、喜鵲、蝙蝠、燕子、猴子、蜘蛛、鴛鴦、魚、兔子、雞、仙鶴以及大象等。這些動物形象被古代勞動人民賦予一定的吉祥話語和審美意義，作者利用一些工藝技術，把心目中最能表現吉祥內涵的動物紋飾用簡約的點、線、面呈現出來。

　　動物形態具有高度概括性。傅抱石說：「我國古代藝術家們的優秀業績，一方而高度地概括了生活裏最重要的（本質）東西，比生活的實際更集中，更美，更足以感人；而另一方面，又處處從現實著眼，充分發揮繪畫藝術的性能。」〔註2〕也是悟的境界，是作者對形與神的高度概括和總結。在中國古代首飾的造像過程作者一般將物象盡心高度概括，不但對形體還要對思維進行概括，他們把這些動物的形和神統一到用線條快速勾勒的形象來，他們只

〔註2〕陳履生：《傅抱石畫論》，鄭州：河南人民出版社，1999年版，第36頁。

是認為，只有將形體粗略的描繪出來，才能將動物的大體姿態表現出來，才能引起人們的共鳴。如清代河北省的一件銀點翠鳳紋簪，整個簪是以一隻展翅飛翔的鳳凰來呈現出來的。鳳凰是中國傳統文化中的一種瑞鳥，是四靈之一，也是百鳥之王。「在古代的傳說中，它是一種極其美麗、高雅、聖潔的神鳥，每逢它的生日，百鳥均來祝賀朝拜，營造壯美豪華的熱鬧場景。」〔註3〕作者將鳳凰的尾巴、身體以及頭部用幾條最具有概括的線條來表現，如鳳凰的腹部就使用橢圓的曲線將腹部表現出來。古代工匠為了表現概括性，他們常常以高浮雕的形式突出動物形象的立體感，把動物形象儘量將其完整性的呈現出來，減少被遮擋的地方。作者將動物形象大多以側面或者頂視圖來塑造，動物的頭部一般是正面，身體則具有一定的動感。

　　動物形態將物象的生命精神鮮明的呈現出來。《說文解字》中對「生」這樣解釋：「生，進也，象草木生出土上，凡生之屬皆從生。」〔註4〕「生」在這裡解釋為像草木一樣由土中滋生而出。《廣雅》：「生，出也。」《廣韻》曰：「生，生長也。」在這裡，「生」主要以植物或者自然生物作為界定，即草木從土下自然繁殖和生長。《白虎通》曰：「姓者，生也，人稟天氣所以生者也。」《列子·說符》中也基於姓氏進行闡述：「秦穆公謂伯樂曰：子姓有求馬者乎？」「姓」已經由植物的層次上升為一種對人的生命精神的一種贊許。〔註5〕在古代氏族中一些姓名就代表著對生命的認同意識，如女孩用名有：「黎明時的啼鳥」、「群鳥中的一隻」、「黑母雄」等，男孩則喜歡用「長翼」、「白眼鳥」等。〔註6〕古代人類社會就將世界萬事萬物作為一種有靈魂、有生命的客體來看待，對於生命的信仰崇拜，促進了古代對於生命的穎悟，他們在早期就認為，生命就是天地萬物之本，在生活生產中不斷的尊重生命，熱愛生命，從而形成了具有時代感的生命頌歌。〔註7〕他們甚至超出生命的界限形成以某種圖騰作為崇拜之物，將神性的元素注入每一個生命客體之中，讓

〔註3〕王金華：《中國傳統首飾·簪釵冠》，北京：中國紡織出版社，2013年版，第126頁。

〔註4〕（漢）許慎：《說文解字》，北京：中華書局，1963年，第127頁。

〔註5〕朱良志：《中國藝術的生命精神》，合肥：安徽教育出版社，1995年版，第3～4頁。

〔註6〕王鍾陵：《中國前期文化——心理研究》，上海：上海古籍出版社，2006年版，第59頁。

〔註7〕朱良志：《中國藝術的生命精神》，合肥：安徽教育出版社，1995年版，第5頁。

無生命的東西瞬間成為具有生命意識的物象。古代首飾作者為了表現動物中的生命精神，往往將物象表現的很活躍，例如表現動物正在走動或者飛翔等等，例如銀龍紋扁方，扁方中鑿刻一條長龍，後面是海水紋飾，龍爪向前，龍的身軀呈現流動的曲線。又如蝴蝶雙獅銀鎖（圖5），在民間的首飾裝飾活動中，常常有動物和植物或者花卉進行組合，在一定程度上反映了古代作者對於吉祥話語的需要，他們把植物和動物所表現出來的生生不息的生命精神通過構圖將形象鑿刻在器物表面，每一個圖像都呈現出一種欣欣向榮的生命意識。這些物象都是作者對自然界的感發之後，通過對造型的分析和概括，並超越自然物象而形成的一種思維過程。這一幅首飾作者採用了蝴蝶的造型，雙獅在蝴蝶的翅膀之上，獅子在嬉戲，中間是蝴蝶的身軀，整個蝴蝶身體飽滿，呈圓狀，在上面，作者用線條刻繪了幾條紋飾。

圖5：蝴蝶雙獅銀鎖

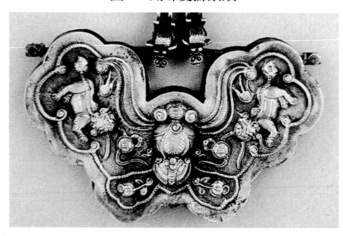

來源：王金華、唐緒祥：《中國傳統首飾》，北京：中國輕工業出版社，2009年版。

四、本節小結

中國傳統首飾承載了一個時代、民族的歷史與文化，這是古代人類的基礎貢獻。他們對現實物象進行「觀物取象」，把現實物象中的人物形態、動物形態以及植物花卉形態進行概括和誇張，並運用鑿刻的技法刻繪於各種金銀質地的表面上，每一個圖像都將物象的生命精神栩栩如生的展現在眼前，這些物象用它們自身的姿勢和形式去展現所要呈現的象徵意義。在這裡，古代作者給我們展現了「去物」、「去我」以及「平面」化的審美境界，作者鑿刻的各種首飾都是以傳統陰陽虛實哲學為基礎，將中國人的宇宙觀納入到首飾的

方寸之內，將現實的物象縮小化，把現實的物象進行敘事化闡釋，從另外一個側面給我們展現了中國人所特有的生命精神和精神氣質。

第二節　造型方式

傳統首飾作為中國古代女性重要的裝飾對象，從原始社會就出現，一直發展到明清兩代，在這漫長的歲月中，傳統首飾的造型千變萬化，多種多樣，從原始社會單一的項飾發展到明清鑲嵌珍奇異寶的多種首飾，也就是說，這些造型已經成為我們現代首飾造型和裝飾的重要借鑒之物，他們「把金材加工成細絲，盤繞、焊接為各種圖案，繼而將細絲製為粟粒，然後組成紋樣。」〔註8〕我們要從審美、功能、造型等當面對它進行仔細研究，以便呈現出中國傳統首飾審美的內涵性。

按照首飾的分類，我們從不同的首飾種類進行分析：

第一，釵的造型方式。釵的出現最早在春秋出現，在原始社會，已經有了骨質的簪，應該說，釵的出現晚於簪。《釋名·釋首飾》曰：「釵，叉也，象叉之形，因名之也。」「兩漢魏晉南北朝時期的金銀釵簪中，普遍使用的一種是折股釵。基本樣式是細圓的一根金絲或銀絲彎過來，起拱處便為釵梁，折過來的兩股即成釵腳。」〔註9〕唐朝時期由於社會重視女性的頭髮打扮，髮髻式樣變化無窮。這就要求有釵這種首飾部件對頭髮進行裝飾和美化。當時流行的金銀簪釵，其裝飾與造型非常奢華，簪釵的紋樣一般為平面性線刻，兩宋釵的造型要比唐短小，這時期的工藝也從唐代的「鏤揲」演變為「錘揲」，用「打」的方式將平面紋飾做成浮雕式樣。也就是說，這種釵在魏晉時期就像一個很纖細的拱形門，上面是拱梁，下面釵腳的地方可以自由向外和向裏擴張和伸縮，使得這種造型呈現了一種具有幾何性的審美味道。最初的釵的造型沒有任何的裝飾，就是用金或銀棍棒彎成一根類似於又窄又高的拱形門上下粗細一致，只不過在下端稍微磨尖一點罷了。例如在湖北鄂城的三國墓葬中出土的銀釵以及在南京江寧鎮上湖窯廠出土的金釵，都是沒有裝飾。釵的造型從春秋時期一直到民國時期，它的造型一直保持著這種造型，唯獨不同的是，從魏晉南北朝開始，釵的最上部（也就是拱梁處）採用不同

〔註8〕揚之水：《中國古代金銀首飾》，北京：故宮出版社，2014年版，第938頁。
〔註9〕揚之水：《中國古代金銀首飾》，北京：故宮出版社，2014年版，第24頁。

的材質進行多種造型裝飾，如使用玉等其他材料，將拱梁處做成龍首、花卉、樹葉以及其他的有審美意味的具象圖案。如元代的一件金螭虎釵（圖6），其造型依然保持了春秋時代的基本拱形結構，長方體，左右兩根細棍，和春秋時代有所不同的是釵的拱梁處，元代工匠進行裝飾，他們借用一些牡丹紋飾最為整個拱梁的底襯，釵的中下做成海浪、靈芝以及一對兇猛的螭虎，最上面有一朵盛開的牡丹，在牡丹的周圍有幾片向外張開的葉子，整個造型樣式比較新穎，較春秋時期的釵更具有人文情感化了。

圖6：金螭虎釵

來源：揚之水：《中國古代金銀首飾》，北京：故宮出版社，2014年版。

第二，簪的造型方式。簪的出現比釵要晚，目前東晉的墓葬中有簪的實物，但春秋戰國時期的簪實物比較少。簪從東晉開始一直到民國，簪的造型幾乎呈現一種造型方式：豎立形態。不管簪的頂部如何變化，簪的整體造型依然呈現一根豎立的造型（單根細棍）。最初簪的造型是一根細棍，上端加入不同的幾何造型，如三角形以及斧形等。後期，簪的裝飾開始向裝飾性的發展，多裝飾在上端，下端都沒有裝飾，因為那是插進頭髮裏面的。從目前

的出土的實物來看，簪的上端裝飾造型具有具象性質，所有的裝飾圖像都是現實中我們可以接觸到的，一般不會單一的物象呈現（除了明朝中的簪使用了單一的動物對簪進行裝飾），大多都二者物象一同構像，如植物和動物，還有的簪的作者將庭院小景刻繪與簪之上。如首都博物館館藏的一件金累絲鳥籠簪，這是鸚哥架的一種，簪首是一枝金累絲鳳頭挑竿，鳳頭口銜著一個 8 字形的圓環，圓環下面有一個框架式鳥籠，在鳥籠中有一隻展翅欲飛的鸚鵡，在鸚鵡的上面有祥雲圖案，整個造型以具象物象為主，強調敘事性和故事性。

還有的簪的造型呈現「T」形狀，這一類主要集中於元代。這種造型一般在簪首進行裝飾兩個造型，整體呈現出「T」形。在元代的一件銀並頭花簪，簪首的兩個具有雲朵或者如意紋意象的圖案格外醒目，中間用橫線將兩個簪首連起來。

第三，步搖的造型方式。步搖的造型與簪或者釵有著很相近的地方，比如步搖的下端與簪和釵都是呈現直棍式樣，有的是一根，有的是兩根。大多數古代的步搖都是用金質製作，都是「把細絲或細銅絲做成螺旋式的枝條，然後於頂端縛花葉、綴珠玉。」〔註 10〕步搖的造型是從釵或簪借用演變過來的，正式的名稱的來自於兩漢，從兩漢開始，歷代的手工工匠對步搖的頂端進行各種造型的裝飾，例如把一個動物裝飾上去，或者把幾個枝葉綴上幾朵花，更或者在曲線紋飾極濃的枝葉上站立幾隻鳥等等，使得步搖的整體造型逐漸從單一的造型幻化為一種具有複雜的、敘事情感的人工造象。如元代湖南益陽八字哨的一件銀步搖，這件作品作者著重將立體和平面兩種視覺形式結合起來，他們從現實中取得物象，「以輕薄精巧紋樣新異取勝，即便尺寸不小，分量也不很重要。」〔註 11〕手工工匠將物象融於自己的內心，經過主體對這種物象的體悟，把內心中醞釀出來的造型通過彎曲、鑿刻以及焊接等工藝呈現出來。這件作品作者採用了「象生」的做法，運用古典式樣如草蟲、飛鳥以及花樹。幾個細絲彎彎曲曲的從首飾的端部曲折向上，這個意味著這些鴻雁、蝴蝶以及牡丹是從這個首飾中「生長」出來的。幾隻蝴蝶展翅飛翔圍繞在牡丹花的周圍，兩隻鴻雁以薄金片的形式打造成形，也成為細絲頂端的一個部分，牡丹花和蝴蝶較大，顯然這是作者故意而為之的。

〔註 10〕揚之水：《中國古代金銀首飾》，北京：故宮出版社，2014 年版，第 94 頁。
〔註 11〕揚之水：《中國古代金銀首飾》，北京：故宮出版社，2014 年版，第 258 頁。

圖 7：步搖

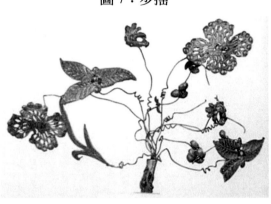

來源：揚之水：《中國古代金銀首飾》，北京：故宮出版社，2014 年版。

第四，耳飾的造型方式。耳飾的造型門類可以說是非常豐富，主要有玦（玉造型）、充耳（禮儀耳飾）、耳璫（耳垂孔中的飾物）、耳環（圓形耳飾）、耳墜（在耳環下面可搖晃的飾物）、丁香（小型金屬耳釘）以及耳鉗（一個耳朵上戴著三個飾物）等等。這些造型種類為耳飾提供了豐富的審美內涵。耳飾從原始社會到民國時期，它依然保持了耳飾的基本造型：小巧且有圓環和墜體。五代以前的耳飾多用動物的牙齒、玉、金屬或者綠松石來做，整體上呈現圓形幾何性，並在圓形的材質上面雕刻各種紋飾。漢代和魏晉南北朝時期，這個時期的女性注重全德全形，某些結構依然保持著上代的造型特徵，如耳環還是圓形，墜飾就比較豐富了，但大多數耳墜都是有一個整體的幾何造型作為整體，在整體的下面加入一些比較瑣碎的造型形式。耳飾中耳璫比較有實物出現，耳璫的造型有釘頭形、穿有珠璣飾以及筒形。當然，這時候的耳飾上面的裝飾也受到了西域文化的影響，在漢代的一些詩歌裏，我們總是能深切感受到胡女的形象。漢魏時期，耳飾的作者運用上等的材料巧妙製作出能打扮美女的耳飾，如在耳飾上面鑲嵌有寶玉，成為兩代美人更加喜歡的裝束，從而有了一些描寫美女配美飾的詩句，如「花釵芙蓉髻，雙鬢如浮雲。」〔註12〕的詩句。如錦州義縣劉龍溝保安寺出土的金耳墜（圖 8），整個耳墜全長 8.9 釐米，推測是東胡族烏桓人的墓葬。這件作品用純金質的材料，上面是圓環，圓環的下面綴一塊半圓的金片，在下部有六個大小一致、距離相等的小孔，在每一個圓孔下面均有一串金鏈，金鏈下面各有一條長方形的

〔註12〕（宋）郭茂倩：《樂府詩集》（卷四十六·清商曲辭三），《讀曲歌八十九首》，北京：中華書局，1979 年版，第 671 頁。

金片。唐代的耳飾依然保持著漢魏時期不穿耳戴飾物的風俗，繼續保持著全形觀。從目前出土的實物中看，耳飾的基本造型依然是圓形以及以球形為中心的金耳墜，整體的做工精細，工藝精湛，一般在基本形為連接耳飾的耳環是鉤形或圓形，而下面的耳墜則是以球形為中心，在球形的四面八方穿各種飾鏈。耳飾開始普遍佩戴的時期是宋朝，宋朝的仁宗皇后就佩戴者裝飾豪華的耳飾。所以說，宋元以致於以後的朝代的耳飾就發展可想而知了。宋代耳飾多使用象生手法對耳飾進行造型創構，這個時期一般有摩羯形、摩羯舟形、鳳形、橢圓形、U形、C形、大塔形、葫蘆形、天茄形、牌環、等。如石榴、荔枝袯紫茄等物象，在上面採用植物、花卉、飛天和化生進行紋飾裝飾，整個造型均作兩塊，一塊是鉤狀或圓環形狀的，耳飾連接耳朵的地方，這一塊一般則比較平滑，很少有裝飾，彎曲的造型有圓環、S形。另一塊則是下面的耳環主體部分，這一部分則是被作者裝飾了各種紋飾，包括菊花、花卉、瓜果、紫茄子、梅花、綠松石、荔枝、飛天以及一些仙女等。這些耳飾的裝飾均呈現動作性，如人物則手捧圓盤或者正在飛翔的姿勢，而植物則是綻放的花卉或者一枝帶花和帶葉的植物等等。如巴林右旗巴顏爾登蘇木出土的耳飾，整個耳飾是以飛天這個人物作為主要出發點，飛天正在飛翔，下面是雲紋，在雲紋上面有幾個圓孔點，圓孔點又穿了一些小的金還環，環環相扣，每隔幾個環就有一片薄的幾何性金片，整體形象敘事生動，能從畫面中感知到當時的佛教的興盛。元代和明代流行的耳環和耳墜包括：葫蘆、燈籠等等，這些造型式樣以後被清代的一些宮廷工匠所繼承，當然也變成彰顯了皇家氣派和傳承中華文明的重要承載物。他們將耳飾明確分為兩類：耳環和耳墜。其中耳環有八珠環子、葫蘆耳環以及梅花耳環。耳環還是以圓形或者 S 形為主，有的閉口，也有的不封閉，耳環歪向的方向一般有左邊、右邊或者兩兩相對。耳環上面不添加任何的裝飾形態，只是光禿禿的金絲或者銀絲。耳墜則是耳環下面的飾物，如南京太平門外板倉出土的金鑲寶毛女耳墜，耳環下面有一個站立的仙女，就像一個人頂著一個鉤子一樣。人物頭挽高髻，頸帶飾物，在頸的下面是草葉紋飾和草葉裙，在人物的背部有一個藥簍，藥簍裏放著剛摘下來的靈芝。整個人物造型雖然比較複雜，但是，我們可以看出，耳墜的人物形象生動，且工藝之精湛，實在是讓受眾佩服。又如北京崇文區北京鞋帽公司出土的一件金累絲耳墜，這件耳飾以金質材料作為物質元素，在耳環的下面有一朵倒扣的荷葉，荷葉上的一些細節，作者運用線條高度概

括出來。在荷葉的下面各有三個環，三個環下面有一直棍並連接下面類似鈴鐺的金鑲珠的亞腰葫蘆，製造工藝精湛，令人歎服！

圖 8：金耳墜

來源：揚之水：《中國古代金銀首飾》，北京：故宮出版社，2014 年版。

第五，手飾的造型方式。手飾一般可以分為手鐲、戒指、指鐲等對象，這些對象到了宋代成為一種佩戴時尚，自從那個時候開始，手飾成為婚嫁中的「三金」之一。吳自牧在《夢粱錄‧卷二十‧嫁娶》中曰：「且論聘禮，富貴之家當備三金送之，則金釧、金鋌、金帔墜者是也。若鋪席宅舍無金器，以銀鍍代之。」而到明朝的皇家婚禮制度就更加明確了，說：金鈒花釧一雙，金龍頭連珠鐲一雙，金八寶鐲一雙，金光素釧一雙。金釧的造型一般指的手環和纏臂金，兩個造型基本上是以手臂的圓形為核心，進行圍合成圓的，所使用的材質有金、銀兩種質料。這兩種材質的表面很少有裝飾。手鐲從宋代一直到我們現代的社會，它的造型依然是圓圈，在圓圈的閉合處有開口，在其表面裝飾各種紋飾。金鋌，也就是金戒指，早期以指環為主，宋代時期，女性戴戒指比較盛行，比較簡單，後期則在其表面鑲嵌各種的金、銀、玉等材料，形成了一種華麗的造型式樣。如石家莊元史天澤家族的墓葬中出土的一件金累絲鑲寶戒指，在戒指的最上面是有鑲嵌兩塊圓形藍色的寶玉，在三個方向同時鑲嵌，在下面的指環表面刻繪了一些紋飾，在三個寶玉的中間，有鏤空雕刻的技藝。金帔墜造型多樣，如宋元兩代代的金帔墜是以水滴的造型而呈現給大家的，除了水滴形的造型，還有少量的圓形。這樣的造型通常使用鏤空技術進行雕鑿，宋代的金帔墜多飾以四季花卉、龍牙蕙草、鴛鴦、蓮花等物象，如東陽博物館收藏的一件滿池嬌紋金帔墜（圖 9），整個帔墜呈水

滴形，上窄下寬，邊緣沒有限定固定的線條，而是用物象的造型間接的意象的將邊緣形呈現，在帔墜的中間，作者用蓮花作為底紋，在底紋之上，有一對鴛鴦相向相對，呈現對稱形式美，底紋的蓮花鏤空，體現出畫面透氣的視覺效果。鴛鴦的身體上，作者用線條刻繪了羽毛以鴛鴦的其他細部，整個造型栩栩如生，生動感人。體現了古代工匠高超的技術工藝和構圖水平。又如元代湖南臨澧新合的一枚祥瑞圖銀帔墜（圖 10），整個盒子作可開可合的結構，在盒的邊緣有可以繫的鏈子，盒子的表面下部有水波紋，水波紋的上面有一小烏龜、一仙鶴以及池塘假山，還有臥鹿、對鳥以及桃花和蓮花，這些動物均被作者使用竹子和松樹連接在一起，形成了鏤空的雕刻式樣。明朝時期的金釧的造型不像宋代，造型比較有秩序，一圈一圈的，不像宋代比較無秩序，且宋代的金釧表面很少有裝飾，明代的金釧一些纏枝卷草紋飾，還有菊花為底飾，並在上面鑲嵌有藍寶石或者祖母綠等珍貴材質。金鐲在明代時期，在原來的開口處已經閉合，形成一個完整的圓圈造型，在造型的表面鑲飾有紋飾和珍奇異寶。戒指在明代開始新的變化，那就是戒指表面上鑲嵌寶成，這個時候的戒指造型依然是手指環狀，上面附加各種的造型。如方形、圓形以及不規則造型，在這些表面附加上各種紋飾，如菊花、青松以及具有吉祥寓意的物象。自從宋代形成了一套二龍戲珠的手鐲，清代這個時候也正在流行，他們往往在這個手鐲的表面雕刻並高浮雕呈現出二龍戲珠的式樣，二龍栩栩如生，有的在龍的上面又加入一些珍珠，這種式樣也用於戒指的造型上。

圖 9：滿池嬌紋金帔墜

圖 10：祥瑞圖銀帔墜

來源：揚之水：《中國古代金銀首飾》，北京：故宮出版社，2014 年版。

來源：揚之水：《中國古代金銀首飾》，北京：故宮出版社，2014 年版。

　　總之，通過對於各朝各代的飾品造型類別分析，我們可以大體瞭解到，每一個朝代都是延續上一個朝代的造型或者式樣，有的裝飾式樣一直延續到清代，造型的式樣具有傳承性。

　　按照首飾的造像來看，對首飾的整體造型進行分析：

　　第一，首飾多採用幾何型制。陳望衡認為：「幾何化是人類抽象思維的重要體現，能夠將客觀世界幾何化顯示了人類對世界的認識與把握進入到了理性的程度，觸及到了事物的內在規律。自然界可以說沒有嚴格精準的幾何圖形，太陽、月亮是圓的，缺不是標準的圓。幾何形是人類對客觀世界形方面的一種概括。」〔註13〕幾乎所有的幾何型制，在古代的首飾造型中均出現過，也是古代工匠經常使用的造型式樣，可以說，幾何型制是作者對物象的高度概括和總結。從一個側面反映了古代工匠師擁有著高超的幾何造物水準，這是值得我們敬佩和讚賞的。在所有的古代首飾造型中，有以下幾種幾何型制值得注意的：

　　首先，圓形在中國首飾的造型之中被古代工匠普遍使用，不管任何一個首飾造型中，都有圓形的造型觀念，滲透著古代先民對圓形的美好寄予和對傳統人文哲學的高度體悟。有規矩的圓形，也有不規矩的圓形，可謂是風格各異，造型不同。

　　陳望衡在《文明的文明：中國傳統審美意識研究》中說：「圓形在玉器中得到普遍使用，成為玉器造型的最為基本的形制。……圓，在所有的幾何形中最具審美價值的，由圓心到圓周等距離構成的這一條弧線最為均勻，最為整齊，顯現出一種最有規律的秩序感，同時因為其變化，又顯現出一種不盡的動態感、韻律感，讓人聯想到運動的永恆，生命的永恆，宇宙的永恆。」〔註14〕這可以說，圓形這種幾何形是符合古代人民的審美需求的。古代工匠運用圓形的時候，多作為一個飾物的局部而存在，或以「似與不似」的視角去塑首飾。當然，有作為主體性存在的，例如金指鐲、金帔墜等。圓形作為一個整體型制，裏面就用各種工藝將各種紋飾進行鏤空，形成了具有通透的藝術風格，古代的一些飾品均呈現比較規矩的圓形或者類似圓形的造型。如

〔註13〕陳望衡：《文明前的「文明」——中華史前審美意識研究》，北京：人民出版社，2018 年版，第 139 頁。

〔註14〕陳望衡：《文明前的「文明」——中華史前審美意識研究》，北京：人民出版社，2018 年版，第 37 頁。

清代的《麒麟送子鏨花銀鎖》，銀鎖和兩邊的桃形圖像均為圓形，在圓形上面運用鏨花、刻線等技法產生出凹凸感，使得表面具有一定的疏密和紋理之感，給人一種平中帶紋飾之視覺效果。還有的中國首飾將圓形寄予到某個現實的圖像中，也就是利用象形的造型方法去呈現圓形的哲學觀念。這種造型式樣比較多，例如在民國時期的山西的《燒藍百家保銀鎖》（圖11、圖12），整個鎖呈現一種花瓶式樣，造型平整而又規矩。花瓶造型的銀鎖在古代文化社會中寓意著平安吉祥，在花瓶的中間有一個法螺，象徵著用佛教的法器來保平安。「為了保護小孩平安成長，銀匠和家長既從觀念的、世俗的內容中提取超能力，也從傳統的、現代的內容提取超能力，祈求銀鎖將被保護人的魂魄鎖穩了。」〔註15〕

圖11：燒藍百家保銀鎖

來源：王金華、唐緒祥：《中國傳統首飾》，北京：中國輕工業出版社，2009年版。

〔註15〕王金華、唐緒祥：《中國傳統首飾》，北京：中國輕工業出版社，2009年版，第121頁。

圖 12：燒藍百家保銀鎖

來源：王金華、唐緒祥：《中國傳統首飾》，北京：中國輕工業出版社，2009 年版。

其次，方形。方形在中國傳統首飾造型中也佔有一定的比重，他們一般呈現比較規矩的或者在圖像中作出一個局部方形，這類造型一般都具有規整性，就是邊或者角呈現著一種規矩的形態，這種形態不管在呈像上還是在母題的外在表現上，都將整個的物象展現在受眾的視覺前面，每一個畫面均被作者根據需求合理安排上各種母題圖像，如喜鵲、梅花、麒麟、祥雲以及壁虎等物象，每一個畫面均呈現出一種理性的視覺思維。這種「理性思維將直覺概念以直線性的序列串聯起來。人置身於一個由空間和時間同時構放的四維世界中，人的思維活動，一方面是在對一個自由相互作用的力場的種種『產品』的直覺性把握展開，另一方面，又可以循著一個一度的路線理性的把握整個空間的『景色』。理性思維將整個同時性的空間結構和所有線性關係都變形為向一個方向延伸的連續——即我們用箭頭形再現的那種事件。」〔註 16〕如民國時期河北省的「福壽四喜一團和氣」手鐲。整個手鐲的呈像面均被作者用長方形表現出來，也就是說，在長方形的裏面進行雕刻和作畫，繪製的母題形象有喜鵲登梅、一團和氣等內容，凸顯了古代中國的先民在勞作之餘重視對於自身情感的慰藉。

最後，圓柱體。塞尚在觀察世界自然萬物的時候發現，自然中的每一件物體均與圓有著千絲萬縷的聯繫，特別是那些圓球體、圓柱體以及圓錐體等

〔註 16〕〔美〕魯道夫·阿恩海姆：《視覺思維》，滕守堯譯，光明日報出版社，1987
年版，第 361 頁。

類的幾何體。他說：「要用圓柱體、球體、圓錐體來處理自然。萬物都處在一定的透視中，所以，一個物體或一個平面的每一邊都趨向一個中心點。」〔註17〕「他企圖表現各種關係以代替物體，他用圓球、錐體、圓柱形或從這些形式構成的更複雜的形象，來支持這各沖關係的表現。」〔註18〕圓柱體常常被古代中國藝人作為附加物象的主要載體，他們視作這是一種立體化的再現，他們將不同的物象以高低不平的視覺效果，以不同的構圖形式將這些物象聚攏起來，分布在圓柱體的各個角落，我們說，平面只能看見一面，這就限制了一些受眾對於立體空間的需求，圓柱體則可以解決四周均可以作為一種三維藝術呈像，不管如何觀察，總是帶給我們一種逼真的視覺的效果。如清代蒙古族的雙龍戲珠珊瑚手鐲（圖 13），整體的是一個圓柱體，呈現圓環狀，在圓環狀的周圍附著並雕刻著大量凹凸的造型，如雙龍張大嘴、珠子以及珊瑚等，用浮雕技法把物象刻繪的栩栩如生，每一個物象都非常形象的、立體化的呈現在世人面前，其高度的雕刻工藝、獨特的構圖思維，盡現在首飾藝人的雕刻手法上。我們可以說：中國古代的首飾審美是運用不同的載體，在其上面進行布滿大量的物象，運用嫻熟的雕刻手法，「由寫實到寫意、再到象徵，即先在具象誇張的寫實，然後分解或簡化軀體，最後變成抽象的動物性乃至面目全非的幾何形，反映出審美意識的不斷深化。」〔註19〕

　　第二，中國古代首飾製品大量的採用仿生形態。中國古代首飾的仿生造型設計最初受到象形石塊的萌發，一些想像的石器激發了作者對於物象設計的本能，「從而逐步從自發地進行仿生造型到自覺地進行仿生再行，乃至受到陶器、青銅器的影響，表現、再造甚至創造出神話中虛擬的動物。」〔註20〕仿生形態就是作者對大自然中的物象進行觀物取象，把自然物象細緻的描摹在首飾上面，用現實物象作為首飾的表現承載體。它「是對現實中習見的動物作逼真的摹刻。其中反映了藝術家門對具體動物的形象和神態的悉心觀察

〔註17〕〔美〕赫謝爾・B・奇普：《塞尚、凡高、高更書信選》，呂澎譯，成都：四川美術出版社，1986 年版，第 13 頁。

〔註18〕宗白華：《宗白華全集》（第四卷），合肥：安徽教育出版社，1994 年版，第512 頁。

〔註19〕朱志榮：《中國審美意識通史・夏商周卷》，北京：人民出版社，2017 年版，第 150 頁。

〔註20〕朱志榮：《中國審美意識通史・夏商周卷》，北京：人民出版社，2017 年版，第 143 頁。

與體悟。」〔註21〕這些仿生造型大部分是動物形態，主要包括：蝴蝶、鳳凰、龍、蟈蟈、麒麟、蟬、螃蟹、青蛙、魚、蟋蟀、鹿、公雞等等。當然也有一些是植物，包括連葉花卉、梅花、蓮花、石榴、葫蘆、桃子、竹子、荷花等植物。甚至還有一些建築以及風俗事象，如樓宇、賽龍舟、戲曲人物、鎖、福祿壽三仙等人物。不管動物、人物還是植物，物象的姿態呈現著千姿百態，造型奇特。總之，這些物象在首飾上呈現的就是民俗意義和審美意象，用這種物象來展現作者想要表達的內在意涵。

圖 13：雙龍戲珠珊瑚手鐲

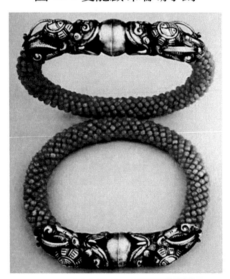

來源：王金華、唐緒祥：《中國傳統首飾》，北京：中國輕工業出版社，2009 年版。

還有的首飾是模仿了雲月等造型。如蘇州吳張士誠母曹氏墓出土的一對雲托月、月金片以及南京中央門外張家窪汪星祖墓出土的一對朵雲托月等等，這些造型都是以仿生的雲月為造型進行形態設計，揚之水先生認為：「這一類金銀飾品乃用來象徵太陰、太陽。」〔註22〕

仿生性造型的顯著特點是形神俱備、栩栩如生。宋代袁文在《質甫論形神》中曰：「作畫形易而神難，……神者其神采也。」〔註23〕繪畫講求是以

〔註21〕朱志榮：《中國審美意識通史・夏商周卷》，北京：人民出版社，2017 年版，第 143 頁。

〔註22〕揚之水：《中國古代金銀首飾》（二），北京：故宮博出版社，2014 年版，第 491 頁。

〔註23〕俞劍華：《中國古代畫論精讀》，北京：人民美術出版社，2011 年版，第 29 頁。

形象去寫神，畫面的重心就是傳神，通過物象的傳播使得受眾能夠與畫中的形象應物象形、心物交合的狀態。《韓非子・外儲說》曰：「客有為齊王畫者，齊王問曰：『畫孰最難者？』曰：『犬馬最難』。『孰最易者？』曰：『鬼魅最易。夫犬馬人所知也，旦暮罄於前，不可類之，故難，鬼魅無形者，不罄於前，故易之也。』」〔註24〕注重筆法的傳神點睛，「所謂神，就是對象的精神面貌、性格特徵。……謝赫『六法』中間的『氣韻』，即氣度、神韻，與他的『傳神』基本是一個意思。……蓋寫形不難，寫心惟難，寫之人尤難也。」〔註25〕「神是主要的，起主導作用方面的，中國肖像畫不叫寫形、寫貌，而稱傳神、寫真、寫心。……在藝術上，所以不滿足於『形似』，而強調『神似』，主要是因為『神似』的作品能夠深刻地揭示出物象的本質特徵，塑造出感人的藝術形象。」〔註26〕例如在清代有一件銀點翠鳳紋簪（圖14），這件作品不管形態還是神韻都被作者描繪的如此之真實。這件作品是以鳳凰作為民俗內涵的承載體，兩隻鳳凰作展翅飛翔的姿態，鳳凰的身軀與翅膀均是用線的形式概括而成，鳳凰的頭向前看，尾巴翹起，呈現著一種趣味性和觀賞性。

圖14：銀點翠鳳紋簪

來源：王金華：《中國傳統首飾・簪釵冠》，北京：中國紡織出版社，2013年版。

〔註24〕〔戰國〕《韓非子・外儲說左上》，高華平、王齊洲、張三夕譯注，北京：中華書局，2010年版，第402頁。
〔註25〕周積寅：《中國畫論輯要》，南京：江蘇美術出版社，1985年版，第155頁。
〔註26〕周積寅：《中國畫論輯要》，南京：江蘇美術出版社，1985年版，第157頁。

圖 15：銀蝴蝶簪

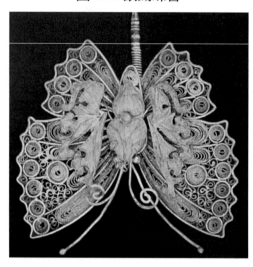

來源：王金華：《中國傳統首飾·簪釵冠》，北京：中國紡織出版社，2013 年版。

　　中國古代首飾的仿生造型大多都是呈現一種線條的寫意，具有高度的抽象性。古代勞動人民「在想像性動物或寫實性動物紋的基礎上，按照形式的規律，根據自己的大膽想像和時代的審美要求，把所描摹的自然物象與宗教理想和情感體驗等融為一體，採用省略、添加、誇張、變形、顛倒、反襯、反覆和循環等藝術手段，進行線條的寫意，求其神而遺其形，形成了高度抽象的幾何圖案。」〔註 27〕他們經常將物象強化概括性，將原來的面抽象成線，由線來創構成一個圖像，就是一個圖像充滿著線條的形式，每一個局部被古代人民抽象概括之後都形成自己所屬的審美情感和意蘊，當然，形成了自身的視覺形式。正如李澤厚在《美的歷程》中所說的那樣：「在後世看來似乎只是『美觀』、『裝飾』而並無具體含義和內容的抽象幾何紋飾，其實在當年卻是有著非常重要的內容和含義，即具有嚴重的原始巫術禮儀的圖騰含義的。似乎是『純』形式的幾何紋樣，對原始人們的感受卻遠不只是均衡對稱的形式快感，而具有複雜的觀念、想像的意義在內。」〔註 28〕這就等於，古代首飾藝人化繁為簡，由具象性幻化為抽象性的寫意線條。如這件民國初期銀蝴蝶簪（圖 15），整個簪採用了仿生的造型設計，以蝴蝶為原型對其進行寫意與

〔註 27〕朱志榮：《中國審美意識通史·夏商周卷》，北京：人民出版社，2017 年版，第 279 頁。
〔註 28〕李澤厚：《美的歷程》，北京：生活·讀書·新知三聯書店，1984 年版，第 17 ～18 頁。

抽象，將蝴蝶的翅膀上的面幻化為線條，這些線條經過個人組織和架構，形成具有審美意蘊的線條，每一條線都形成了動態感和纖細性，特別是作者將蝴蝶的主要結構以弧線給我們清晰地呈現出來，這凸顯了作者將生活與藝術融為一體，使得造型、紋飾以及線條相得益彰，更增添了首飾的一分生命的審美意蘊。

中國古代的首飾仿生造型體現了動靜相宜。「動靜」是中國古代美學構建精神狀態與審美心理的一對範疇，「『動』指有運動、變動、行動等含義。『靜』指有安靜、靜止、虛靜等含義。」〔註29〕「中國古代器物是主靜的，在靜默中並不乏韻律百變的動勢，其動態承載在造型與紋飾的變化中，需要通過審美者的想像才能完成。靜中觀動，動中顯靜的審美方式豐富了器物的審美內涵，也提高了人們的審美想像力。」〔註30〕清代方薰認為：「有畫法而無盡理非也，有畫理而無畫趣亦非也。畫無定法，物有常理。物理有常動靜變化。機趣無方，出之於筆，乃臻神妙。」〔註31〕方薰看到了畫幅中的動靜並給整個畫面增添了想像和遐想，筆墨能夠在畫面中表現動靜，這樣才能使得畫面達到妙境，正所謂的「山川之氣本靜，筆躁動則靜氣不生。」〔註32〕清代徐渭認為：「百從媚，一枯枝。墨則兩潤，彩則露鮮。飛鳴棲息，動靜如生。悅性弄情，工而入逸。斯為妙品。」〔註33〕徐渭看到了畫幅中的動靜並給整個畫面增添了想像和遐想。北宋仲仁《華光梅譜》曰：「梅有高下尊卑之別，有大小貴賤之辨，有疏密輕重之象，有間闊動靜之用，枝不得並發，花不得並生，眼不得並點，木不得並接。枝有文武，剛柔相合。」〔註34〕仲仁強調任何物象都有兩種狀態，有了這兩個方面，物象必然形成突顯物象的生命精神的浪漫情懷。迀郎強調在中國傳統山水畫中，動靜都是相對的，以動的物象為主的畫面要以靜進行襯托，而以靜為主的畫面裏了，「動」作為一種「勢」

〔註29〕朱立元：《藝術美學辭典》〔M〕，上海：上海辭書出版社，2012 年版，第 544 頁。

〔註30〕朱志榮：《中國審美意識通史・夏商周卷》，北京：人民出版社，2017 年版，第 48 頁。

〔註31〕（清）方薰：《山靜居畫論》，上海：商務印書館，1936 年版，第 3 頁。

〔註32〕（清）笪重光著，關和璋譯解，薛永年校訂：《畫筌》，北京：人民美術出版社，2016 年版，第 21 頁。

〔註33〕周郁浩校閱：《徐文長全集》，上海：廣益書局，1936 年版，第 197 頁。

〔註34〕黃賓虹、鄧實：《美術叢書》（二集第 5 輯）〔M〕，杭州：浙江人民美術出版社，2013 年版，第 273～274 頁。

來襯托靜。姜今在《畫境──中國畫構圖研究》中也認為：「畫面的動是主要的，靜是相對的。……構圖要做到形動意生，形靜意動，裏應外合，方的其神。」〔註35〕如中國國畫中常常伴有瀑布和山之間的動靜交合，山是靜的，而水則襯托山的安靜之感，還可以理解為以瀑布為主要對象，那麼山就成為襯托動的唯一元素。西方的藝術家同徐渭等人具有同樣的理論觀點，他們在畫面中憑藉著線和面的綜合運用，來使得畫面產生具有深度和秩序意味，一般前面的形象使用動態的特徵比較多，相反的，後面的背景則凸顯靜態的畫面情調。不管怎樣，中西繪畫都將畫幅中的動與靜作為畫面構圖中重要的形象呈現方法。在中國古代首飾的仿生造型之中，畫面中的物象呈現一種是靜態的，這種靜態強調物象存在的空間與時間為靜態的，作者將物象最能體現藝人的想法的一個瞬間定格下來。靜中有動，每一個物象都是展示了一個靜態物象正在做的下一步的動作，如這一件作品，畫面中有三隻蟬，趴在那裡，一動也不動，但是，這裡面需要我們對於畫面中的蟬進行想像，在蟬的兩邊的翅膀已經離開身軀，似是要飛動的感覺。從而造就了一種具有「形動意生，形靜意動，裏應外合，方得其神」〔註36〕的意象傳神效果和符合作者整體構思的形式意味。

圖16：銀蟬紋釵

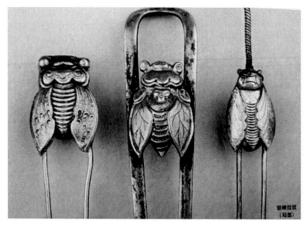

來源：王金華：《中國傳統首飾‧簪釵冠》，北京：中國紡織出版社，2013 年版。

〔註35〕姜今：《畫境──中國畫構圖研究》〔M〕，長沙：湖南美術出版社，1982 年版，第 101 頁。

〔註36〕姜今：《畫境──中國畫構圖研究》〔M〕，長沙：湖南美術出版社，1982 年版，第 101 頁。

　　古代首飾藝人運用高超的技藝對首飾進行創構，這不僅僅是對大自然物象的觀物取形基礎上的寫實，而且更多的將現實物象經過主體藝術化與抽象化了，他們將現實物象經過主體的誇張、變形、簡化以及省略，將具有主體審美意味的點、線和面融合於物象的形體之中，仿生手段只是古代人「製造技術形成的原始依據。」〔註 37〕作者想用這些仿生圖像直接或者間接的呈現出某種外顯的意義。

　　第三，幾何形態相互組合。中國傳統首飾造型中，幾何造型比較多，有方形、圓形、三角形、菱形以及其他的幾何造型。幾何造型「一部分直接從自然物中得到或者抽象出來，另一部分則經由『象形』的變化階段而逐漸演化出來，在兩種可能性中，都離不開『觀物取象』的觀照方式和象形的紋化方式。從觀照和紋化的方式而言，象形紋樣體系和幾何紋樣體系不過是同一觀照方式和紋化方式的不同表現形式。」〔註 38〕在這些幾何造型中，有的是單獨呈現的，還有是組合呈現給受眾的。一般的作者都是將幾何造型分成主次關係，如有一個幾何形在中間，比較大，另外幾個在四周圍繞著這個圓形。還有的採用上下結構，上面一個幾何形，下面一個幾何形，形成了疊加結構。甚至還有的形式是中間一個幾何形，依據放射原理，在其中間的向外發散出多個幾何造型，當然，中間的幾何形最大，其餘的都占次要地位。如這件步搖，這件是清代漢族的一件銀器，採用的是花絲工藝和鏨花工藝進行製作，整個造型是屬於疊加結構，上面是菱形的造型，在菱形的造型內部空間中鏨刻有「秀才趕考圖」，人物清晰可辨。在菱形的下面有一個圓形，在圓形的兩邊採用花絲工藝，花絲各掐出一雙鳳鳥紋飾，上下兩個幾何造型結合的非常完美，充分展現深層的隱性的生命精神和審美情趣。

　　又如清末民初的北京一件銀鍍金萬壽紋手鐲，這件首飾直徑 6.8 釐米。該手鐲的底紋鋪滿魚子紋，手鐲的正面有萬壽紋（萬字紋）。整個造型為圓形，在手鐲的上面又有小的圓形和萬字紋形成意象的方形，圓與方結合，充分體現了天、地、人三者之間關係。圓指天，方指地，人生活在天地之間，工匠將這種護身符刻在手鐲之上，展現了中華民族的「以人為本」、「祈福」、「祈壽」的文化理念。

〔註 37〕朱志榮：《中國審美意識通史·夏商周卷》，北京：人民出版社，2017 年版，
　　　　　第 144 頁。
〔註 38〕李硯祖：《紋樣新探》，《文藝研究》，1992 年第 6 期。

圖 17：戲曲人物銀步搖

來源：王金華、唐緒祥：《中國傳統首飾》，北京：中國輕工業出版社，2009 年版。

　　按照造型的方法來分，有藝術摹仿法和觀物取象法。

　　藝術模仿法是中國傳統首飾造型的一個成型辦法，就是古代人民對物象進行觀察之後將現實的物象運用藝術的手法摹仿的又創構出來，形成和原有物象一模一樣的造型形態。陳望衡說：「摹仿是藝術的開始，也是藝術的本質，當人類在摹仿一種物品時，它就實際上開始了藝術創作。」〔註 39〕這種摹仿一方面是對物象的一種心理需求欲望，或者是一種審美情趣的內心需要，另一方面彰顯了首飾藝人們自身內在的生命情調和精神。如清代河北的一件銀質首飾《人物紋針筒銀佩飾》（圖 18）。這件作品最突出的部分就是中間的針筒，這件藝術作品是摹仿現實針筒創構出來的，雖然針筒是平面化的，但是，平面化的針筒是為了適合貼在身體的需要。針筒的中下方與現實的針筒繪製的人物情節具有高度的相似性，顯然，首飾中的人物位置採用了現實化針筒中人物所在的位置。作者非常想摹擬真實針筒中的人物細節，但

〔註 39〕陳望衡：《文明前的文明：中華史前審美意識研究》，北京：人民出版社，2017
　　　　年版，第 143 頁。

是在首飾上，藝人只能用粗略的點來自由的表示一下，表示細節所在的位置。又如，民國時期的山東有件琺瑯彩花藍掛飾，這件作品全長 46cm，花籃寬 7 次，高 10cm。這件作品中的主體物象就是被作者摹寫下來的花藍，在其花藍的下面，有五個鈴鐺，左右來回搖擺。這個花籃呈現了平面化的視覺影像，顯然，這是作者摹仿現實的花籃的造型。古代首飾的造型已經逐漸形成了質樸單純而富有民俗氣息，走向了富有內涵意義的藝術風格。他們用點、線、面等美術元素所構成的造型「不僅僅是具有近取諸身、遠取諸物的摹仿的一面，而且開始自覺地創造一定的形式，在自然象徵的旨趣外，又增添了許多裝飾和工藝的特點。」〔註40〕

圖 18：人物紋針筒銀佩飾

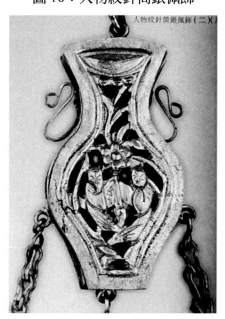

來源：王金華、唐緒祥：《中國傳統首飾》，北京：中國輕工業出版社，2009 年版。

　　藝術摹仿手法強調對現實物象進行主觀的加工和處理，將加工過的圖像賦予首飾之上。在清代天津有一件三式麒麟送子銀鎖，首飾中呈現了三種麒麟送子的形象，其中主體形象鮮明、明確。一個孩子或者仙人騎在一隻昂首挺胸、閒情自若邁著悠閒步子的麒麟背上，其中人物均持有如意、蓮花等吉祥祥瑞圖像，這個圖像在一定程度上強化了吉祥祝福和早生貴子的象徵性功

〔註40〕朱志榮：《中國審美意識通史·夏商周卷》，北京：人民出版社，2017 年版，第 331 頁。

能，從民俗方面凸顯了基於圖像使得家庭有了傳宗接代的期盼。我們知道，中國的神話世界從原始社會就有，它借用某個形象來施展法術，使得這種圖像擁有了前面形象的一些功能和要義。當然，這種神話形象也通過不同的途徑傳播給受眾。然而，麒麟、龍、鳳凰、朱雀以及玄武等動物在我們現實世界是不存在的，是虛擬的，為了表達民眾對連生貴子、祈福納祥、四季平安等民俗理念的精神需要，作者借用了現實生活中騎者以及某類動物的形象並進行替換。同時，對物象進行主觀化的處理，特別是人物形象、麒麟的造型以及兩類物象所呈現出來的精神風貌。我們從首飾中看到，麒麟身上的紋飾摹仿了現實生活中的某種盔甲動物外在的皮膚，可以說是魚鱗紋。作者通過對現實物象的摹仿來達到對於美好生活的嚮往。

「觀物取象」是中國古代藝術造型的一個重要方法。也是貫穿審美世界的重要知識點。觀物取象來源於《周易・繫辭下傳》，曰：「古者包犧氏之王天下也，仰則觀象於天，俯則觀法於地，觀鳥獸之文，與地之宜，近取諸身，遠取諸物，於是始作八卦，以通神明之德，以類萬物之情。」〔註41〕裏面的天地與仰俯形象的闡明瞭古代勞動人民觀察的方式和方法，他們所創構的一些藝術符號均是對大自然中取材，經過加工，形成了一種藝術形式。在古代中國的首飾製品中，無論簪、釵還是其他首飾製品，都彰顯了古代先民對於象的理解，可以說體現了尚象精神。「他們觀象製器，在審美意識的影響下進行器皿的製造，把對生活的感受衍變成藝術的表象。文字和器物中的均衡、對稱，以及節奏韻律的表現，反映了古人對於自然法則的自覺領悟，同時又受著這種自然法則的啟發，憑藉著豐富的想像力再造自然。」〔註42〕

在中國古代的首飾藝術之中，觀物取象體現了主體的精神情感和主體意識。首飾給人一種審美的愉悅性，當然，最重要的是首飾形成了主體的精神風韻。以及用首飾體現主體的審美意識和生命精神。這種主體的審美意識來自於政治、經濟、文化以及宗教對個體的深切影響，他們把一些現實物象進行抽象化和符號化，利用各種物象將其演化為紋飾或者概括圖像，附加在一定的首飾外在形體上，使得形體凝結了豐富的造像內涵，將人類內心中的需求通過首飾呈現出來，從而形成了既能「通神明之德」〔註43〕，又能「類萬

〔註41〕黃壽祺、張善文：《周易譯注》，上海：上海古籍出版社，2012年版，第343頁。
〔註42〕朱志榮：《商代審美意識研究》，北京：人民出版社，2002年版，第58～59頁。
〔註43〕黃壽祺、張善文：《周易譯注》，上海：上海古籍出版社，2012年版，第343頁。

物之情」〔註44〕的意象形態。如清末民初北京的一件首飾《六式銀鍍金「五福捧壽」簪釵》（圖19）。福是一個抽象的形態，孕育了古代勞動人民對其的精神寄託和期盼，作者將壽、富、康寧、好德以及考中命以圖像符號的形式結合起來，福通「蝠」，作者借用並抓住了蝙蝠飛翔最富表現力的姿態，將主體的哲理和情韻貫穿於其中，從而來實現對五福的精神期盼和文化界定。畫面上，五隻蝙蝠圍繞在一個壽字的周圍，壽字是繁體，在其表面裝飾有線性的花卉和花草圖像，這些花草和紋飾不僅反映了主體的審美情趣和意願，而且借用這些紋飾和圖像達到了以形表意的功能，用圖像最大化的去呈現了古代中國的民俗內涵和生命意義。

圖19：六式銀鍍金「五福捧壽」簪釵

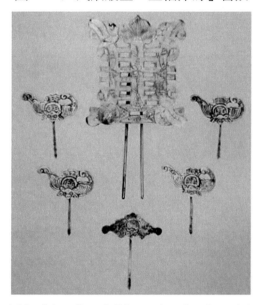

來源：王金華、唐緒祥：《中國傳統首飾》，北京：中國輕工業出版社，2009年版。

「觀物取象」體現了象形表意的審美特徵。從原始社會到民國時期，中國古代首飾藝術經歷了不斷演進的道路，它從最原始的獸骨、獸牙逐漸發展到了具有抽象功能和觀物取象功能的首飾藝術，一些古代的首飾藝術都是模擬仿生造像的，也就是古代藝人觀察物象並且摹擬這一物象，使得這一物象都在首飾中展現出來，充分體現了人類的模仿本能。還有的古代首飾是採用幾何形，如正方形、三角形以及菱形等。這些造型均將現實物象進行抽象變

〔註44〕黃壽祺、張善文：《周易譯注》，上海：上海古籍出版社，2012年版，第344頁。

形，概括現實物象的主要結構，並用簡潔的線條勾勒出外形，在內部空間中添加上不同的紋飾，充分體現了古代人類的抽象本能。作者主動的在一些首飾造型的表面附著上一些富有自然生命形式的紋飾，如花鳥魚蟲以及現實的人事象，並在這些具有自然生命內涵的圖像之上進行創構適合勞動人民民俗民風的需要，這些象形表意的造型和紋飾「由早期的對於蛙、鳥、魚的形態寫實模擬，上升到抽象寫意的層次。其中對自然物象的誇張、變形和省略，使人感受到無窮的想像意味。」〔註45〕古代工匠將這些圖像加以抽象化和幾何化，使得這些用金、銀、銅等冰冷材質製作的首飾瞬間透露出生命的活力，恰如其分地與大自然融為一體，作者希望「從自然中吮吸靈感或了悟，來擺脫認識的羈縻，獲取心靈的解放。」〔註46〕用這些經過高度抽象和凝練的圖像進行表意，通過圖像來達到受眾對首飾的民俗認知。如清代的一件銀扁方簪（圖20），這種用銀材質製作的方簪，造型類型一個盤長紋，在整個兩邊的造型面上，布滿了暗八仙和琴棋書畫。八仙在民間的意義與「發」相通，中國人喜歡用「八」來祈福，以便達到家中富貴的民俗目的。右邊布滿了琴棋書畫，這四種是古代文人雅士必備的技藝，用這四個方面來呈現生活安逸的文化韻味。

圖20：銀扁方簪

來源：王金華、唐緒祥：《中國傳統首飾》，北京：中國輕工業出版社，2009年版。

綜上所述，中國古代首飾的造型是經過作者對現實物象的觀物取象，基於物象的基礎上進行高度的概括和抽象化，每一個造型和上面的紋飾都是作者物象的高度寫意，他們用簡約化的點、線和面對物象進行綜合性的創構，顯然，這種造像是伴隨著主體的審美情趣和意旨而生發的，他們把這些物象以及紋飾

〔註45〕朱志榮：《商代審美意識研究》，北京：人民出版社，2002年版，第60頁。
〔註46〕李澤厚：《美的歷程》，北京：生活·讀書·新知三聯書店，2009年版，第173頁。

集合起來，重新創構出來一張新圖，首飾也伴隨著空，這個空指的是內部空間，在疏密、上下以及其他的對比原色上，充分彰顯出具有文化和生命精神的內涵。

第三節　造型手法

中國古代首飾藝術高度凝結了作者對物象的審美情感，他們運用簡約、誇張、幾何化等手法對物象進行加工和整理，從而形成了別具洞天的造型形態，使得這個造型帶給受眾以更加奇特的視角來觀察和審視現實與精神生活。

「造，至，到。吾恐造之福，隨著者貧也。(三國魏·曹操《張範下令》)。型，①鑄造器物的模子。②類別式樣。」〔註47〕「造型，①創造物體形象。(徐遲《祁連山下》)②創造出來的物體形象。(葉永烈《並蒂蓮》)。」〔註48〕作為一種獨特藝術塑象形式的首飾藝術，它所鏨刻出的各種形象、歷史回憶、個體場景、吉祥符號等題材必須通過整體的造型體現出來：內部和外部造型，從某種程度上講，首飾文化的造型是開掘創作者自身塑造美的專有利器，借助這種工具，藝術家就可以使得整體造型達到所要賦予首飾表面的「虛幻世界。」

造型對於藝術家來說，不僅僅是形象的塑造，也是視覺影像在受眾的生成過程，它蘊含著創作者理想物的感性顯現和感受以及對虛構世界的倫理訴求。在遠古時代，由於受眾認知的閾限以及自然生殖崇拜的力量祈福，人們選擇用一些獸齒、石珠等材料串成一定的造型來體現生命的裝飾物，造型簡單，材料易得。商周時期，隨著「明禮制以序尊卑」的演化，首飾藝術形成了界定和關注等級的承載物，其暗示了首飾作為內心情懷對藝術家敘事經驗的讚美以及對天地的敬畏來滿足於當時時代社會下的生存。這個時期的首飾造型更加傾向於「君子偕老，副笄六迦」的婦女盛裝首飾佩戴場景，並在上層社會形成了裝飾制度化，大量的首飾作品都採用玉、青銅作為主要材料，並在表面鏨刻有網紋、鳥鳳紋以及具有時代特徵的「饕餮紋。」下層的庶人則裝飾比較簡單，常用竹、布等廉價的材料來美化自身。如在河南安陽的殷墟婦好墓中出土的各種各樣的顯現貴族氣派的首飾器物以及在北京劉家河商墓出土的商代金質耳璫等。秦漢以降，作為實用為主的首飾製品逐漸演化成塑造婦女、展示婦女社會形象的重

〔註47〕商務印書館辭書研究中心編：《古今漢語辭典》，商務印書館，2002 年版，第 1623 頁。

〔註48〕商務印書館辭書研究中心編：《古今漢語辭典》，商務印書館，2002 年版，第 1831 頁。

要工具與載體，人們對裝飾以及日常打扮要求越來越高，「佩飾珍異、金銀錯鏤。」〔註49〕如在漢代時流行的髮釵，又稱「釵服」，其主要作用是使頭髮能夠保持一定的形狀或起到裝飾作用。大致造型有：「龍釵、鳳釵、魚釵、雀釵、蟬釵。按其質地分，則有金、銀、銅、翡翠、玳瑁、琥珀、琉璃、珊瑚之分。」〔註50〕秦漢時期的首飾藝術所展示的是一個由實用的「內宇宙」向「外世界」的本體演變過程，而隋唐則把這種「外宇宙」的轉換發揮到極致，同時更注重凸顯宮廷內心世界的生活想像，「華服，梳高髻，配以饅頭的金銀花釵，梳篦寶鈿。」〔註51〕如唐代的銀項圈，整個造型為圓心形，線條舒展，內錘鍛鏨刻有雙雁對稱植物紋飾。宋代是我國士大夫為主體的文學抒情和唯美的文化並存時期，這一時期首飾藝術造型形成一種超功利的藝術造象形式：將藝術視為人的品德與性格的附屬品。某些造型沿用唐代體系來創製，飾物的品種相對減少，但那種高髻之風尚依然盛行，「未婚嫁者率為同心髻，高二尺，插銀釵至六支，後插大象牙梳，如手大。」〔註52〕隨著工藝的日趨熟練和材料的花樣翻新，特別是鏨刻、花絲、鑲嵌技術賦予不同的材質以及不同的造型上，這時期，宮廷與民間的造型開始分野，宮廷善用貴重材料，如瑪瑙、金以及翡翠等。而民間更加喜歡用銀製居多，造型簡樸，「庶人冠服：洪武二年……首飾釵、鐲不許用金玉、珠翠。止用銀。」〔註53〕如清代的麒麟送子鍍金銀掛牌，這件作品主要打製對象為王宮貴族的女方家結婚，造型上一童子戴金冠並騎於腳踏祥雲的金麒麟之上，手持元寶並整個主題形象垂掛於掛牌的中間，其左右各站有一名身穿鎧甲、手持兵器的武士，在主體形象的上下位置運用串聯的形式配置了各種小對象，如金錢、雙蝙蝠、雙魚等。造型栩栩如生，讓人禁不住對古代先人的設計創意感到由衷的欽佩。

一、簡約

「簡約」是三個造型手法的第一個。簡約就字面意思，就是簡化和省略

〔註49〕周天：《中國服飾簡史》，中華書局、上海古籍出版社，2010 年版，第 27 頁。

〔註50〕周天：《中國服飾簡史》，中華書局、上海古籍出版社，2010 年版，第 37 頁。

〔註51〕杭海：《妝匣遺珍——明清至民國時期女性傳統銀飾》，生活・讀書・新知三聯書店，2005 年版，第 19 頁。

〔註52〕杭海：《妝匣遺珍——明清至民國時期女性傳統銀飾》，生活・讀書・新知三聯書店，2005 年版，第 23 頁。

〔註53〕杭海：《妝匣遺珍——明清至民國時期女性傳統銀飾》，生活・讀書・新知三聯書店，2005 年版，第 321 頁。

不重要的局部，使得整個的造型產生一種更加新穎和醒目的視覺效果。簡約
常常被用於各種繪畫創構活動之中，「簡約美」在中西方繪畫界中有著自身的
設定和觀念的拓展。什麼是「簡約」？中西藝術家對這種美形成了自己的評
述。鄭玄《易贊》曰：「《易》之為名也，一言而函三：簡易，一也；變易，二
也；不易，三也。」〔註 54〕「簡」就是去掉一些細節，化繁為簡，用簡單的
造型去概括一切物態的變化和存在。明代畫家惲向曰：「畫家以簡潔為上，
簡者簡於象而非簡於象，簡之至者縟之至也。」〔註 55〕清代工筆畫家瑛寶也
提倡：「均以簡貴勝人。」〔註 56〕中國古代繪畫將「象」的歸納作為「以形寫
神」的重要表面特徵，從整體的「象」的特徵來達到對於物象的總體意蘊的
把握。中國繪畫講求的是運用簡單的線條和顏色將對象物的生命精神體現出
來，這也反映了儒家的「直而溫，寬而栗，剛而無虐，簡而無傲。」〔註 57〕
的藝術觀。西方的油畫或者版畫講究忠實於對象物的描寫，用過度豐富的線
條去儘量表現物象的細節。如中國寫意山水和西方的油畫。西方藝術家說：
「藝術中的簡練是一種必然，也是一種風雅。簡練的人能促使思索；喋喋不
休的人則會使你厭煩。永遠要用一種簡練而直截了當的方法描繪。」〔註 58〕
如意大利和希臘的藝術家為了求美而簡化現實的客觀物象，將那些影響主
體意象特徵的細節淘汰或者刪除，希臘人簡化面部一些線條，「彌蓋朗琪羅
和佛羅倫薩畫派，把附屬品，風景，工場，衣著，放在次要地位或根本取
消；」〔註 59〕而初期的法蘭德斯人則相反把聖母、聖徒等宗教形象中的理想
化的人物歸結為一種肖像，它可以傳播和複製，畫家並竭力將肖像中的一些
細節豐富的表現出來，不去簡化任何的表面內容。阿恩海姆認為簡約是和複
雜相對的詞彙，簡約有兩種概念，一是簡單，這種簡單主要從物理「量」的
角度而不是視覺「量」去考慮。二是就是簡約的反義詞是「複雜」或者「豐

〔註 54〕《山東省志·諸子名家志》編纂委員會：《鄭玄志》，濟南：山東人民出版社，
　　　　2003 年版，第 123 頁。
〔註 55〕俞劍華：《中國古代畫論精讀》，北京：人民美術出版社，2011 年版，第 332 頁。
〔註 56〕潘天壽：《潘天壽美術文集》，北京：人民美術出版社，1983 年版，第 47 頁。
〔註 57〕（春秋）孔子：《尚書注訓》，黃懷信注訓，濟南：齊魯書社，2002 年版，第
　　　　30 頁。
〔註 58〕楊身源、張弘昕：《西方畫論輯要》，南京：江蘇美術出版社，1990 年版，第
　　　　397 頁。
〔註 59〕楊身源、張弘昕：《西方畫論輯要》，南京：江蘇美術出版社，1990 年版，第
　　　　481 頁。

富」，它指的是對物象內外的輪廓線的歸納和概括。那麼，在中國古代首飾的造型之中，大批的藝術家運用簡約的造型手法對物象進行塑造，如一個首飾採用了動物的造型，他們就把原有物象的表面進行省略，省略那些不起著作用的細節，保留主幹，使得畫面產生一種更加明晰的視覺效果。有的作者在對物象進行簡化的時候，經過主體的視覺審視，添加一些具有裝飾作用的圖形或者美術元素，如清代山東有一件兩式鏨花銀簪（圖21）。圖中以《西廂記》中的故事作為雕刻內容，人物有張生和鶯鶯，在其後面有長廊亭舍，兩個人物都彎腰，呈現側面形式。圖中的張生和鶯鶯整體上呈現出簡約的式樣，兩個人作者就將大體的造型形態刻畫出來，一些細節，如衣服上的褶皺、裝飾等都被省略了，採用了自己主創作的形式和人物形象。作者只用了幾條線，就將物象的神態和軀體結構栩栩如生的呈現出來。在這裡，作者也簡化情節中的背景，將亭子和長廊用線條一筆帶過。

圖 21：兩式鏨花銀簪

來源：王金華、唐緒祥：《中國傳統首飾》，北京：中國輕工業出版社，2009 年版。

中國古代首飾的作者簡化內容，使得內容清晰明瞭。不管簪子、釵還是其他的首飾製品，他們都在表現畫面意旨的時候，直接將要表現的內容通過物象或者物象結合呈現出來，中間的環節能省略就省略，直接在首飾的表面講述。如民國時期的鏨花八仙銀頭釵，整個造型呈現半圓環狀，畫面上作者為了表現八位神仙，作者沒有直接將人物鏨刻在上面，而是用比較簡潔化的法器進行呈現。

總之，中國古代首飾高度體現了古代藝術的簡約之美，它是原始先民主客統一、情景交融、感悟動情方式下的對物象「有意味」的審視和審美觀照，儘管這些首飾中的形象被高度的簡約化了，卻絲毫沒有影響其鮮明生動形象

的外在呈現，〔註60〕他們將現實物象中的最本質的特徵、結構或者物象的行為姿勢用最簡略的線條寥寥數筆快速地勾勒出來，省略邊緣屬性，突出和加強所被提煉部分的意與象，從而表現出一種原始社會的稚拙和言簡意賅的審美情趣。首先，古代人民簡約場景中的「意」，「意」是原始物象的主旨，也是首飾形象的統領者。其次是簡約了原始物象的「象」，被簡化的像是意的承載者，現實中的物象造型都被原始先民施以高度歸納和提煉予以呈現在岩石表面上，除去那些具有寫實性的細節，每一條線條的舒展，流暢，每一個線條的長短，每一個點的大小都蘊含著藝術家對物象的審美投入，用最簡潔的藝術話語去訴說原始先民的「意」。原始先民將這種高度歸納的意和象通過簡約的載體形象合二為一，突出圖像的簡約性和直白性，並把這些簡略化、平面化的意象造型直率地表達了原始先民的內在心聲和宗教訴求，將生動的圖像以最快速的方式表現了首飾藝術的瞬間性，向我們呈現了一個全景式的審美世界。

二、誇張

　　誇張是中國古代首飾塑造造型的重要藝術語言之一，它可以使作品富有更加旺盛的生命力和想像力。「誇張」作為中國古代和現代藝術的重要的塑造造型語言，已經展示出自身的非凡的想像力和創造力。中國古代首飾的作者將形象主觀化的進行變形、誇張，誇張主要特徵，對這些特徵採用剪影式的畫法。當然，這些形象已經和現實物象完全不一致了，主觀化的傳統互滲律思想將支配著創作者對現實物象進行巫術變形，創作者「故意使表現的形體變形，有時只是著重強調野獸外表的一或二個主要特徵，以求相像。如表現鹿，突出其枝角，拖到背部。表現山『羊』則突出短鬚和直角。」〔註61〕這樣的誇張變形在一定程度上使形象的神秘性更加撲所迷離，它就成了一種很難去核對的原型形象，「客體、存在物、現象能夠以我們不可思議的方式同時是它們自身，又是其他什麼東西。」〔註62〕「那就是要確定是互滲律支配了巫術信仰，還是無視信仰支配了互滲律，或者兩者是相互相存的。但毫無疑的是，互滲律的存在是母庸質疑的。由互滲律導致的變形，使形象的神秘因

〔註60〕劉長宗：《'91 國際首飾委員會年會暨寧夏國際首飾研討會文集》，銀川：寧夏人民出版社，1992 年版，第 199 頁。

〔註61〕《蓋山林文集》，哈爾濱：黑龍江教育出版社，1995 年版，第 497 頁。

〔註62〕〔法〕列維—布留爾：《原始思維》，丁由譯，北京：商務印書館，1981 年版，第 69～70 頁。

素加深了。」〔註63〕在古代中國，一些首飾的造型與內在紋飾都被作者主觀的誇張了，使得首飾的造型或者紋飾與原來的物象形成巨大差別。如圖22民國時期的《虎頭鍍金銀鎖》，整個銀鎖作者有意突出虎虎生威的吉祥特色，把「老虎」與青年人的朝氣以及品格通過這個銀鎖展示出來，特別是作者有意誇大了老虎的局部（頭部），突出老虎的正面形象，使得這個正面形象非常符合受眾的視覺感受。在這個畫面中，作者誇張老虎的牙齒以及耳朵，其視覺面積遠遠大於老虎的眼睛、鼻子的視覺感知度。而耳朵豎立在虎頭的上方，下面有虎牙，上部有虎耳，上下呼應，這就把人們的視覺用一條無形的連接線連接起來，既整體，又能凸顯局部動物特徵。

圖22：虎頭鍍金銀鎖

來源：王金華、唐緒祥：《中國傳統首飾》，北京：中國輕工業出版社，2009年版。

　　紋飾的誇張。中國傳統中首飾藝術給我們呈現出來的是一種絢麗多姿的紋飾形式，而這些紋飾大多是基於現實物象而超於現實創構出來的，就是經過主體在原有物象基礎上進行誇張表現，這種表現首先要師造化，對物象進行詳盡的觀察和體悟，刪減不重要的線條，對主要的線條進行變化和抽象，

〔註63〕朱狄：《原始文化研究──對審美發生問題的思考》，北京：生活·讀書·新知三聯書店，1988年版，第614頁。

即從外而觀察，基於內而孕育。在一件傳統首飾製品中，紋飾是比較重要的審美表現方面，也就是說，紋飾附著在物象的表面形成了第一眼的視覺意象，他們以各種各樣的形式被受眾的眼睛捕捉和欣賞。一般的情況下，作者誇張帶有曲線的紋飾的局部，他們將局部進行微妙地曲線誇張，所誇張出來的形象，儘量符合受眾的審美需求，有疏密、長短、大小、曲線和直線等等，他們會按照形式美規律進行創構具有審美意蘊的畫面。如清代內蒙古蒙古族的鑲嵌珊瑚松石花絲銀頭飾，這件作品整體上呈現了兩個三角形疊加的形式，在兩個三角形的內部空間，作者誇張了許多類似水紋或者雲紋的紋飾，中間有主有次，他們依據現實的感性物象，在物象基礎上近取諸身，遠取諸物，將物象上的細節紋飾化、誇張化，使得每一個紋飾體現了誇張性和富有豐富的想像力，有著豐富的審美意涵和象徵意義。

人物形體的誇張。不管歷朝歷代的任何種類的首飾藝術品，只要首飾上面用人物形象來呈現吉祥意蘊的，首飾上的人物形態均使用誇張的手法來進行雕刻，使之首飾上人物的形體符號符合受眾的審美之需要。例如在清代山東有一件《兩式鏨花銀簪》，整個簪採用了圓圈，在圓圈內雕刻了兩個人物形象，其中一個是張生，另外一個則是鶯鶯，這是《西廂記》中的人物愛情故事。兩個人物的身體是側身的，而人物頭像則是正面的，這在現實生活中，這種形體是不可能實現的，顯然，作者是誇張了張生和鶯鶯的形體。又如，山西民國期間有一件銀器《三式三娘教子鏨花銀鎖》，這個飾品主要是以三娘教子民間故事來作為整個首飾中的主要人物，希望通過這種飾品的載體來達到一種教育功能的實現。在這個首飾製品中，三娘、男子以及孩子三個人物的形體呈現筒狀，一些細部的均被作者省略，且人物的各個部位只是做大幅度的扭曲，例如兒童的手臂向上彎曲，這種彎曲在現實生活中不能實現，人物的各個部位的變化比較硬。

誇張手法在首飾中的運用，有利於凸顯敘事性。敘事性不僅僅運用話語來展示對象的敘事，我們可以運用圖像來展示某個故事或者場合的歷史情節。法國學者羅蘭·巴特認為：「對人類來說，似乎任何材料都適宜於進行敘事；敘事承載物可以是口頭或書面的有聲語言、是固定的或活動的畫面、是手勢，以及所有這些材料的有機混合；敘事遍布於神話，傳說、寓言、民間故事、小說、史詩、歷史、悲劇、正劇、喜劇、啞劇、繪畫、……彩繪玻璃窗、電影、連環畫、社會雜聞、會話。而且，以這些幾乎無窮無盡的形式出現的敘

事，存在於一切時代、一切地方、一切社會。敘事是與人類歷史本身共同產生的；任何地方都不存在、也從來不曾存在過沒有敘事的民族。」〔註64〕從他的話語中，我們可以得知，圖像也可以作為敘事的一種手法。那麼，圖像是通過造型、顏色以及形象的組合所產生出來的一種形式化，即：「敘事是在時間中相繼展開的，它必須佔據一定的時間長度，遵循一定的時間進程。」〔註65〕作者通過空間化、時間化以及去語境化的圖像重新納入到讀者的文本之中，基於觀者和圖像形成一種契合會通的一種雙向溝通模式。如清代山西的首飾掛件《五子連科雙喜牌銀鎖》（圖23），這件銀鎖分為三部分，主體銀鎖、扣牌以及項圈構成。在銀鎖的表面上鏨刻了一位母親、五個孩子以及一隻瑞獸。畫面的敘事被作者誇張突出化了，突出中間的五子，將其放置於中間。中間有一子騎在瑞獸身上，他手舉金盔，這裡的「盔」通魁，即奪得魁首。畫面中將一個母親如何把孩子帶大，並奪得魁首的歷歷場景通過騎瑞獸周圍孩子的不同姿態表達出來。銀鎖邊上飾有龍紋，左右對稱。銀鎖的背面鏨刻了「五子連科」吉祥話語，在字的周圍鏨刻有蝙蝠、石榴、祥雲、花瓶、蓮花以及文房四寶等形象，作者「將現實人生最美好的理想、最世俗的觀念通過藝術的表現手法，形象地固定在人們的視覺領域中，由此，這些形象又通過人們所賦予的文化觀念，滿足中國人的情感寄託。」〔註66〕這些物象合併在一起形成了內（母親、瑞獸以及五個孩子）外（除去人物形象之外的形象）空間的敘事結構。又如清代山東的一件《帶子上朝鏨花銀鎖》（圖24），這幅作品寬7釐米，高4釐米，長方形，好像漢字「凹」字。在銀鎖的表面鏨刻了兩個人物，講的是唐朝將軍郭子儀屢建奇功，被封為汾陽郡王，他的兒子郭曖常常跟隨父親上朝，之後其子也被封了官。「帶子上朝」這一民間傳說也就流傳甚廣，並比喻世代封官，受祿不斷。畫面中作者將兩個人物放在中間，一高一低，一大一小，形成了鮮明的比例對比。兩人均為正面，在其周圍鏨刻有珍珠地紋，在地紋的周圍有青松和牆圍等物象，將畫面一分為二。畫面上一個穿著官服的老者帶著一個幼稚童真的兒童上朝的情景，造型姿態憨厚，人物形象栩栩如生。

〔註64〕（法）羅蘭巴特：《敘事作品結構分析導論》，張寅德編選：《敘述學研究》〔C〕，北京：中國社會科學出版社，1989年版，第2頁。

〔註65〕龍迪勇：《圖像敘事：「空間的時間化」》，《江西社會可科學》，2007年9月。

〔註66〕王金華、唐緒祥：《中國傳統首飾》，北京：中國輕工業出版社，2009年版，第82頁。

圖23：五子連科雙喜牌銀鎖

來源：王金華、唐緒祥：《中國傳統首飾》，北京：中國輕工業出版社，2009年版。

圖24：帶子上朝鏨花銀鎖

來源：王金華、唐緒祥：《中國傳統首飾》，北京：中國輕工業出版社，2009年版。

　　總之，中國古代的首飾製品不管人物、造型還是裏面的故事情節，都夾雜了作者誇張的成分，人物形象的造型形態誇張成世俗化的視覺語言，他們拋棄原有物象中的一些細節，強調主要抓住物象的主要特徵，把原有物象中的曲線誇張成具有直白的直線形式。誇張還使的首飾中的故事情節得到了一定的展現和凸顯，他們把故事情節有序的與誇張方法相結合，用人物的主要

姿勢與形象去訴說著那個時代的人文歷史。

三、幾何化

幾何化是中國古代首飾造型的重要使用手法，高度體現了古代勞動人民對物象的一種概括和總結。古代勞動人民在製作不同類別的首飾時，常常借用某種被概括化了的或者更容易表現情節的幾何造型對飾品進行加工和製造。「幾何紋一部分直接從自然物中得到或抽象出來，另一部分則經由『象形』的變化階段而逐漸演化出來，在兩種可能性中，都離不開『觀物取象』的觀照方式和象形的紋化方式。」〔註67〕他們「把對象世界引歸到立體幾何形體。」〔註68〕如人物中的一些細節可以忽略，保持大的行為姿態。他們將這種幾何化作為情感表達的重要方式，作者將歷史故事、民間傳說或者是現實說教等話語轉化成具有直白或者通俗易懂的造型形式，通過這種有意味的造型來寄託勞動人民對美好生活的嚮往之情，可以說，幾何化的首飾造型或者內在形象均是作者對物象的觀察之後做出的重要選擇，也是將物象收納於心，由心對物象的造型、結構以及象徵內涵進行聯想和想像之後，通過手和技藝將外化的造型形式展現出來，每一個首飾製品都是勞動人民對生活的高度概括的結晶，他們用這種簡潔而又通俗的造型或者形式去闡述了某種歷史故事或者敘述了有趣的故事情節。

首飾的外在整體造型採用了幾何化的構造形式。宗白華說：「幾何學合規則的形象，一個圓形，正方形，正六面體等等，被鑒賞評判家們通常引來作為美的最單純和毫無疑問的例證；但是它們之所以被稱為合規則，正因為它們除了這樣不能用別的方法表象出來，亦即它們被視為是一個概念的單純表現。」〔註69〕幾何造型它是點、線和面的粗細或者長度變化來構成有規則的幾何圖像，它將原有的物象進行概念化和歸納化，去掉一些細節的部分，最後剩下的均是一種比較單純、對物象進行最簡單的歸納和表現。「這正是一個由內容到形式的積澱過程，也正是美作為『有意味的形式』的原始形成過程。即是說，在後世看來似乎只是『美觀』、『裝飾』而並無具體含義和內容的

〔註67〕李硯祖：《紋樣新探》，《文藝研究》，1992 年第 6 期。
〔註68〕宗白華：《宗白華全集》（第四卷），合肥：安徽教育出版社，1994 年版，第502 頁。
〔註69〕宗白華：《宗白華全集》（第四卷），合肥：安徽教育出版社，1994 年版，第286 頁。

抽象幾何紋樣，其實在當年卻是有著非常重要的內容和含義，即具有原始巫術禮儀內涵。似乎是『純』形式的幾何紋樣，對原始人們的感受卻遠不只是均衡對稱的形式快感，而具有複雜的觀念、想像的意義在內。」〔註70〕在傳統首飾的造型中，我們發現，不管是頭飾、胸飾還是耳飾，首飾的外形都被作者賦予了幾何的式樣，有的是正方形，有的則圓形，還有的其他的幾何形式，這些形式大多都具有簡潔化的外觀，直線和曲線並存，外在的幾何形式框住了內在的各類形象，使得整體上顯得外剛內柔。如山西清代的《六棱柱式掛鎖》（圖25），此掛鎖為六棱柱式樣，邊角比較僵直，豎線居多，每一個邊都是長方形，在每一塊的長方形的表面上，鏨刻有豐富的紋飾，有三娘教子、喜上眉梢、富貴牡丹、連生貴子、福祿壽喜財等神仙和戲曲故事，用這些故事或者傳說來表達古代勞動人民對生活的熱愛。

圖25：六棱柱式掛鎖

來源：王金華、唐緒祥：《中國傳統首飾》，北京：中國輕工業出版社，2009年版。

〔註70〕李澤厚：《美的歷程》，北京：生活・讀書・新知三聯書店，2009年版，第18頁。

　　首飾外在的幾何造型均是對自然形象的摹仿。宗白華認為：「謂幾何畫完全由於摹仿自然畫而來者，如欲畫太陽，乃得圓形，欲畫水波，乃得橫紋線，Neuguinea 地方發現之幾何形體畫，實則當時所畫之人形及鱷魚（Krokodil），亦課件幾何畫之脫胎於自然也。」〔註71〕他又說：「其所研究之圖形並非具體實物之形，而是概念的、由界說構成的形（非『立象以盡意』（簡括抽象）之象。）」〔註72〕也就是說首飾的外在造型是基於現實物象而又超脫於現實物象，不但在大體造型上進行摹仿，而且在精神上儘量貼近要表現的物象。朱利安在他的著作《大象無形：或論繪畫之非客體》中這樣說：「一方面，『大象』現實化為一種具體而個別的、不外乎『這一個』的形式，從而無法是『大象』，因為『大象』在自身之中保持著兼容並包，因兼容並包而完滿；不過另一方面，『大象』無法捨棄具體形式而存在；……它儘管在一些具體的形式顯現自身，但始終停留於模糊與朦朧，始終不明確地展開；它把這樣的外觀具象化並表現出來，與此同時，在它的基底裏又包含著其他可能的外觀；」〔註73〕這也就是說，任何的首飾的外在形式都是超脫於原有自然物象的外在造型的，通過觀者對物象的仔細觀察，觀者緊緊抓住了對象的某個主要特徵，使得這個主要特徵能在一定程度上代表著此物，觀者對物象的觀察之後，使得物象的外在造型內化於心，使得這種摹仿形成了觀察視角的審美形式。如山西清代的《鏨花荷包式銀鎖》（圖26），整個造型摹仿了現實中的物象，掛鎖的外在造型呈現曲線的非正圓，最外面的邊緣線柔美而又具有運動性，荷包裏面的富貴牡丹形象活躍而又生機，作者運用較為寫實的造型傳達了古代勞動人民對自然生活的高度禮讚，牡丹的形象被最外面的幾何圓圈包裹著。荷包呈現橢圓形，這種橢圓形對瓦薩列里來說是「整個世界的概括。他在我的心中構築起一種統一的哲學。」〔註74〕可以說，這個銀飾掛件寄託了作者對於富貴平安、連生貴子的美好希望。

〔註71〕宗白華：《宗白華全集》（第一卷），合肥：安徽教育出版社，1994 年版，第503 頁。

〔註72〕宗白華：《宗白華全集》（第一卷），合肥：安徽教育出版社，1994 年版，第618 頁。

〔註73〕〔法〕朱利安：《大象無形：或論繪畫之非客體》，張穎譯，鄭州：河南大學出版社，2017 年版，第 195～196 頁。

〔註74〕張弘昕、楊身源：《西方畫論輯要》，南京：江蘇美術出版社，1990 年版，第693 頁。

圖 26：鏨花荷包式掛鎖

來源：王金華、唐緒祥：《中國傳統首飾》，北京：中國輕工業出版社，2009 年版。

　　古代先民將首飾中的各個部分以幾何性的分配和布置，這樣有利於使得首飾表面各個面的內涵相互獨立又相互聯繫。在中國古代的各類首飾之中，大多是由幾何圖案和被作者概括的動物、植物的形象構成，古代作者通常將首飾表面分割成幾何形，他們將各類具有象征吉祥的物象分布在這些幾何形之中，每一個被分布在幾何形的物象都被控制在這幅版面之中，各個小部分互相獨立，互相通過紋飾的象徵寓意進行聯繫，使得整體的首飾表面布置可圈可點。如民國時期的山西有一件《點藍銀針筒掛飾》，整個掛飾呈現六棱形，直角且在掛飾的上面、中間和下面均布置了不同的物象，這些物象均被布置在一定的幾何空間之內，如飾物中間的部分，中間的長方形內鏨刻有曲線形的花草，飾物的上部有三角形造型，在三角形的下面有兩條直線，直線的下面有圓形的花卉，整體上造型和圖案布置精緻大方，造型別致。

　　幾何造型的使用，賦予古人對首飾內在複雜觀念和想像的追訴。宗白華認為：「形，縱使它是完全抽象的和類似一個幾何形，也有它的內在音響，是一個精神性的東西，具有和這一形同一的性質。每一形體是那樣敏感，像一片煙雲。在畫面枸圖的各種條件下，同一形總是響著不同的音調。它的各部分的不被覺察的移動，會本質地的玫變著它。一個三角形是一樣具有它的獨特的精神氣息的東西。當它和別的形體結合時，這氣息就會兩樣，獲得細微的音響的差異；但在根本上仍是同一種類，像薔薇的香氣，是永不能和紫羅蘭相同的。圓形、正方形和一切別的可能的形體也是這樣。無論怎樣，響亮

的顏色在尖銳的形裏（例如黃色在三角形裏）它的待徵的音響增強。傾向低沉的顏飾將在圓的形裏（例如藍色在圓彤裏）也捷高它的影響。當然很明白，別的顏色在同樣的形裏不須視為某些『不和諧的東西』，而是作為一新的可能性；因色彩和形的種類是無盡的，結合與影響還是無盡。這種資料是不能窮竭的。」〔註75〕這也就說，任何的幾何圖像都是被作者賦予一定的精神內涵的。李澤厚說：「似乎是『純』形式的幾何紋樣，對原始人們的感受卻遠不只是均衡對稱的形式快感，而具有複雜的觀念、想像的意義在內。」〔註76〕這些幾何的造型均是古代人民基於一個相互聯通的象徵世界的預設之上，對具有吉祥和美好寓意的物象進行歸納和抽象，將物象中的吉祥話語抽離出來，把其濃縮到這些不同的幾何造型之內，用幾何來象徵某種古人複雜的社會與人文觀念。如湖北民國時期的《少年英俊長命百歲鎖》（圖27），整個百歲鎖高 6.7 釐米，寬 8 釐米，整個鎖作者用心形的造型將美好的寄寓呈現出來，外面的大心形與裏面的心形之間雕刻著蝙蝠，蝙蝠的造型也極具幾何化，將蝙蝠的外在造型刻畫出來，省略蝙蝠的內部細節。在最裏面的心形上，作者珍珠鏨鋪珍珠，並鏨刻文字：少年英俊。又如清代內蒙古察哈爾的《銀鎏金鑲珊瑚頭飾》（圖28），察哈爾蒙古族的服飾多以厚重和肥大為主，這主要是基於天氣和生活習俗方面的考量。整個頭飾以珊瑚串和松石珠共同構成大塊網狀飾品為主體，頭飾分為三個部分，每一部分都呈現出幾何式樣，最上部和中部以碩大和碎小的珊瑚布局，營造出一種粉紅色的生活基調，最下面是一些有珠簾形成的穗子，在頭飾的表面配有大量的幾何造型，如圓形、菱形以及圓柱形，這些造型均被作者賦予不同的質地和表現形式或者式樣大中有小，小中見大，給我呈現了一個工藝精湛、布局考究、琳琅滿目的視覺意象感。可以說，這個頭飾代表了察哈爾部落的民俗民風。

古代勞動人民使用大量的幾何形狀或者形式進行構建首飾外在或者內在結構，這種抽象的幾何變形不是產生於人的主觀，還是需要一定的現實物象作為基礎進行誇張或者變形的。「抽象的幾何變形手法側重於主觀精神並強調主體意識，在這裡想像自由地馳騁而完全不受客觀自然物象的約束，追求造

〔註75〕宗白華：《宗白華全集》（第四卷），合肥：安徽教育出版社，1994 年版，第552 頁。

〔註76〕李澤厚：《美的歷程》，北京：生活・讀書・新知三聯書店，2009 年版，第 18頁。

型的極端抽象化和純形式化的簡約。造型藝術中的抽象幾何變形要求形象服從於主觀變形，具象讓位於抽象，涵義讓位於符號，內容思想讓位於形式的構成。」〔註77〕中國古代首飾製品大多數使用了幾何化的造型形式或者造型與結構，他們均是「由動物形象的寫實而轉逐漸變為抽象化、符號化的。由再現（模擬）到表現（抽象化），由寫實到符號化，這正是一個由內容到形式的積澱過程，也正是美作為『有意味的形式』的原始形成過程。」〔註78〕這些幾何形式均是古代作者以現實物象的某個特徵進行變形，抽離出某種可以體現物象內在本質的東西，也就是說，用最簡練的形式去展現對象的內涵性。顯然，幾何化形式不可能直接從一個人的主觀思維中呈現出來，這些幾何化的形式要基於作者對物象的仔細觀察，通過物象的影像映入到作者的大腦和內心中，然後經過內化，憑藉著手利用一些工具將經過概括化和總結化的幾何圖像繪製出來。例如山西清代的《扇形鏨花銀簪》，整個銀簪長 12 釐米，呈現七個扇形造型，每一個扇形均是長三角形，在長三角形上面有雕刻精緻的花紋，這個簪的造型就是依據扇子的現實造型來變形的，尤其是扇子下面的蝴蝶，將現實的蝴蝶進行變形抽象，形成了具有幾何意味的圖像。

圖 27：少年英俊長命百歲鎖

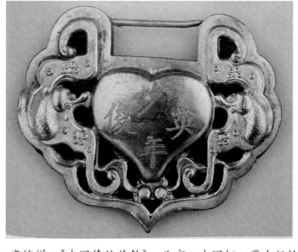

來源：王金華、唐緒祥：《中國傳統首飾》，北京：中國輕工業出版社，2009 年版。

〔註77〕孫湘明、張道森、高健：《造型藝術美學》，長沙：中南大學出版社，2002 年版，第 226 頁。

〔註78〕李澤厚：《美的歷程》，北京：生活・讀書・新知三聯書店，2009 年版，第 17 頁。

圖 28：銀鎏金鑲珊瑚頭飾

來源：王金華：《中國傳統首飾簪釵冠》，北京：中國紡織出版社，2013 年版。

四、本節小結

總而言之，幾何化是中國傳統首飾的重要造型方式，它能將物象的結構或者著外在形式進行幾何化誇張或者抽象，這種幾何化是作者內視化的過程，是作者由心發起並超越於心。作者基於現實物象而又超越於現實物象，對物象進行有秩序的概括和總結，這種幾何化其實就是作者對造型的一種敘事切入，他們用這類簡約化的幾何形式去呈現自己對生活的一種陳述和嚮往，用這種表現式樣去敘述曾經發生過的歷史，也用這種造型式樣去象徵著他們對於美好生活的嚮往。

第四節　造型原則

中國古代首飾製品是古代勞動人民對日常生活的總結，每一個首飾製品均呈現出一種特別的造型意味，他們把功能與審美、統一與變化、平面與立體以及現實與審美相結合，形成了具有中國特色的首飾造型原則，他們通過這種物質性的首飾製品去傳達對於美好事象的嚮往，也通過這些造型原則去呈現首飾藝術的古樸和稚拙。

一、功能與審美的統一

功能是首飾實現其物質價值的重要體現，也是製造者製造首飾這類物品的重要目的，作者希望通過製造首飾來展現他們對於精神功能和審美的追

求，希望憑藉著首飾能為我們的生活增光添彩。在一定程度上，首飾是物質性的，並由物質性的材料去實現其部件的功能。其次就是精神功能，在首飾的本體之中，主要體現精神功能。同時，在作者實現其物質功能的同時，作者在塑造每一筆的造型局部之後，均使用功能與審美的造型原則，他們用幾何形的造型並依據材料對物象的外形和內在結構進行整理和塑造，使得首飾成為既能表現精神功能又具有審美特點。

　　首先，首飾將精神功能放在重要的地位。那就是說，首飾的作者要基於物質基礎上將一個個的形象運用不同的技法雕刻在首飾表面，使得首飾憑藉著這些整體造型以及首飾表面的任何單一或者集團造型將首飾內在的精神意蘊呈現出來，使得古代人類看到這些首飾的時候，能感到一種內心的慰藉。如民國山東的《倒掛毛驢銀鎖》（圖29），這個銀鎖是一個毛驢倒著掛的，四個蹄子被綁在一起，成了銀鎖掛在脖子上的掛鉤，整個首飾是以毛驢為主要形象，古代人將毛驢看做成馬，把馬倒過來看，就是馬到成功的意思。毛驢均被綁住蹄子，「蹄」通「啼」，綁住蹄子就象徵著可止住小孩的啼哭。整個首飾使用了鉛錫材料進行塑形，在鉛錫材料基礎上，進行雕刻各種各樣的紋飾，如網狀紋飾等。整個器物高度體現了古人用這類首飾強化辟邪的精神功能。

圖29：倒掛毛驢銀鎖

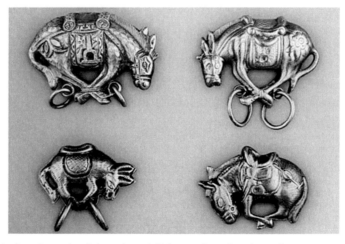

來源：王金華、唐緒祥：《中國傳統首飾》，北京：中國輕工業出版社，2009 年版。

　　又如，民國時期河北漢族的《渡金蓮花銀鎖》，我們在上一段認為，古代首飾作者首先就是要強調精神功能，功能是第一位的。在這個銀鎖上體現的淋漓盡致。這個銀鎖塑造了一個幾何型制的蓮花造型，薄薄的，並在上面鏨

刻出蓮花的內在結構，在首飾表面的中間，作者鏨刻了一個蓮蓬，在表面鏨刻出凸凹起伏的紋飾，在其上面有一些珍珠，整個蓮花飽滿而又呈現出古人的一種精神寄託：連連高升、連生貴子以及一品清廉等精神寓意。

其次就是注重審美的外在視覺顯現。審美是一個比較複雜的視覺心理現象，是對物象的一種視覺意象，而這種意象又使得作者能夠感到有一種美的享受。「人類一般的審美心理是有一定的規律性的，從這可以導引出形式美的一般法則，諸如：平衡對稱、多樣統一，變化有序、剛柔相濟等等。這裡，還可以細分出視覺審美心理、聽覺審美心理、膚覺審美心理等諸多方面。」〔註 79〕首飾的外在造型和內在結構以及紋飾都會引起人們對於審美的視覺和心理觀照，他們通過這些紋飾或者造型來表達自身對於美好事物的讚美。在中國古代的首飾設計中，往往作者使用不同的造型方法、製作技法、構圖形式以及呈現式樣將首飾的美學觀念展現出來，他們往往使用一些具有吉祥寓意的事物，如魚、鳳凰、龍、鳥、蓮花以及其他一些動物。他們將這些動物進行有序的組合，並將事物進行重新擺放造型，合理架構在首飾的表面上，讓其形成具有審美意味的視覺神韻。如民國時期的河北漢族《鎏金人物頭簪》（圖 30）。這件首飾從上到下不管做工、材料、質地以及形象造型都十分講究，大量運用了金色以及人物和事物對首飾進行裝飾。簪首和簪身兩部分都雕刻的極為華貴，兩部分中的局部也是裝飾講究。整個簪可以分為三部分：簪首、簪中和簪下。簪首的部分是運用花絲掐成鳳凰的造型，鳳凰兩翼展翅，似是在飛翔。在鳳凰的裡面，作者用花絲掐成雲紋，伴隨在鳥的飛翔姿勢中。簪的中部作者塑造了一個站立的人物，人物的裙帶飛揚，周邊有雲紋陪襯，頭戴花冠，周圍的紋飾用鎏金的技術將寬窄不同面積的造型圍繞著人物呈現。人物面朝前，雙手與雲紋和裙帶相互連接，形成了一種華麗而又美妙的視覺審美效果。在中間下部，作者將琉璃珠與中部的紋飾相連接。簪的下部是運用鎏金和剪邊技術呈現出蓮花和蓮蓬的形象。蓮花綻放，蓮蓬位於蓮花的中上部，上面有三顆圓珠子，在蓮蓬的下面有一個沒有鎏金技術的花卉，呈現銀質材質，在陽光照耀下，銀質和金質材料相互影響，熠熠生輝，既能呈現出材料的對比性，又能展示出作者對整個構圖的獨具匠心。

〔註 79〕陳望衡：《文明前的「文明」——中華史前審美意識研究》，北京：人民出版社，2018 年版，第 151 頁。

圖 30：鎏金人物頭簪

來源：王金華、唐緒祥：《中國傳統首飾》，北京：中國輕工業出版社，2009 年版。

　　再次，古代匠人不會單獨呈現一個方面，他們更希望在一個首飾製品中把功能和審美全部統一在一起，形成你中有我，我中有你的布局。「功能與審美的統一有兩種情況：一種是在完成功能的提前下，外在地加一些裝飾。這些裝飾是無功能的；另一種則是功能即審美，器的造型取得了一石二鳥的效果，它既完成了功能，又實現了審美。」〔註80〕中國傳統首飾的中的任何製品都高度體現了功能與審美的完美統一，他們將物象利用多種技術鏨刻出來，把眾所周知的物象細細的鏨刻在表面，這種鏨刻充滿了對物象的打散和重構觀念，被鏨刻在首飾表面的物象，作者將現實物象中的形與式通過誇張和簡化，運用極其簡略的線條把物象的本質呈現出來，首飾上的物象基於現實物象，但又超脫於現實物象，形成了構像，原有現實物象的某個特徵還仍然存在，但是變成了比較圓滑和精緻的紋飾了。每一個物象均呈現出一種吉

〔註80〕陳望衡：《文明前的「文明」——中華史前審美意識研究》，北京：人民出版社，2018 年版，第 153 頁。

祥寓意。用這種吉祥寓意來帶給受眾一種精神功能。不管傳統首飾的哪一種類，作者都認真而又精緻的勾勒紋飾以及整個首飾的構圖，他們盡最大可能使得紋飾符合受眾的審美要求。如民國時期山西的《戲曲人物如意鎖》（圖31）。整個如意鎖全長38釐米，高4.5釐米，如意鎖恰似一個「凹」字。畫面中使用了刻線、鏨花、剪邊以及上下膠，用焊接的方式將各部分封焊在一起。畫面中作者鏨刻了兩個戲曲人物，一左一右，一男一女，右側是一個袍服加冠的男子，兩臂揮舞，象徵著金榜題名。左側是一夫人六甲生男，她隱喻著獨佔鰲頭的意思。兩個人物均正面朝前看，人物的某些特徵還是健在，不過作者使用了比較粗略的點線面等方式就將戲曲人物所隱喻的美好祝願呈現出來。

圖 31：戲曲人物如意鎖

來源：王金華、唐緒祥：《中國傳統首飾》，北京：中國輕工業出版社，2009年版。

古代首飾利用表面的紋飾進行美化。在中國古代首飾製品之中，作者將現實化的物象均鏨刻在首飾的表面，物象也都呈現出動態化的視角效果。他們或者兩兩相對，或者運用戲曲人物對表面進行美化這些被美化過的物象，均使用最簡略的藝術語言或者手法將大致的行為姿勢表現出來，以此來反映人們對美好生活的嚮往和寄託。例如清代漢族的《百家姓雙獅戲球鏨花銀鎖》（圖32），銀件的表面鏨刻出了兩隻獅子正在戲球，並且兩兩相對，呈對稱形式。獅子的造型神態憨態可掬，已經沒有百獸之王的往昔威風了。這件銀器作者用誇張的造型手法將獅子身體上的紋飾進行幾何化或者直接化，在獅子的下面有一個大繡球，在獅子上面有兩個字「百歲」，獅子圖像呈現出比較僵直而又生硬的形象。

圖 32：百家姓雙獅戲球鏨花銀鎖

來源：王金華、唐緒祥：《中國傳統首飾》，北京：中國輕工業出版社，2009 年版。

　　總之，中國傳統首飾的誕生一開始就是承載了古代人類對美好生活的嚮往，他們將現實的物象經過誇張、變形等藝術視角，對其進行刻繪在表面上，他們所鏨刻的形象均被直線化和誇張化了，物象的姿勢比較靈活。材質華麗無比，做工比較細緻。

二、平面與立體的融合

　　在中國古代的首飾製品中，平面和立體被古代作者完美的統一在一個首飾製品當中，它們從正面看，不同的紋飾和物象被鏨刻在首飾的表面，這個表面可以是平面的，也可以是圓柱等其他形狀，如清代的《蝴蝶形銀鎖》就是將天仙送子刻繪在一個具有心形的二維畫面上，他們利用這種具有平面化的視覺裝飾形式，明確表達具有中國文化意味的情感表述。又如民國時期的陝西《鎏金銀項圈》，作者就是將八仙以及持蓮童子這類裝飾物象鏨刻在一個圓柱體上，可以套在脖子上，使得在任何角度都能看到這些物象的存在。

　　首先，古代首飾作者更加傾向於將物象以及紋飾鏨刻在平面上。平面作為首飾傳達吉祥寓意的重要陣地，他們沒有完全地把一個首飾的表面全部做成紋飾，而是在首飾的平面向內用幾何形繪製了一個框，在這個框子內作畫。平面上的裝飾也是根據首飾外在呈現涵義來選取題材的，首飾表面的各類物象也被作者以平面性的方式呈現出來，這些平面形象大都以正面性呈現出來，類似一種紙貼在載體的表面上。如清代時期漢族山東的《福壽長命鎖》（圖 33），這件長命鎖全長 35 釐米。整個首飾藝平面的形式把物象呈現出來，作者將各個物象以正面性的形式布置在橢圓形的形式之中，各個物象疏

密有致，動靜相宜，大小合適。長命鎖的表面上鏨刻有蝙蝠、壽桃兩種物象，蝙蝠以對稱形式呈現，「蝙蝠壽桃寓意福壽，有福的壽才具有意義，僅有壽而沒有福，這樣的壽不是中國人所倡導的。中國人認為『四世同堂』、『子孫滿堂』才是福，才是壽的意義所在，才是對壽的價值的肯定。」〔註81〕整個首飾平面是以中間的長命兩字把畫面一分為二，左右各一隻蝙蝠，翅膀均與長命兩字相連接。在主體首飾的下面綴了五個紅瑪瑙花卉，五個紅瑪瑙與主體用銀鏈連接。

圖 33：福壽長命鎖

來源：王金華、唐緒祥：《中國傳統首飾》，北京：中國輕工業出版社，2009 年版。

　　首飾表面的各個物象均以正面性的形式布置在平面上。宗白華說：「正面畫多與觀者相對，與觀者發生關係，又含有做作狀態；……正面畫像的眼光，為觀者眼光所阻，故其眼光極為近的。……正面像表現 active 之狀態，眼光與觀者相接觸，能振動觀者意志。」〔註82〕宗白華先生是從正面像與觀者之間的視覺關係來論述，正面呈像可以使得圖像對觀者形成具有震撼的視覺藝術效果。著名的心理學家魯道夫·阿恩海姆在《藝術與視知覺》一書中說：「人體的整體結構特徵，大致上可由從正面看到的樣相暗示出來，……因為所有本質的東西都預先由正面形象揭示出來了。」〔註83〕他還說：「多數物體

〔註81〕王金華、唐緒祥：《中國傳統首飾》，北京：中國輕工業出版社，2009 年版，第 111 頁。

〔註82〕宗白華：《宗白華全集》（第一卷），合肥：安徽教育出版社，1994 年版，第 569 頁。

〔註83〕〔美〕魯道夫·阿恩海姆：《藝術與視知覺》，滕守堯、朱疆源譯，成都：四川人民出版社，1998 年版，第 138 頁。

的某些方面最為直接地表現出來。譬如，一個人的正面像，就能展現出這種
特徵。」〔註84〕正面物象特徵呈現在平面上，顯然是一種給觀眾的直接視覺
關係，讓受眾將物象的特徵以及相貌充分看出來，這也符合古代人的視覺思
維。在中國古代首飾製品中，將物象正面性的表面在平面上是一種常見的方
式，他們一般將物象的正面平鋪在平面上，各個物象均將正面的主要特徵表
現出來，當然，這些物象本身也顯現了平面性的特徵。如民國時期的江西的
《大富大貴彌勒佛銀鎖》（圖34），畫面上作者將彌勒佛以正面性的形象呈現
出來，緊緊鏨刻在首飾平面的可控範圍，在首飾的表面彌勒佛上手頂住上面，
呈半身狀，造型栩栩如生，虛實轉折清晰。

圖34：大富大貴彌勒佛銀鎖

來源：王金華、唐緒祥：《中國傳統首飾》，北京：中國輕工業出版社，2009年版。

　　在首飾的表面上，作者從首飾的邊緣到物象的邊緣始終保留出一些空
白，物象內部也呈現出空白，物象均使用線去表現，線之外就呈現出大量
的空白，這些空白的地方是作者提供給觀者一個想像的空間。潘天壽說：
「以線來表現形象，自然畫面上到處有空白。即線所表現的形象內，不平
塗其他的色彩時，就係空白，形象以外的幅面，習慣上多不加任何色彩的，
當然也完全是空白。而這種空白，原來是有東西的，不是真正空而無物

〔註84〕〔美〕魯道夫・阿恩海姆：《藝術與視知覺》，滕守堯、朱疆源譯，成都：四
　　　　川人民出版社，1998年版，第129頁。

的。」〔註85〕畫面中的空白是物象與物象、物象與載體之間發生構圖的關係，物象的實與空白的虛就形成了虛實結合，也形成了強烈的視覺對比。他又說：「『視而不見』之空白，並非空洞無物也。可使觀者之意識，結合所畫之題材，由意想而得各不相同之背景。是背景也，既含蓄，又靈活，實勝於不空白之背景多多矣。」〔註86〕作者將實和虛的物象都鏨刻表面上，空白的地方也呈現物象，不空洞，用虛的形式來展示以虛求實，用實的構圖來呈現以實求虛。作者有意留下來的空白是「讓欣賞者用想像和人生閱歷來填補，體味到其中無限的意蘊，而不是一覽無餘，和盤托出。」〔註87〕縱觀中國傳統的各類首飾製品，我們發現，在各類首飾的表面上，有一種現象，就是紋飾居於中間，而首飾邊緣線和紋飾的邊緣線之間還留有一些空白的地方，紋飾沒有完全的將首飾表面覆蓋，總是將最邊緣的地方留出一些空間，如清代時期的山東漢族《三式琺瑯彩銀扁方》，每一個首飾長 10～12 釐米，寬 1.5～2 釐米，三個對象均在首飾的表面鏨刻有盛開的荷花和多子的蓮蓬形象、金魚戲蓮以及折枝花卉，三種形象分別寓意了人丁興旺、連年有餘的吉祥話語。又如清代的北京《三式鏨花銀扁方》（圖 35）飾品，畫面上分別將物象鏨刻在表面上，物象均散落在左右，在物象內部也都留下大量的空白，有的大，有的小，有的長，有的短。在第一個扁方上，作者將兩條金魚分別朝向一邊的角落，魚的周圍沒有畫水波，而是用空白的形式去呈現無色無味的水，讓受眾去鑒賞和聯想。在第三個扁方上，作者在中間的銅圓圈中，鏨刻了一朵正在開花的蓮花，蓮花居於中間，在中央圓圈之外的兩側，被作者用長的面積將事物一分為二，形成了單體的構圖布局，透露出了濃鬱的市民趣味。

總之，中國傳統首飾是平面與立體的結合，是功能和審美的統一體，他們將那些美麗的紋飾用鏨刻的工藝刻繪在首飾這種載體上，使得這種載體充滿了一種富有想像與聯想的時空地域。我們很難想像，在古代的社會中，一些作者或手工藝著能巧妙的將功能和審美以一個物象的形象真切的體現出來，這是很不容易的，他們還能將立體化的載體幻化為平面的視覺空間，這不得不把讓人佩服！

〔註85〕潘天壽：《潘天壽談藝錄》，杭州：浙江人民美術出版社，1997 年版，第 70 頁。

〔註86〕潘天壽：《潘天壽談藝錄》，杭州：浙江人民美術出版社，1997 年版，第 125 頁。

〔註87〕朱志榮：《中國審美理論》，北京：北京大學出版社，2005 年版，第 172 頁。

圖 35：三式鏨花銀扁方

來源：王金華、唐緒祥：《中國傳統首飾》，北京：中國輕工業出版社，2009 年版。

三、因物賦形與圓形意識

　　中國傳統首飾的發展一直是不斷的對物象進行詳細觀察之後形成了自己造型的原則，他們崇尚因器尚象、因物賦形的造型手法，將現實的物象進行內心的體悟和審美觀照，形成了對首飾的造型進行賦形。中國傳統首飾的發展經歷了原始社會、奴隸社會以及封建社會，這些朝代的傳統首飾從造型方面來講它們已經不是一種簡單的對現實物象的模仿和仿生了，而是古代藝人對現實客觀物象獨具匠心的藝術表現，這其中蘊含著古代人民對生活的美好期盼和寄託，他們將自己對客觀現實的體驗和體悟以點、線、面的形式去塑造物象。如清代山西的《銀倒掛毛驢耳墜》（圖 36），這件毛驢耳墜首飾以毛驢作為模擬對象，毛驢在現實生活中比較常見的一種家用耕作動物，在這裡，倒掛毛驢首飾寓意著吉祥話語。在陝西和山西的民間，人們喜歡將毛驢看做是馬，馬倒過來我們可以意味著「馬到成功」，象徵著事事順利、馬到成功的吉祥寓意。而「『驢』與『屢』諧音，『蹄』與『題』同音，『鳴』與『名』同音，驢的蹄子被捆住倒掛，受到驚嚇的驢子，必然不停地『蹄鳴』（題名）。因此，以倒掛毛驢寓意『金榜屢題名』，即科舉考試榜上有名，順利步入仕途。」〔註88〕又如銀龍紋手鐲（圖 37），這件作品的龍是想像的，作者以龍這種虛擬的崇拜圖騰進行首飾製作，在古代的傳說中，龍是中國最大的神獸，

〔註88〕王金華：《中國傳統首飾‧手鐲戒指耳飾》，北京：中國紡織出版社，2014 年版，第 329 頁。

具有很高的吉祥內涵。它長者牛頭、鹿角、蝦眼和獅子的尾巴,在全身布滿了很堅硬的鱗甲,它可以在陸地上走,更可以在雲中飛翔。幾千年來,古代封建帝王都把龍象徵著權利和尊嚴。這件手鐲以龍的想像進行創構的,在龍的身上以點、點、面的形式增加了許多的紋飾,使其內容變得更豐富。

圖 36:銀倒掛毛驢耳墜

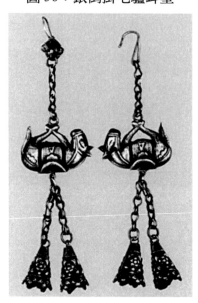

來源:王金華:《中國傳統首飾·手鐲戒指耳飾》,北京:中國紡織出版社,2014
年版。

圖 37:銀龍紋空心手鐲

來源:王金華:《中國傳統首飾·手鐲戒指耳飾》,北京:中國紡織出版社,2014
年版。

圖 38：銀二龍戲珠響鈴手鐲

來源：王金華：《中國傳統首飾·手鐲戒指耳飾》，北京：中國紡織出版社，2014
　　　年版。

　　中國傳統首飾的造型多以圓形為主。圓具有非常單純化的視覺形式，從
圓中我們可以體現古代勞動人民樸素的文化價值觀和審美觀。圓周的起點也
是終點，始終呈現出一種周而復始的狀態。圓圈的使用在古代藝術作品中經
常出現，中國美學家宗白華說：「一個圓圈接觸產生的效果，不亞於米開朗基
羅畫上的上帝的手指接觸著亞當的手指。」〔註89〕法國幾何形抽象派畫家瓦
薩列里說：「橢圓形是整個世界的概括，它在我的心中構築起一種統一的哲
學。」〔註90〕從兩位藝術家的語言之中，我們可以明確知道圓形象徵著一種
和諧與偉大的心理力量。在商代的一些墓葬中，圓形明器隨葬品很多，「之死
而致死之，不仁而不可為也；之死而致生之，不知而不可為也。是故，竹不成
用，瓦不成味，木不成斫，琴瑟張而不平，竽笙備而不和，有鍾磬而無簨虡，
其曰明器，神明之也。」（《禮記·檀弓上》）在那個時代，圓形的隨葬品在他
們心目中已經形成了超越生死的心理積澱，因此，在歷朝歷代很多的首飾
中，圓形成為古代勞動人民表現內心情感的重要形式。圓還可以給受眾一種
柔軟和細膩的內心感受，沒有僵硬的感覺。如清末民初的安徽，有一件銀二
龍戲珠響鈴手鐲（圖38），這件首飾的特色在於它的圓形的器型、手鐲上面的
裝飾紋飾以及製作工藝。整個手鐲以圓形為主要型制，因為要戴在手腕上，

〔註89〕宗白華：《宗白華全集》（第四卷），合肥：安徽教育出版社，1994 年版，第
　　　　554 頁。
〔註90〕克勞德·馬克斯：《世界藝術家，1950～1980》，張馳譯，紐約：H·W·威爾
　　　　遜公司，1984 年版，第 876 頁。

整個圓形首飾呈現一種閉合狀態，在主要的圓形型製表面上有一些植物的紋飾。在圓形型制的周圍有十個流蘇，並下墜一些吉祥物象：魚、大象、石榴、南瓜、豬等物象。這些物象在古代中國有著更多的象徵意義。如「魚」通「餘」，象徵著年年有餘。大象象徵著太平盛世、欣欣向榮。石榴則象徵著多子多孫等等。整個首飾帶有明顯的家族化和民俗化的特徵，也體現了作者對家族的日後發展充滿了積極性的期盼。這種有下墜的流蘇，具有時尚且有新意，用流蘇的晃動來呈現中華生命生生不息的精神內涵。

圖 39：雙壽多子銀配飾

來源：王金華、唐緒祥：《中國傳統首飾》，北京：中國輕工業出版社，2009 年版。

首飾的表面被作者賦予不同的紋飾，也蘊含了作者對美好生活的精神寄託。在中國傳統的首飾世界中，從原始社會到民國時期，所有的首飾表面（這裡說的所有）均被作者鏨刻、錘蹀或者鑲嵌各種不同的紋飾，這些紋飾有的是從客觀現實中概括和總結的，有的是臆想的紋飾，還有的是根據傳統故事或者戲曲人物進行幻化的紋樣，如一些花卉、植物、動物、吉祥瑞獸、戲曲人

物等等。如民國時期的雙壽多子銀佩飾（圖39），整個銀飾有一隻下墜的石榴和兩個壽桃組合成「八」字造型，壽桃寓意著人生長命百歲，而石榴裏面有很多的種子則象徵著繁衍後代的理想和現實訴求，在壽桃表面鑿刻有深淺不一的花紋，造型奇特，寓意深邃。又如銀如意花果紋手鐲（圖40），整個手鐲正面附著有多種紋樣，其中有如意紋、靈芝以及心等物象。如意是中國傳統的吉祥器物，柄端作手指形，用以搔癢，可使人心裏滿意。這件鐲子，採用簪刻的式樣，兩個如意紋沒有相連，實斷意不斷，隱喻「稱心如意」。整個器型的設計精緻，造型新穎，設計具有獨具匠心。

圖40：銀如意花果紋手鐲

來源：王金華：《中國傳統首飾・手鐲戒指耳飾》，北京：中國紡織出版社，2014年版。

四、本節小結

中國古代首飾的創構是主觀、客觀相融、民俗與藝術相結合創造的藝術作品。古代工匠將立體的載體平面化，把平面紋飾立體化，使得首飾在工匠手中成為彰顯民族文化內涵的重要載體。每一件首飾都體現了功能與審美的完美組合。它不僅能夠展現出佩戴者的華麗外表、極具財富的生活方式，同時能夠使它承載了中國人幾千年的人文氣質和風韻歷史。

第五節　本章小結

中國傳統首飾是中華民族重要的民俗對象，它是古代勞動人民根據生活的需要進行的設計與創作，首飾中紋飾和造型均來自於現實，來自於生活的方方面面，無論多麼小的紋飾，都包含了作者對美好生活的美好嚮往和珍視。

　　中國古代首飾的裝飾造型一般有人物、動物以及植物形態（居多），這些各種類型的形態被作者通過誇張、簡約等手法將形態的外在形式呈現出來，有的簡略，有的則細緻，當然了，這些造型都是被作者賦予一定的吉祥寓意，通過或者借用這些造型對主題有著至關重要的影響，因此，在古代社會裏，作者常常將人物和植物或者人植物動物相構圖，也有植物紋飾單獨呈現的，如《如意人物銀手鐲》、《金魚荷花銀梳》等等作品，這些作品中的人物、動物以及植物都憑藉一定意蘊的構圖或者形式，將作者的深意以圖像的方式展現出來。

　　中國傳統首飾的作者採用簡約、誇張和幾何化的方式對物象進行創構。他們簡略物象，誇張物象，使得所要創構的形象符合作者的心理要求和觀眾心理需要。因此，古代作者常常物象的細節省略，誇張其主要特徵，這樣就使得整個形象在首飾的表面凸顯出來，他們把造型和紋飾統一在首飾的表面，讓這種首飾造型不但體現首飾的生活功能，更能通過造型和紋飾來凸顯審美觀念。

第四章　中國傳統首飾藝術的審美體現

　　中國傳統首飾藝術的審美主要體現在題材、紋飾、材質以及技藝等方面，他們將這些元素按照一定的形式進行排列或者應用，專門選取能體現審美的元素，每一個元素都能通過合適的方式將美的因素表現出來，如民國時期的河北《長命百歲牡丹銀鎖》，整個首飾的審美觀念是作者通過長命百歲四個字、牡丹紋飾以及紋飾作鏤空處理技術來實現受眾對美的認識。可以說，傳統首飾的審美是經過作者對物象的一種主觀幻化，把每一個元素都幻化成符合人們審美心理的需要，這些元素都表現出宏大而又精細的視覺效果。

第一節　題材

　　中國傳統首飾的創作是根植於人民生活的物理空間和心理空間，不管宮廷造作還是民間手工藝者他們都運用鏨刻、鑲嵌、花絲等嫻熟的工藝技法將物象鏨刻在首飾表面上。同時，在日益高漲的社會民俗與倫理的大環境下，首飾的母題和所要表現出的社會契約性要營造出合意的倫理環境和心理活動空間。如明益莊王墓出土的人物樓閣金簪，特別是在明代，由於創作題材豐富，其製作的金銀製品達到上百種之多「旁插金玉梅花一對，前用金絞絲燈籠簪，兩邊西番蓮俏簪，插兩三對，髮眼中用犀玉大簪，橫插一二支，後用點翠卷荷一朵，旁加翠花一朵，大如手掌，裝綴明珠數顆，謂之『鬢邊花，』花插兩鬢邊，又謂之『飄枝花，』耳用珠嵌金玉丁香。」

　　潘諾夫斯基說：「要領悟這種題材就是要把各種純形式（線條和色彩構成的一定形狀、或由青銅、石塊構成的某些特殊的團塊）看做自然對象（比如人、動物、植物、房屋和工具等）的再現。」〔註1〕中國傳統首飾藝術的裝飾題材包括神話傳說、文字故事、人物（童子、八仙、福祿壽三星、東王公、西王母、戲曲故事中的人物造型）、高臺樓閣、生活場景、如意、花鳥草蟲、植物（以花卉居多、牡丹、鳳凰、蓮花、梅花、菊花、葡萄、葫蘆、忍冬紋、柳樹以及竹子等）、虛構動物（龍、鳳、麒麟、各類瑞獸、青蛙、十二生肖、蝙蝠、鹿、鶴）等。這些母題有著共同的特徵就是賦予首飾表面物象的吉祥和祈求平安要旨，並在道德倫理以及審美視覺達到完美的統一。以上所說的題材大都受到某些物象或者戲曲的影響和啟發，在曲折性方面，首飾的裝飾與所對應的物象的結構是相通的。題材大多都是以描繪純真、天然、質樸的世界並運用題材的形式呈現給社會受眾，把創作者內外兩種藝術創造力，通過情感言說和民俗風情表達對自我品格、人生經歷的深邃化描寫，因此，對於這些題材的指涉在藝術家內心深處有著濃厚的象徵意義和架構主體心靈橋樑的作用。如清代的花鳥吉祥如意銀鎖，整個銀鎖以鏨刻為主，造型繁縟，形式上對稱，造型分為三部分：主鎖、小鎖及項圈。三部分均用花鳥紋飾進行鏨刻，精雕細鏤，主鎖刻有桃花瓶、石榴、宗鼎以及花瓶，這些題材均寓意平安、吉祥和生殖崇拜的內涵。小鎖輔以富貴牡丹、喜鵲站立在梅梢，疏密有致，造型奇特，樸實厚重。

　　首飾的各類題材是直接對當時社會環境的一種描述或者意象的反映。首飾的各類題材有動植物、人物、戲曲戲曲、民間故事等這幾大類，這些題材的出現在很大程度上反映了當時的勞動人民和社會環境，與當時的社會經濟和文化有著密切的聯繫。當然，首飾的成型也必然和熟練和新式的技術工藝有關，這也導致了一些新的首飾品種的出現，必然也呈現了華麗無比的視覺效果。如元代的《金麒麟鳳凰簪》，在簪首呈現了鳳凰團窠式造型，兩個鳳凰環抱在一起，形成一個圓形。鳳凰的這種題材在鳳釵的種類裏可以在永樂本《碎金·服飾篇》找到相關的記載，有四種式樣：首先，祥雲上端站立一隻舞鳳，鳳凰脖子很長並展翅欲飛，造型比較誇張。其次，鳳凰的尾巴和雙翼鋪展開作為托起鳳凰的平臺。再次，一隻站立、翅膀舒展開的鳳凰，頭向後口銜

─────────────

〔註1〕〔美〕E·潘諾夫斯基：《視覺藝術的含義》，傅志強譯，瀋陽：遼寧人民出版社，1987年版，第34頁。

左側的翅膀。最後就是鳳凰團窠式造型。這種造型源自遼，它的造型就是兩隻鳳凰互相環抱，周圍有雲朵或者花卉在中間穿插，從而形成一個類型圓形。如明代王士琦墓出土的《金累絲蜂蝶趕菊花藍簪》，上面有一隻蜂、一隻蝴蝶、半盆花等題材，整個首飾使用了金絲質地，閃亮照人。「薄金葉和細金條做成花枝、花葉和花籃的提梁，先是小件攢焊成型。菊花花心用吸珠法做出點點花蕊。金簪之鉤花布葉運金絲如運筆，花絲纖若毫髮而平填得工致精細，紋樣的繁而不亂，一絲一縷皆清清爽爽，又特別見出攢焊的工夫。」〔註2〕

　　不同的題材對於古代作者具有不同的象徵意義。在古代社會裏，古代工匠使用不同的題材隱喻不同的象徵意義。如祥瑞在中國古代金銀首飾裝飾中大量的使用，象徵著吉祥寓意。如河南省西晉大司馬墓中就有一個首飾金華勝，整個造型呈現一個圓形，圓形中的物象構圖均利用輻射的形式，九勝相連成圓形，中心是一顆綠松石。有的梳子的上面鑲嵌有纏枝花、花果以及蜂蝶，這樣的題材象徵著一種富貴之意，特別是在唐代的時期運用的很多。又如揚州三元路出土的《伎樂女仙紋金梳》，整個金梳高 12.5 釐米，寬 14.5 釐米，主體紋飾除了有仙女之外，還有一些花朵、蜂蝶以及纏枝花。這類物象的象徵意義與唐代首飾的簪刻有著異曲同同工之妙。「鸞鳥花卉和仙人，都是明代以前即已流行的傳統題材，不過明代以累絲工藝的格外發達，而能夠在小小的簪首為仙人鋪展歌舞歡笑於臺樓閣的大場面。」〔註3〕通過使用花卉和仙人來表達人們嚮往的美好生活和建築式樣。如江西南城明益莊王夫婦墓出土的金累絲樓閣人物簪數件，整個簪的簪首以一片樹葉為造型，表面用金質材質鏨刻了多個樓閣和仙女，在樓閣和仙女的周圍鏨刻有花卉圖像，這些題材的使用，好像作者要表達樓閣和仙女存在一種仙境的世界中，通過這些題材的組合構圖，來表達作者對吉祥寓意的期盼。還有的首飾使用了魚、蓮子等圖像，此類圖像象徵了連年有餘以及多子多孫的美好祝願。

　　各類題材的影像均呈現出欣欣向榮、動態化的圖像，縱觀中國傳統中各類的首飾製品，我們發現，很多的首飾上面的題材均呈現一種動態化的視覺意象，就是說，各類動物和植物以及人物都表現出非常強烈的動勢，例如蓮花就將花開的很大，鷺這種鳥，站立且頭大幅度的回眸，眼睛瞪的大大的。狗就更是邁開大步了。如民國時期的《鍍金蓮花銀鎖》，這個首飾取材於傳統

〔註2〕揚之水：《中國古代金銀首飾》，北京：故宮博出版社，2014 年版，第 496 頁。
〔註3〕揚之水：《中國古代金銀首飾》，北京：故宮博出版社，2014 年版，第 476 頁。

的內容，在表面鏨刻有盛開的蓮花以及蓮蓬，古人想用這兩種物象象徵著連生貴子、連連高升以及一品清廉的寓意。又如清代的《雙面人物麒麟銀鎖》（圖1），這件首飾選用了麒麟送子和文王百子人物形象，麒麟昂首挺胸，好似在吼叫，坐在麒麟上的人物形象，面朝我們，並且臉上露出極富有韻味的笑容。圖中的文王頭戴晉賢冠，手持一個如意聖旨，聖旨上面寫著：文王百子。另一側的人物形象手持這一塊聖旨，上面寫著麒麟送子。

圖1：雙面人物麒麟銀鎖

來源：王金華、唐緒祥：《中國傳統首飾》，北京：中國輕工業出版社，2009 年版。

首飾題材承載了古代作者以及使用者的美好心理和祝福。我們看到一些首飾，不管哪一類，他們都儘量使用一些祈福納祥的題材，這些題材不管它偏向那層的祝福，總之都是滿足觀者內心的精神需要。作者在有一個狹小的空間平面上，對物象進行精工細雕，用物象的動態視覺化造型來表達人們的心理意願，用物象自身的內涵去比喻那個或哪一類的精神品質，可以說，首飾題材不管是何種，他們都是用各種工藝以及物象所呈現的圖像去說話。如南昌明寧康王女菊潭郡主墓出土了一對梅花耳環，整個耳環的主體結構是以一朵盛開的梅花，梅花的頁脈被鏨刻的清清楚楚。又如在上海寶山譚伯龍夫婦墓出土的龍首金簪，這件飾品採用花絲工藝，工匠將平面化的紋飾做成具有三維立體空間的龍首。工匠用金絲編成金簪簪首（龍首），把龍頭的任何一個細節都淋漓盡致的呈現出來，毫不誇張地說，這件作品製作工藝之精細，實屬罕見。而簪子的其他地方也是編織出來，簪子的中間是空心。這件作品運用了掐絲、錘揲、鏨刻等工藝，題材的立體傳統性與工藝的立體精緻性融為一體。

總之，中國傳統首飾藝術中的題材創造讓飾物獲得一種人與倫理合一的理性化融合形式，這種形式載體以不同的材質和符合倫理視角真實客觀、原生態的呈現人文宗教觀念。同時，也隱述了創作者對現實世界無力的闡釋或對自身的認識視閾的限定而進行的深化和彌合。工匠運用題材拓寬了母題表現的思路和視域，使得表現形式和式樣更加豐富多彩，直接彰顯了首飾佩戴者的社會地位和精神情感。

第二節　材質

眾所周知，中國古典首飾藝術是中華文化審美習俗的重要表現和精神內涵，首飾作為傳統倫理道德文化的內涵觀的外延體現，它是對社會生活內在涵義的「天人合德觀」的形象化的物質體現。中國傳統首飾的美學意蘊受到哲學家的哲學倫理化的「禮制」思想影響，「尊禮」和「崇尚美學意蘊」貫穿於整個飾品觀念下的人文思想中，將文化社會中的外在審美世俗化的特徵化為個體內在生命衝動的感性基礎，並試圖為「禮制內德」尋找一個個體生命精神的棲息家園。

材質，它所觸及的是一件物品自身所擁有的自然屬性，「藝術品雖然不能

脫離物性，但又不等同於物性。藝術品表現的是人類的審美情感，而又是以其特殊的藝術形式來表現的。」它往往凝聚著工匠的「充內形外」對於美的闡釋語境，通過「為華貴」、「為裝飾」的道德倫理對古典首飾的形式美提出了自身的「形而上」的精神關注。中國古典首飾是以「物質」為材料載體呈現給我們一個「英華髮外」、「美在其中」的首飾形態的洞見。在古典首飾藝術選料中，木、金、玉、銅、石、翡翠、珠寶等具有體現統治者的審美趣味指向，強調「道之以德，齊之以禮，有恥且格。」《論語‧為政》這種以等級為內心關照的生命倫理正是崇德觀念的外在生化。如在安徽合肥西郊五代墓出土的金鑲玉步搖釵，整個作品意向為一隻蝴蝶，是在金絲上鑲嵌玉片材料製成，作品下面銀絲編成 4 隻墜飾，蝴蝶翅膀向上翹起，整體形成纖弱柔美之美感。

中國傳統首飾製品在用材方面特別講究，從原始社會的骨、貝殼以及繩索到明清事情的金、玉、瑪瑙、琺瑯、綠松石等各類質地材質被傳統工藝美術工作者運用的淋漓盡致，他們通過這些材料將自己要表達的奢華、吉祥等含義一併納入其中，讓觀者通過材質所組成的造型來說話。

除了以上的材料的運用，中國古典首飾藝術還對材料和工藝的整體運用進行氣度、樣態、動靜等內容的道德本性和可實踐性的慧解，這種詮釋更在乎作為具有修飾和裝扮身份的首飾形態化的基礎性的表象結構。如在湖南臨沛新合出土的宋銀霞帔墜子，整件作品散發著一種富麗堂皇的美學神韻，運用透雕的工藝在圓形的型制內進行雕刻出植物、鳥獸、海水等精美紋飾，將「萬物皆備於我」與「天人合德」的外化自然之性貫穿於人和物，從而將蘊含在物象中的美學意蘊最完美的體現出來。

實際上，中國古典首飾既有材料美妙的一面，又是建構在材料基礎上的物化一面。從先秦到民國，中國古典首飾藝術容納了不同的類別：髮飾、耳飾、項飾、手鐲、戒指以及佩飾等六大類。髮飾包括：簪、簪導、掠子、掠鬢、搔頭、一大青等。耳飾有耳璫、耳玦、耳瑱、耳環等。項飾：項鍊、項圈、別針、領扣等。正是基於對材料選擇的有目的的裝飾性原則，古典首飾藝術技藝的屬性理念體現出高妙的自覺精神，體現著工匠將傳統文化的神韻滲透到飾品雕刻工藝與造型中，它是「對人生之道，人格理想與人生境界所作的哲學追問。」也無不避免將個人的道德價值作為一個特定的準繩原則符合於傳統裝之精神。首飾藝術也將中國上下五千年的禮樂文化與儒家精神融入到

情感的實體中，從不同種類的造型賦予人的以美感。如在內蒙古奈曼旗葦蓮蘇出土的元雙龍紋鎏金銀項圈。

一、骨材料

原始社會，由於物質資料的匱乏，原始先民在獲得首飾所需要的材料方面受到了來自自然的阻礙，在那個時候，骨質材料在整個社會中佔有重要的社會地位，「畜牧產品是人們賴以生存的重要生活來源，豐富的動物骨骼為骨器的製造提供了充足的原料。」〔註4〕骨質材質在那個時候被作者製造了大量的首飾製品，如骨質串珠、骨管、骨珠以及骨梳等。

這一時期的骨質材料所製造出來的首飾結構、造型以及裝飾等方面均比較簡潔、單純。從新時期到殷商的前期，骨質材料大量運用到首飾製作中，所製造出來的首飾邊緣均比較光滑或者弄一圈繩，形式比較質樸和粗獷，大多是圓錐形或者長扁條形。一邊粗一邊細。如浙江餘姚河姆渡遺址出土的骨笄，整個骨骨笄為尖頭粗尾，在骨質的最外層則是用繩子包起來，這可能是和手感或者柔軟性有關。

二、玉石材料

對於玉的使用，是人們在採石的過程中發現了這一種材料。早在新時期時代就有一種光素無紋、清澈透明的玉玦，「新石器時代的陶器和玉器等由於技術的進步和審美經驗的積累，其造型和紋飾更趨規整，並開始注意造型和紋飾的整體和諧，形成了一定的風格特徵。一種適應主體內在需求的視覺尺度在先民群體內心中生成，自發的對稱、比例、秩序等與主體的生理節律和心理節律逐步相互影響，雙向同構，鎔鑄在群體的心理意識中，並得以代代傳承。」〔註5〕這時期的玉製品已經成為人們收藏和佩戴的重要身份象徵。玉石材料貫穿於原始社會到民國時期，每一個社會階段都在使用，只不過原始、奴隸以及封建社會前期用的比較多，後期則以鑲嵌形式加入首飾的製作過程中。「舉例來說，中國和歐洲的雕刻方式便不相同，我門可以以金和玉這兩種珍貴材料為例來說明。在很大的程度上，選擇這兩種材質在這兩個不同

〔註4〕賈璽增、程曉英：《傳統首飾》，武漢：湖北美術出版社，2015年版，第3頁。
〔註5〕朱志榮、朱媛：《中國審美意識通識・史前卷》，北京：人民出版社，2017年版，第325頁。

地區是很偶然的。在地中海世界東邊的人們發現了金和銀，將它們錘打製造成精美裝飾品以及後來的杯子和器具。在遠東，中國新石器時代的人們發現了可以琢磨成具有象徵意義物品的精美硬石。起初，或許使用各種不同的礦石，到後來最顯著的石頭就是軟玉。在這兩個地區，這些精美的物質被小心翼翼地製造成高價值的器具，且被他們社會中階級最高的人所擁有。例如我們可以選擇金製或銀製，作為基督教儀式用的聖餐杯和皇家使用的黃金或鎏金權杖來和中國皇室中玉雕的精美酒杯及許多不同類型的權杖對照。在這兩種事例中，權杖和杯子都是最高階層的人在特殊的場合中所使用的。這些材質當然會給予這些物質有別於一般的、實用性的器皿的外觀。」〔註6〕這樣可以看出，玉這種材料在中西方有著不同的歷史和觀念。玉製品上一般作為首飾佩戴在男性和女性的身上，還有一個方面就是表達先民對神的敬意。「而另外一些飾玉如柄形飾、錐形飾、玉鐲和玉墜等，雖少了禮儀性的表意特徵，但在裝飾意味的表達上也能與時俱進，進一步豐富了玉器的審美表現力。」〔註7〕玉首先被社會選擇製成首飾的主要材料，這種材料便成為暗示自然和奢華的象徵對象。如河南廣善寶祥寺黃國墓出土的虎形玉佩，虎形玉佩在商代時期是彎性，像一座橋，在虎體上進行鏨刻各種紋飾，如夔龍紋或者幾何化的紋飾。在東周時期，這種玉佩逐漸變成直的，就像一隻虎趴在那裡，基本造型沒有變，就是虎形由原來的彎曲變為直線。又如商代的玉彎龍，玉彎龍是古代玉飾品中一個重要的組成部分，最初的創作靈感可能來源於一些彎曲的動物形象，形體厚重，狀似香腸，頭部和尾巴相互連接，形成一個圓形，通體飾以粗細均勻的線條紋飾。

隨著雕琢技術的進步，玉首飾開始形成不同的造型。他們更加注重對稱，利用雕刻技術將線條和輪廓線刻畫的極其流暢，富有一定的流動感，還有的一些造型則利用玉雕刻容易的特點，在玉首飾上雕刻一些紋飾，並利用玉摹仿一個人物或動物形象，如蘭州白衣寺塔出土的《金鑲玉嵌珠寶魚藍觀音挑心》，這件對象是末代肅王朱識鉉的夫人，也就是王妃施於白衣寺之物。整體的是以金作為托底材質，在金材質的內部採用玉石材質。觀音造型採用玉質

〔註6〕〔英〕羅森：《中國古代的藝術與文化》，孫心菲譯，北京：北京大學出版社，2002年版，第2頁。

〔註7〕朱志榮：《中國審美意識通識·夏商周卷》，北京：人民出版社，2017年版，第38頁。

地，在中心圖像外面一圈有金色的紋飾相互穿插，特別是中間的圖像，觀音
盤坐在蓮花之上，觀音像是用玉石整塊雕製而成，觀音後面的背光鏤雕卷
草，金累絲做成蓮花臺，蓮花臺上下都有花瓣伸向內臺或者向下做支撐，蓮
臺兩邊以植物的根莖葉和五朵蓮花將觀音環保其中，五顆紅寶石鑲嵌在花蕊
中，整體中心圖像玉觀音比較突出，金色和白色相互穿插，形成了金色環抱
著白色的藝術氣氛。又如上海陸深家族墓出土的《金鑲玉觀音挑心》（圖2）
一件。整個造型是以金色和玉石材質構成。蓮花底座是用金片打造出來的，
蓮花環繞在觀音的周圍盛開。在底座之上立一位觀音像，觀音像面對微笑，
神情自若，觀音像的頭部雕刻了對稱的紋飾，觀音被面襯著一個「壽」字，飄
帶在整個身軀飛舞，腰間是兩篇金葉做襯底，在其上面有一個金累絲的托，
在託之上鑲嵌一個紅寶石。金質材料製成的線性圍繞著觀音像周圍，材質對
比明顯。

圖2：
金鑲玉觀音挑心

來源：揚之水：《中國古代金銀首
　　　飾》，北京：故宮出版社，2014
　　　年版。

圖3：
銀鎏金鑲玉嵌寶魚藍觀音挑心

來源：揚之水：《中國古代金銀首
　　　飾》，北京：故宮出版社，2014
　　　年版。

　　玉質與其他的材料相互搭配。玉質首飾在原始社會時期單獨使用，比如玉龍等對象，但在商周以後，玉質材料就和其他的材料搭配，有的兩種，有的三種或者四種，往往這幾種材料相互搭配，有的材料占多數，有的則占少數，往往把淺色的玉質材料放在前方或者中間，如北京定陵出土的《銀鎏金鑲玉嵌寶魚藍觀音挑心》（圖3），觀音自從唐宋以來，形象逐漸本土化，形成各種各樣的中土化的觀音形象，觀音形象與世俗社會相互融合在一起，與中國本土的神仙形象以及姿勢極其相似。這件作品是金色和玉質材料相互結合的一個典範，在簪的首部有一個類似圓形的造型，在圓形的造型內，外圍是金色包圍著玉質，而內部則是玉質材料。玉質材料在中間，在顏色的對比方面，玉質材料要比金色要亮，向前跑，而金色材料則比較暗，向後退。玉質觀音像盤坐在蓮花臺上，在蓮花臺的下面有五顆寶石半環繞在蓮花臺之下，形成了點綴。

三、銀質材料

　　中國傳統首飾製品在使用材料上，大多使用銀質比較多，因為銀質材料比較容易取得，有的銀質材料作為貨幣出現。銀質材料大多出現民間中，一些民間首飾大量使用這種材質，特別是明清到民國期間。銀質材料早在戰國時期人們就開始使用，銀質材料自身的屬性規定了它容易延展和柔性較強，雕刻以及各種工藝方面都比較容易進行製作首飾器物。

　　銀質材料成為古代作者進行首飾表面裝飾的主要載體。在商代社會，器皿被統治者高度的重視，他們常常用銅來鑄造所需要的器皿，包括首飾部件，它們用銅來鑄造器物，其重要的是強調敬神的職責。在這個時間，金使用的很少，而銀質材料完全不被使用。在那個時間，青銅材料作為主導，其他材料都是它的附屬物。從戰國時期，人們對於首飾的使用就開始著想使用新的材料，這種材料容易提取並好篆刻，可以將一些風土人情以及情感性的精神寄託寄予這個上面，人們就將銀質材料作為主要材料將其稱為首飾觀念的主要承載體。特別是明、清朝以及民國時期，大量的首飾以銀質材料作為主要原材料，並且形成了不同種類的首飾，首飾上面裝飾各種形象，為古代人們的精神生活增添了某種話語世界。在西歐，那裏的人們就用銀和寶石來裝飾宗教和政治上的武器和器皿，包括一些首飾製品。在我國古代的民間社會裏，一些作者將一些龍、鳳、麒麟、烏龜稱為「四靈」，將四靈圖像裝飾在首

飾表面上，用這其中的圖像象徵著仁義、寬仁、吉祥以及祈求子孫後代綿延的精神話語。如清代河北漢族的《麒麟送子銀鎖》（圖4），整個鎖採用銀質材料製成，該銀鎖為如意雲頭形，大圓弧線，使得造型飽滿而富有張力。銀鎖分為三部分構成，上部分是項圈，就是套在脖子上防止首飾脫落。中部分是古代作者在銀鎖的表面鏨刻了一個騎者麒麟的人物形象：「前額寬闊，鼻樑高挺，面帶微笑，側目前方，表現出入世而又超凡脫俗的神態。頭戴進賢冠，手執蓮花，」〔註8〕在童子的下面有一隻麒麟，跑動，頭揚起，口張開，給我們呈現出一種生猛的藝術效果。麒麟身軀鏨刻了很多的麒麟紋飾，尾巴翹起。在下面有雲紋。在項圈的上作者鏨刻了雙龍戲珠，背後刻了一隻蝙蝠，在項圈下面墜了一條魚和一把刀，均使用琺瑯製成。在最下面五個墜飾。這件作品，作者在銀鎖的背面和正面都鏨刻了極其細緻的人文紋飾，各類紋飾在銀質材料上被呈現的淋漓盡致，細部很明顯，特別是一些花卉的紋飾以及麒麟的麟紋。

圖4：銀鎖

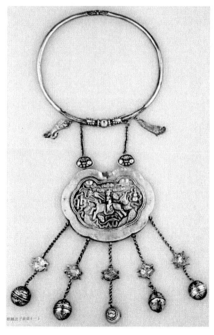

來源：王金華、唐緒祥：《中國傳統首飾》，北京：中國輕工業出版社，2009年版。

〔註8〕 王金華、唐緒祥：《中國傳統首飾》（上），北京：中國輕工業出版社，2009年版，第30頁。

　　銀質材料的首飾給我們展示了內容的雙重特性：一方面銀質材料給我們詳細呈現首飾表面的故事性。在中國傳統的首飾製品中，除了原始社會材料和語言的限制，所製造出來的首飾均樸實無華，上面很少去雕刻某種物象，最多也就是進行幾何雕刻罷了。但在後代，首飾的表面成為古代先民講述歷史故事、敘述民俗民風的重要移動的平臺。他們將民間的各類故事和傳說形象化的集聚在首飾表面，用銀質自身的材料明亮程度來講述作者所想要講的。作者為了呈現畫面中的故事性，就將不同的物象合理的組合在一起，形成了具有動態化和意象化的圖像。如《鳳戲牡丹紋鏤刻銀質扁簪》（圖5），整個首飾長 11.3 釐米。寬 3.7 釐米，整個表面用銀質材料鏨刻和彎曲了鳳凰、龍、以及牡丹和其枝葉。鳳凰是百鳥之王，龍是代表著天子，鳳凰和龍在一個畫面出現，成為黃帝和皇后的象徵，在民間，鳳是女性，祥瑞的象徵。牡丹為百花之王，民間稱其為「富貴花」，整個作品工藝精湛、形質大方，是一件非常完美的首飾作品。又如清代的山東《百家姓雙獅戲球鏨花銀鎖》，這件銀飾品名叫「雙獅戲球」，銀鎖外形呈現「凹」形，在凹形的內部空間中，作者詳細鏨刻了雙獅、繡球。「中國人對於裝飾的象徵功能的形式組合，有著一種特殊的要求，能夠做到既具體又灑脫。人們可以將觀念的意義對應為十分具體的形態，同時也能做到舉一反三，點到為止，留有一定的想像空間。」〔註9〕這件雙獅戲球的銀鎖就代表了古人在運用象徵觀念時候的典型範例。

　　另一方面，為我們介紹了首飾表面的圖像含義。數量眾多的明清至民國時期的銀質首飾，給我們呈現別樣的風景。銀質材料的容易鏨刻，使得一些形象被作者詳細的表現出來，形象的動作、姿勢、臉龐以及喜怒哀樂都被作者以銀質材料呈現出來。且銀質材料豐富了他們所裝飾的首飾表面。在這個過程中，作者將表面的各類物象運用象徵性和隱喻性，把圖像的含義表現出來，使得圖像與原來物象之間形成了一種連帶性質，原來的物象由於受到民俗和民風的影響，呈現了不同的含義。例如牡丹象徵著富貴，在首飾中，牡丹可能和其他物象聯繫。荷花具有宗教意味，常常與觀音等一些形象聯繫。如清代山西的《五子連科雙喜牌銀鎖》（圖6），這件作品分為三部分，第一部分是項圈，第二部分，雙喜扣牌，第三部分是主題銀鎖。最上面的項圈空心管子做成，有紋飾的地方和無紋飾地方可開合，並在項圈的中間裝飾各種花

　　　　　　　　　　　　　　　　　　　　　　　

〔註9〕王金華、唐緒祥：《中國傳統首飾》（上），北京：中國輕工業出版社，2009年版，第75頁。

草。由於銀質材料的金屬特性，銀鎖扣牌則在陽光下閃閃發光，在一個雙喜的上部和下部，均鏨刻有戲曲人物、花瓶、花卉以及蝙蝠等物象，雙喜的局部鏤空，通透著後面的物象。下面的主題銀鎖，則裝飾華麗，作者利用銀質材料的金屬特性，鏨刻出高低不平的人物以及動物形象。銀鎖的最前面鏨刻有一對母子，孩子騎在一瑞獸上（麒麟），手舉金盔，她生了五個孩子，其餘四子正在做預奪魁狀，盔也就是象徵著魁首，考試勇奪第一。銀鎖的後面飾有「五子連科」的字樣，並鏨刻有蝙蝠、石榴、蓮花、祥雲等，這些物象都具有吉祥話語。「由此，這些形象又通過人們所賦予的文化觀念內涵，並反作用於人們的思想觀念，滿足中國人的情感寄託。」〔註10〕

圖 5：鳳戲牡丹紋鏤刻銀質扁簪

來源：杭海：《妝匣遺珍：明清至民國時期女性傳統首飾》，北京：生活‧讀書‧
　　　新知三聯書店，2005 年版。

〔註10〕王金華、唐緒祥：《中國傳統首飾》（上），北京：中國輕工業出版社，2009 年
　　　版，第 82 頁。

圖6：五子連科雙喜牌銀鎖

來源：王金華、唐緒祥：《中國傳統首飾》，北京：中國輕工業出版社，2009年版。

　　銀質材料使得幅面的形象更清楚。在中國歷朝歷代的傳統飾品中，首飾表面均被呈現暗色和亮色的兩種對比視覺，這是由於銀質材料的屬性導致的。這其中，首飾表面的形象一般呈現出亮色，底部則暗色。一亮一暗，呈現鮮明的形象性。這樣的案例很多。如清代漢族陝西的《花鳥吉祥如意銀鎖》（圖7），整個銀鎖全長40釐米，高17釐米，銀鎖裝飾紋飾以花鳥為主，花鳥、壽桃、石榴、宗鼎、喜鵲等形象均呈現亮色，就像浮雕高出一塊。底紋則是無飾，呈現暗色，這就使得整個形象比較突出。

　　總之，銀質材料從一定程度上創新了首飾的生命形式，特別是民國時期。它的使用大大拓寬了中國傳統首飾的製作形式，這種材料也大大延展了古人表達吉祥寓意的途徑，他們不但借用傳統故事、民俗風情以及戲曲故事，還將這些歷史題材以一種更加形象化的載體呈現出來，每一個形象都被作者用銀質材料精雕細刻，使得每一個形象都以不同的圖像話語向我們講述它們自身的象徵意義，並用這些象徵內涵去教育當代或者後代的人們，讓這些人能夠從中得到某種教育或者薰陶。

圖 7：花鳥吉祥如意銀鎖

來源：王金華、唐緒祥：《中國傳統首飾》，北京：中國輕工業出版社，2009 年版。

四、金質材料

　　金質材料由於技術的原因或者說提煉原因，在春秋戰國以前，不論材質還是金工藝都使用的很少，英國羅森在自己的專著中這樣說：「商代（約前1500～前1050）、周代（約前1050～前221）和漢代（前206～220）都高度重視容器，待別是用於把犧牲獻給祖先的禮器。它們是用鑄銅製造的，其重要地位源於這種令入敬畏的職責。漆器和陶器仿傚了設計在青銅鑄件上的形狀及裝飾。在早期，金用得很少，而銀則完全不被使用。從公元前六世紀起，金銀逐漸被用作鑲嵌之物，至遲從公元前五世紀起，有少量的金容器被製造出來，稍後銀製容器也被製造出來了」〔註11〕在那個時間，金銀是青銅的附屬物。金質材料自身的奢華和顏色，使得一些富豪或者權貴階級有了欲望。到了春秋戰國時期，金質材料開始應用到一些權貴的身上。如束衣用的

〔註11〕〔英〕羅森：《中國古代的藝術與文化》，孫心菲譯，北京：北京大學出版社，
　　　　2002 年版，第 241 頁。

帶鉤在當時十分流行，多用金、銀、玉、銅製成，並用金銀錯、包金等技術
進行製作，材料之上乘，工藝之考究，令人稱奇。秦漢時期，首飾使用金質
材料已經比較普遍化，特別是金質的戒指以及金步搖。如甘肅武威漢墓出土
的一件金步搖，整體的是以金質為材料，整體的像一朵綻放的花朵，從花蕊
中伸出金質的細條，在每一根細條的頂端都有不同的形象，花葉耷拉著，
從遠處看，這件作品閃閃發光，熠熠生輝。在西夏，其政府機構設有「文思
院」，其職能就是製造和設計金銀首飾，以供皇宮使用。並且嚴格規定了金
銀首飾製造的工藝。「生金鎔鑄，生金末一兩耗減一字。生金有碎石圓珠一
兩耗減二字。」「熟再熔為熟板金時，上等一兩耗減二字。次等一兩耗減三
字。」在那個階段，金質首飾有：耳墜、冠飾、帶飾、鞍飾、金耳環等等，如
桃形鑲嵌寶石金冠飾。到了後面的一些朝代，金質材料大量的被宮廷使用，
都被統治者製作成金步搖、金鈿、戒指、花釵、霞帔、墜子、金簪、手鐲、鈕
扣等對象。

圖 8：一路連科鎏金如意鎖

來源：王金華、唐緒祥：《中國傳統首飾》，北京：中國輕工業出版社，2009 年版。

金質材料的首飾給人一種華貴和璀璨的視覺效果。在歷朝歷代中，對於黃金材料的使用已經到了頂峰，他們扔下那些前朝的某些材料，以黃金材料為核心對首飾進行製造並裝飾，如西漢楚墓徐州獅子山中出土的《金帶頭》，這種帶頭為了彰顯男性束帶上的華麗或者說威嚴，在腰帶上便於展示男性自身的社會地位。在古代男性是束腰的，帶頭是為長方形，匈奴人一種帶具，西漢初年傳入中原，在帶頭上表面上用高低浮雕形式將一些動物的身體和頭展示出來，如龍等。

金質材料的使用與古代中國的民俗民風結合在一起的。從春秋戰國到清末時期，大量的金質材料應用到一些權貴或者皇宮大臣的佩飾中，他們用這些材料所呈現出的文化，來彰顯自身的社會文化屬性。不管是宮廷還是民間的金質材料，大都和民間民俗有關係，宮廷裏所要請民間藝人到宮廷製作，民間藝人將自身的民間傳統融匯到自己的製品中，王金華在他的專著《中國傳統首飾簪釵冠》中這樣說：首飾上的「吉祥文化來自民間，發端於原始社會。初始時期，這類文化主要表現為自然崇拜、生殖崇拜、圖騰崇拜、祖先崇拜與鬼神崇拜等。中國的很多民間活動，都是為了祝福祈祥、鎮妖辟邪。」〔註12〕一些民間的題材如三娘教子、福祿壽、麒麟送子、指日高升等題材被作為一種教育功能呈現在首飾中，當然，也把一些吉祥用語鏨刻在首飾上，如五子登科、四季平安、萬事如意、天官賜福、福祿壽喜、福如東海、壽比南山、多福多壽等。「在這個大的傳統系統中，上層階級的社會生活使其世界觀更為抽象宏達，在其社會生活中更注重『修身養性』的自我淨化、超凡脫俗和『齊家治國』的自我進取、建功立業的雙重人格，前者退隱避世，後者積極進取形成中國式的精英階層的二元品質特徵，在他們的社會實踐及其人生歷程中折射出傳統中國文化的靈魂。」〔註13〕如民國時期北京的《長命百歲鎖》（圖9），在民間，孩子生下來都希望這個孩子能長命百歲，他們得到左鄰右舍或者百家之力幫助孩子驅災辟邪，健康成長，舅舅根據眾人的資助，請金匠師傅打了一把長命百歲鎖，孩子佩戴上，特別是在製作的時候，在長命百歲鎖的下面懸掛了五串姓氏牌，姓氏牌上均刻有百家姓。

〔註12〕王金華：《中國傳統首飾・簪釵冠》，北京：中國紡織出版社，2013年版，第5頁。

〔註13〕王金華、唐旭祥：《中國傳統首飾》，北京：中國輕工業出版社，2009年版，第15頁。

圖 9：長命百歲

來源：王金華、唐緒祥：《中國傳統首飾》，北京：中國輕工業出版社，2009 年版。

第三節　技藝

　　技與藝這兩個字組成一個詞彙，「技」偏向於對於理性的一種實踐操作，講究運用各種工具對物象的表面進行美學性的雕刻和處理，把藝人心中的要表達的情感訴求通過技術性的手段呈現在物質世界中。這種「技」和「藝」可以便使得傳統首飾更加具有活潑性和生動性。更加強調由眼—心—腦—手各方面的配合，把現實物象進行主觀誇張和變化，形成一種內視的視覺意象圖像，這個圖像已經超脫了原來的物象的特點，形成具有主觀審美意味的內在圖像。「即便是出自宮廷內務的景泰藍和宣德爐，也是以始自民間的鑄胎、釺焊、表面裝飾等金屬加工工藝為其技藝基礎的，其所用匠師亦多來自己民間。所以說，明見工藝為源，其他傳統工藝則是流。」〔註 14〕美國著名的符

────────────

〔註 14〕晁福林：《中國民俗史（先秦卷）》，北京：人民出版社，2008 年版，第 381 頁。

號論美術家蘇珊・朗格認為：所有的藝術的表現形式都是通過一種技術，所以人類歷史藝術的發展進程都與技藝——建築、製陶、放置等密切相關。美國的學者南茜艾特考夫（Nancy Etcoff）也認為：「在審美形象的創造上，人類真可謂手法翻新、花樣百出，其目的只有一個。就是要創造出一個此世之中絕無僅有的理想形象。」〔註 15〕在中國古代傳統首飾藝術之中，一些工匠就掌握了從事製造和加工首飾的技術，他們將現實物象或者這個物象所形成的姿勢用各種工具將其賦予首飾的表面，這個被技術化的物象形象已經帶有藝術化和審美化的成分，技術驅動著物象在物質載體上的呈現，而藝術有使得這個物象變得更加符合人們的主觀審美。

　　古代首飾工匠在上好的材料基礎上對工藝製作進行研究和創新，就首飾作品整體來講，工藝是觀念、秩序、器物的純自然的規定性，它是將工藝從對於尊禮的觀念中解脫出來使其外化，一種文與理相符合的精神實質。「把金材加工成細絲，盤繞、焊接為各種圖案，繼而將細絲製為粟粒，然後組成紋樣，」〔註 16〕從根本意義上來說，工藝是它所體現的是一種理性的文化，他們把人們心理結構與社會民俗觀念以一種道德智慧貫穿於飾品製造的始終。

　　中國古代首飾工藝技法豐富，即：鏨刻、鑲嵌、花絲、製胎、鏨刻、鏨作、包金作、鍍金作、拔絲作、琺瑯作、焊接、模壓、錘揲、燒藍等。這些工藝在一定的時期內體現著生命的進程和社會不同系統之間的交流，使得這些工藝以具有高超智慧的專業優勢貫穿於首飾表面來體現傳統文化中的具有深邃化的哲學內核和情感需求。如民國時期的一件金魚紋銀質燒藍髮簪，整件作品是在銀質材料上塗以燒藍工藝製成的，這種工藝又名琺瑯，「是由鉛丹、硼砂、玻璃粉等材料熔製而成，外觀不透明，有玻璃質感。」作品運用燒藍這種工藝雕出金魚和蟬的造型，造型簡潔而又厚重。又如牡丹紋銀質戒指，這件作品運用錘鍛工藝雕刻出盛開的牡丹紋飾，中間一朵大花，四周以葉陪襯，在牡丹紋飾的四角鏨刻著精緻的雲紋。

　　鏨刻是傳統首飾用的最多的一種技藝手法。傳統工匠將各類紋飾運用簪刻的技法雕刻在首飾的表面上，所雕刻的紋飾呈現出高低不平，有的高，有

〔註 15〕Laplace, P. S. (1814) A Philosophical Essay on Probabilities, English Translation of the 6th French Edition, Dover, 1951.
〔註 16〕揚之水：《中國古代金銀首飾》，北京：故宮出版社，2014 年版，第 938 頁。

的低，大都以浮雕的形式呈現出來的。如民國期間的《古錢針筒銀佩飾》，古錢幣造型呈現長方形和細條形，扁平的古錢上面作者鏨刻了花紋圖案。又如民國時期的《多壽多子銀佩飾》，中國人在日常生活中常常用壽桃或者石榴象徵著多壽、多子，所以我們看到中國傳統首飾的表面多鏨刻一些壽桃和石榴形象，且這些形象都是呈現一定的形式美感。這件作品有三個物象：兩個壽桃和一個石榴，兩個壽桃向外撇，在向外撇的空間中間有一個石榴，在三個物象的表面上，作者有意鏨刻了壽桃和石榴花紋，紋飾均高出底層表面，紋飾均寫實，在物象的中央有一朵盛開的花卉。

技藝是中國傳統首飾外在呈現的主要形式。傳統首飾以物質材料呈現給世人面前，而物質材料自身的質地和材料特性都要求工匠要用特殊的技術手法來實現傳統文化在首飾上的呈現，他們就用一些技術，如鏨刻、焊接、上繆、鏤空等，將紋飾刻繪在金、銀、銅以及銀質材料之上，讓這些光禿禿的材料表面通過工匠的簪刻呈現出栩栩如生的生活形象。中國傳統首飾被藝人用各種技藝將情感訴求表現出來，有的首飾上面採用單一的技法，還有的採用多種技藝手法，每一個首飾表面都有著高凹不平的造型，有的刻繪較細密，有的則稀疏。不管怎樣，工匠用技藝呈現受眾心中的情感需求。如民國期間的《八卦獸面銀鎖》，「在儺儀祭祀活動中，以儺驅鬼，『儺卻兇惡』並可祈福納祥、消災辟邪。這件銀鎖將吞口獸面與八卦相結合，強化驅鬼辟邪的功能。在構成形式上更具裝飾性，反映出匠人的工巧意念，增加了娛人的因素，反而淡化了巫術的意義。」〔註17〕作者將銀片剪出八卦造型，上繆刻線條，並鏨刻出高度起伏、兩眼瞪大的正面虎面圖像，把環狀造型利用焊接技術與八卦圖像相結合。正面的獸面以及八卦圖像都是利用技術層面把具有巫術意義的圖形給我們呈現出來。

中國傳統首飾把各種技藝集中展現在一個造型之中，使得傳統首飾煥發出新的生命力。在古代中國，工匠們在製作首飾的時候，常常不希望使用單一的技藝來實現首飾的外在造型，古代工匠藝人往往將各種技藝融入一個首飾造型之中，他們希望通過不同工藝來解決不同的造型塑造問題。如清代漢族的《五世其昌掛鎖》（圖10），作者把銀片巧妙的剪裁出鎖的造型，在鎖的表面鏨刻出各種石榴佛手，在鎖子下面以紅瑪瑙為材料剪出樹葉的形狀，並

〔註17〕王金華、唐緒祥：《中國傳統首飾》，北京：中國輕工業出版社，2009年版，第204頁。

在樹葉的端部鑽眼並與環相連。又如清代的河北《琺瑯彩雜寶銀掛件》，作者將花籃、孩子、魚、猴子、蝴蝶等物象用銀鏈將它們串聯起來，工匠運用鏨刻手法在這些物象的身上刻繪不同的花紋，在點藍燒彩上鑲嵌瑪瑙，作者想運用這些物象表現人們對祈福納祥的美好期盼和消災辟邪。

圖 10：五世其昌掛鎖

來源：王金華、唐緒祥：《中國傳統首飾》，北京：中國輕工業出版社，2009 年版。

綜上所述，技藝給我們呈現了一個傳統首飾嶄新的呈現方式，每一件傳統首飾都是作者對於物象的審美觀照的結果，都是作者靜觀內思的成果，更是超越物象、超越自我的精神文明的物質建構，無論何時何地，技藝始終把中華民族的民俗精神時時刻刻地外露在表面，讓人們注意到，作者所刻繪的任何一件首飾，都展現了人們對美好生活的高度期盼，多種技藝複合在一個傳統首飾的製造過程中，從單一到多元化的技藝，都是作者著眼於首飾的情感寓意的適合呈現。

第四節　紋飾

首飾藝術要通過紋飾呈現給受眾並使受眾能夠有一定的認知，而中國傳統首飾文化中紋飾的創造往往不是單一的，由於受到中國傳統倫理和宗教思想的深層次影響，那麼在紋飾創造上經常具有程式化的規範和習俗，這種審美內涵可以理性的審視首飾藝術中的歷史和個人的生命，以情感故事並有意地運用誇張、突出或變形的創造手法。「中國人的眼光更加關注世俗生活，從宋元人的山水情懷轉到了實實在在的凡俗塵世，……濃濃的世俗氣息充斥在整個日常生活中。我們可以想像，那時的中國人所思考的內容大多受這些世俗信息的影響，除了日常的生產勞作和吃飯睡覺，人們將醫生的歷程安排得有滋有味，遇有婚喪嫁娶的紅白喜事，要搭臺唱戲，叫做沖喜；遇到立柱建房的土木工程，要請風水先生看地，討個吉利的風水朝向；還要雕樑畫棟，描金塗彩，裝飾紋飾多是『狀元及第』、『紡織耕讀』、『踏雪訪友』、『望子成龍』、『八仙過海』、『二十四孝』、『送子觀音』以及一些亭臺樓閣、柳岸塔影，一些戲曲故事的人物場景，一些日常生活的細碎瑣事都可雕刻成景描繪成章。」〔註18〕如童子與麒麟搭配取其「麒麟送子」寓意，也有用童子和山羊搭配的。蝙蝠與壽桃搭配寓意為福壽南山之意。牡丹和花瓶表示祈求富貴平安等等。如民國時期滿族的一對手鐲，整個造型中間鏨刻一壽紋，左右各一隻蝙蝠環繞壽紋，在手鐲的左側鏨刻「喜鵲登梅」，而右側則鏨刻有「喜上梅梢」圖案，左手鐲的開合處兩邊各鏨刻大阿福形象，整個造型給人以民俗話的豐富意蘊。

如果說「紋飾」塑造一系列吉祥寓意的形象並以這些形象視界作為社會民俗的背景以及他們所代表的傳統世界現實的美好願景作了有效的敘述，它們不僅滿足現實世界萬象的視角層面上視覺的天真和淳樸，更重要的是通過這些主觀情感所生成的紋飾去透視社會自覺化的民俗審美精神，把具有匯聚生存真實的世界功利化內容建立在個性化的對群體生命和情感需求的基礎上，從而實現生活與心靈獨特視角的重構形式。如民國時期漢族的虎頭鍍金銀鎖，整個銀鎖由一隻虎的虎頭作為主題，把虎頭的威猛通過凸凹祈福的鏨刻底紋表現出來，兩邊各一隻虎牙暴露在視野下，整個造型威嚴並運用民間中的關於虎的民俗寓意表現出來。

〔註18〕王金華、唐緒祥：《中國傳統首飾》，北京：中國輕工業出版社，2009年版，第7頁。

中國傳統首飾的審美主要基於視覺視角來看待，也就是說，紋飾是首先被觀眾所看到並被觀眾進行聯想和想像，紋飾的選取如何直接對整個首飾的是否受歡迎有著直接影響。中國傳統首飾的紋飾大多是來自於自然世界以及人工加工的某些動物，如龍、鳳、玄武、白虎、麒麟等，這些動物都是現實沒有的，但是都在古人運用歷史文化對物象進行加工，並賦予其吉祥寓意。「民間藝人將生活中、自然中的事象物態或取其諧音，或取其比喻，或取其象徵，用到首飾的裝飾形式中，形成了一個非常龐大而又豐富多彩的民間首飾的吉祥符號體系。」〔註 19〕一些作者將這些符號根據主觀能動性，將其演變成富有審美效果的圖案形式，以不同形式呈現出來。顯然，這些主要基於視覺的角度來看待的紋飾已經有了自身的生命形式，他們把現實物象經過諸多的創構方法去形成物象自身無法達到的呈現地步。如清代山西的《鏤空針筒銀配飾》（圖 11），這件作品中的紋飾是作者對物象的一種觀物取象，將物象塑造成符合我們觀眾看的視角，如配飾兩邊的弔墜，一朵花向下墜，花心處在中心，一般花朵都是向上開，使得我們的視覺向上看，引導我們的視覺心理也呈現一種向上的方向，相反呢。花瓶的中間有一格梯形的範圍，內部以正面的呈現的形式將花朵正面朝向我們，以花朵為核心，兩邊均有枝葉陪襯。

圖 11：鏤空針筒銀佩飾

來源：王金華、唐緒祥：《中國傳統首飾》，北京：中國輕工業出版社，2009 年版。

〔註 19〕王金華、唐緒祥：《中國傳統首飾》，北京：中國輕工業出版社，2009 年版，第 4 頁。

中國傳統首飾的紋飾均呈現正面性，以正面性去完美的表現物象的姿態或者造型。在中國傳統首飾的外在紋飾創構中，紋飾一般均呈現正面性，也就是說，不管動物還是做植物最好的將自身的姿態和造型呈現在世人面前就是正面，這樣不但消除側面形象所帶給人的視覺錯視，人們很難辨別物象的姿態和造型。而且，更大程度地為作者去塑造首飾的主題創構了前提條件。偉大的美學家宗白華先生在《宗白華全集》中這樣說：「眼睛之正面與側面的表現，亦極重要。正面畫多與觀者相對，與觀者發生關係，又含有做作狀傑；側面則多自然，表現一種散漫與夯若無人之境；但正面畫像的眼光，為觀者眼光所阻，故其眼光極為近的；側面眼光則無所阻，不與觀者的眼光發生關係，故多為遠的。正面像表現 active 之狀態，眼光與觀者相接觸，能振動觀者意志，故畫家繪政治家或軍事家如俾斯麥、拿破崙等，多繪正面；至側面則表現散漫情緒幽逸的、消極的，故繪文學家或藝術家多用側面的，此因眼光上之異點而使畫法於無形受其影響也。」〔註20〕從他的話中，我們可以知道，正面性往往能將一個人或者一個物象的整體形象或者氣質表現出來，「側視通常造成一種錯覺，這倒不是一種現實的錯覺，而是一幅方向不同的畫的錯覺，這畫傾向於被看成是飄蕩不定的幽靈。」〔註21〕可以說，古代的工匠也正是利用了人的視覺心理對圖像進行正面呈現。如民國時期的《雙壽多子銀配飾》，這件作品中，作者選用壽桃、石榴紋飾，寓意多子多壽。造型用壽桃和石榴的造型，在壽桃和石榴的表面刻繪有正面的壽桃和石榴花紋，並且以正面呈現。又如民國期間的《葫蘆形銀配飾》（圖12），在整個葫蘆銀配飾的中間，有一雙魚造型，兩魚豎立緊貼相對，呈現正面性，在正面魚的身體上雕刻很多方形的格子紋，魚尾巴向左右分開，呈現游動的姿勢。

中國傳統首飾的藝人利用紋飾進行外觀內思。我們知道，傳統首飾的一些紋飾均出自作者對外物的仔細觀照，也就是作者將物象攝進自己的眼睛之後，進行種種的劃分，將其定格為客體。每一個紋飾都是作者通過視覺對客體賦予一定的特權，也是通向實實在在方向的重要實現途徑。西方的一位藝術理論家朱立安說過：「眼睛是『靈魂之窗』，甚至比阿拉伯蒂把繪畫變成畫

〔註20〕宗白華：《宗白華全集》（第一卷），合肥：安徽教育出版社，1994 年版，第 569 頁。

〔註21〕〔英〕EH 貢布里希：《圖像與眼睛——圖畫再現心理學的再研究》，范景中、楊思梁、徐一維、勞誠烈合意，杭州：浙江攝影出版社，1989 年版，第 239 頁。

—180—

作的透視所開啟的窗子這個說法還要早。……視覺既是這些內部操作的試金石，唯有它顯得不容置疑；又是認識的最佳方式甚至絕對方式，或許是向諸事物開放並與他們發生關聯的最親密方式。」〔註22〕顯然，這個「外觀」是我們瞭解和認識首飾內涵的重要切入點，也是通過觀照我們去選擇題材或創構圖像的重要方式，我們通過視覺本身的再現行為去勾勒首飾世界的文化圖像。去認識內部的結構的重要形式。這裡的「觀」是具有審美觀照和視覺觀看的意思。內思則呈現一個純粹心化的世界，它超脫自然世界，形成了凝神內省的主觀思維世界：藝人的內心世界徹底擺脫了現實世界對他的奴役和糾纏，自然恢復自己對天然生活的快感，紋飾自然從內心中湧現出來。在傳統的紋飾中，作者對日常生活中的題材運用簡化、人格化、主觀化、生命化以及去身份化等方法將自然的物象進行內思，形成一種主體對客體的一種審美觀照，將這些圖像內化於心中，形成了一種極其好看的圖案並賦予各類首飾的表面上。如清代的《銀點翠鯉魚跳龍門鳳冠》（圖13），首飾呈現對稱結構，首飾的中間是一個樓閣，左右兩邊是兩隻彎曲的龍，在兩隻龍的下面是兩條魚，寓意著鯉魚跳龍門。這件作品中的物象均是作者對現實物象的觀照和主觀的想像而成，將作者內心中對於美好事象通過美的圖像展現出來。龍和魚被作者簡化了，也主觀化了。整個圖像具有極其豐富的象徵性。

圖 12：葫蘆形銀配飾

來源：王金華、唐緒祥：《中國傳統首飾》，北京：中國輕工業出版社，2009 年版。

〔註22〕〔法〕朱立安：《大象無形：或論繪畫之非客體》，張穎譯，鄭州：河南大學出版社，2017 年版，第 327 頁。

圖 13：銀點翠鯉魚跳龍門鳳冠

來源：王金華：《中國傳統首飾簪釵冠》，北京：中國紡織出版社，2013 年版。

　　中國傳統紋飾重點突出在端部，將大量的紋飾集聚在首飾的端部，給人一種密不透風之感。琳琅滿目的傳統首飾塑造了中華首飾文化的內在生命精神，也給我們呈現了不同門類首飾的功能和造型。不管傳統首飾中的任何一個類型，都是藝人把自己的精神訴求向外表達的主要載體，這個載體主要裝飾部位為首飾的端部，端部是紋飾呈現的主要部位，他們將主觀化的紋飾匯聚在此，形成了比較密不透風的視覺效果。例如清代的《銀點翠簪》（圖 14），整個簪長 15 釐米，重量 32 克，整個簪的端部密密麻麻用金質材料裝飾的各種紋飾，有人物，有植物，有花卉以及樓閣。這些紋飾相互纏繞，形成了你中有我，我中有你的視覺效果，簪的另一端則什麼都沒有裝飾，因為古代藝人知道，另外一頭是插到頭髮中，如果有什麼裝飾，只能在細細的棍體上，全部紋飾集中在簪端部。

　　中國傳統首飾上的紋飾具有一定的形式美感。宗白華說：形式「即每一種空間上並立的（空間排列的），或時間上相屬的（即組合）——有機組合成為一致的印象者。」〔註 23〕從他的話語中，我們認識到，形式會引起我們受眾的快感，具有某種審美意味性。縱觀中國古代的各類首飾，有一個共同的特點，就是每一個的裝飾紋飾都具有一定的形式美感，紋飾利用自身的曲線和直線形式給我們呈現出一種向上或向外生長的生命精神，如清代的河北省的《銀點翠鑲白玉簪》（圖 15），這件作品有三部分組成，中間一個大花卉，

〔註 23〕宗白華：《宗白華全集》（第一卷），合肥：安徽教育出版社，1994 年版，第 513 頁。

在大花卉的兩邊各有兩個橢圓形的花骨朵。中間的花朵自身呈現輻射狀，有三層，底層最長，中間層次之，最上面再次之，一層壓一層，每一層都有黑、藍和金色，三色相互穿插，形成了你中有我，我中有你的設計布局。在中間花卉的兩邊斜放著兩個橢圓形的花骨朵，中間和兩邊的形象整體呈現向外發散形式，且上面的造型中的翅膀有相互可以對接，形成了具有一定意味的審美虛空間。又如清代福建南部的《銀龍鳳呈祥釵》，整個作品既有民俗風格，又有生活氣象，受到宗教和外來文化的深切影響。整個作品的紋飾非常繁密和華麗。在整個釵的端部作者塑造了各類有意味的審美物象，如龍、鳳以及大量的植物花卉，「這件大頭釵為花絲工藝成型，掐絲為菊花紋、佛手紋、蘭花紋、龍紋、鳳紋等，均為吉祥紋樣。釵首部的紋飾繁盛密集，立體感較強。」〔註24〕在釵的最上部是一朵盛開的花卉，共四層，一層比一層小，相互疊加，在其下面，中間有一豎形花卉，在邊上有龍和鳳正在戲珠，兩者呈現出均衡式樣。

圖 14：銀點翠簪	圖 15：銀點翠鑲白玉簪

來源：王金華：《中國傳統首飾簪釵冠》，北京：中國紡織出版社，2013 年版。	來源：王金華：《中國傳統首飾簪釵冠》，北京：中國紡織出版社，2013 年版。

〔註24〕王金華：《中國傳統首飾‧簪釵冠》，北京：中國紡織出版社，2013 年版，第201 頁。

古代工匠重視首飾表面的紋飾構圖。重視紋飾的構圖是古代作者為了體現首飾的獨具特色之感，他們往往利用紋飾的構圖來達到首飾的獨到之處。首先，古代作者將紋飾放置在一個比較規矩的造型中，如圓形、方形或者橢圓形等。外面的圓形常常不呈現出來，用紋飾的邊角來意象地呈現了圓形造型。如清代河北張家口的《銀點翠耳挖釵》（圖16），釵的端部由花卉紋飾環繞而成，在花瓣與花瓣之間沒有任何的線條連接，作者將這些花瓣按照圓形的形式來製作，從遠處來看，整個釵的端部就像一個無圓實線的規矩形。還有類似用圓實線來框住裏面的圖像的，一般外面的圓實線較粗，裏面的紋飾較細密。外面圓實線和裏面的花卉紋飾在顏色選用上是不一致的。其次，工匠會把表面的紋飾讓其呈現不同的形式感，也就是說，讓紋飾按照自己對美的體認來進行構圖，這類構圖一般呈現左右對稱或者均衡性。如清代的《銀點翠頭飾》（圖17），這幅作品呈現左右對稱結構，作者以中線為中心，將主要的紋飾布置在中線的兩側，類似一個人站在那裡，紋飾利用黃和藍色的相互交叉，將重要的部分放在畫面的中心。又如宋代的《金花卉釵》，宋代的紋飾特點一般造型古樸、文雅，在這件作品中，作者將整個首飾設計成扇子形，在首飾表面有二十一個忍冬花（金銀花、雙花以及二寶花），以扇形方式進行排列。

圖16：銀點翠耳挖釵　　　　　**圖17：銀點翠頭飾**

來源：王金華：《中國傳統首飾簪釵冠》，北京：中國紡織出版社，2013年版。

來源：王金華：《中國傳統首飾簪釵冠》，北京：中國紡織出版社，2013年版。

當然，首飾文化不僅僅是題材、社會環境、材料等方面的問題，它所涉及到的元素必然帶有一種理性的「先天」元素，這種元素還具有一種人工化的生活機制。「工藝」一詞是理性和感性的融合詞彙，這種表達是基於不同民族與時代對於具體首飾活動所反映的趣味和追求。在歷朝歷代的女子中豪華與樸素成了家族榮與衰的真實寫照，它「已經形成具有一定視覺表現的審美風尚，即政治與尚文的交融、富貴與奢侈的兼容並蓄以及審美與典雅風尚的並存。它不僅側重於對材料和圖案的理解與創新，給人以無盡的視覺美感。」傳統首飾藝術通過模壓、錘鍛、鏨刻、鏤空、累絲、嵌寶、焊接、鍍金、點翠、燒藍等創造性的工藝設計，將無所不盡的藝術想像盡顯到首飾的幻想中，也往往將華美綺麗的首飾製作工藝，通過不同服裝和飾品的表面來凸顯不同時代人們的非凡氣度，來展現貴族上層社會的華麗的內在涵養和民間飾品的外在樸素風韻。如獅紋銀質長命鎖，此鎖運用高溫模壓、錘鍛銀片，初步成型後運用鏨刻、鏤刻、焊接等工藝進行製作，鎖的兩邊附帶有樓閣和日月形象，獅子的圖像位於中央，鎖的上下部均有墜件，其製作工藝純熟精練。

綜上所述，中國傳統首飾種類豐富、形態各異，它們用各類造型賦予傳統首飾以新的生命形式，每一個紋飾都彰顯出新的式樣和組織形式，有的物象是單一的形式出現，有的形象則形組成一個整體，形成一個具有意味化的形式美。傳統工匠運用不同的技法將文化幻化成不同的紋飾形象，傳統首飾上的各類紋飾均呈現平面性，人物與動植物形象均相互組合，形成具有不同的象徵寓意。紋飾成了人們表現情感訴求的重要呈現形式。

第五節　形式

形式是任何物象所具有的內在或者外在視覺感受，這種感受也可以說是表面上的一種直接視覺，形式和內容是一個既包容又相互獨立的部分，形式是感性的，而內呈容則是本質的，形式在首飾中表現為首飾外在的造型、形狀以及給我們呈現出的人文狀態，首飾中的形式把握的力度強與弱，都會對首飾的整體產生一定的審美理解。

首先，首飾的形式體現在曲線形式之中。

首飾的形式多為曲線的形式。在《金嵌寶掩鬢一對》（圖18），這對首飾

是從江西南城明益端王的墓葬中出土的，整個首飾是以九朵如意紋雲朵相互
擠壓相互排列，有秩序的組合成雲朵的形式，在雲朵中鑲嵌紅、綠色的寶
石，分別象徵著太陽和月亮。這對首飾採用黃金材質打造，中間貫穿了寶
石，整體上呈現出曲線雲朵的形式，曲曲折折，像一朵雲，這種雲朵的形式
我們可以在敦煌莫高窟第三窟南面的壁畫中找到相關的來源（圖19）。對於
曲線形式的追求，我們可以從一些藝術理論家的文字找到一些理論基礎，宗
白華說：「須有多少曲線及平面，且有前後明暗之分別，有時再加以顏色，此
就觀察方面所得之基本形式也。就圖畫觀察之，大致與上著相仿。不同者，
即將三個 dimension 畫在一個平面上，而起目的，仍欲表現三個 dimension，
且以顏色為主體，以光為配合，以曲線或光來表現空間。」〔註25〕從宗白華
的話中，我們可以得知，曲線形式會產生或表現多曲面的空間性，可以將三
維的立體效果以全視域的視角呈現出來，那麼首飾使用曲線性的形式也就水
到渠成了。瑞士藝術理論家海因里希・沃爾夫林在《文藝復興與巴洛克》中
說：「每一種形式都是完全自由地表現出來，曲線都以最純粹的圓形出現，一
切關聯都是美的，一切都充滿著神情蕩漾動物氣息。我們堅信，我們就是在
這種美妙的靜穆和無欲中，窺見了當時時代藝術精神的最高表現。」〔註26〕
從他的話語中，曲線的形式均帶給人一種美的享受，既靜穆又動盪。無獨有
偶，在山西右玉寧寺的明代水陸畫（圖20），我們能看到畫面的首飾藝術呈現
出曲線的形式，從佛像頭部的中間到兩邊，每一個部件都呈現曲線的形式，
有大幅度的，還有小幅度的曲線形式。顯然，曲線形式可以內蘊表現對象的
內在神情。

　　曲線形式可以產生立體的視覺畫面。宗白華說：「宋元花鳥畫以純淨優
美的曲線，寫花鳥的體態輪廓、高貴圓滿，表示最深意味的立體感。以線
示體，於此已見高峰。」〔註27〕曲線對形體的塑造會產生最深意味的立體空
間感，首飾是一種立體感很強的對象，那麼曲線的塑造會產生不同形式的
面，大的或者小的。如浙江臨海王士琦墓葬出土的《金累絲蜂蝶趕菊花藍

〔註25〕宗白華：《宗白華全集》第一卷，合肥：安徽教育出版社，1994 年版，第 514
　　　　頁。
〔註26〕轉引自：〔民主德國〕W・沃林格：《抽象與移情——對藝術風格的心理學研
　　　　究》，王才勇譯，瀋陽：遼寧人民出版社，第 142 頁。
〔註27〕宗白華：《宗白華全集》第二卷，合肥：安徽教育出版社，1994 年版，第 117
　　　　頁。

簪》（圖21），這幅首飾整體上呈現出靈動的造型，首飾的做工精巧，首飾上用一朵靈芝、三莖菊花、一隻蜜蜂、一隻蝴蝶、一個花盆以及植物的莖葉花朵在畫面中增添。作者用金質材料做成各種大小不一的花朵，花朵的每一個葉片都是用曲線圍合而成，不管正面、背面還是內外，都體現了作者以曲線進行塑造立體視覺效果的用心。作者在這個首飾中，極力強調曲線的塑造手法，每一處儘量規避直線形式，首飾中每一個部分的外輪廓都使用部比較規整化的曲線，且曲線較粗，較醒目，而每一個部分的內部則用細小的金絲相互纏繞，填塗畫面內部的空間，畫面內部的這些金絲比較細小、凌亂，帶給我們一種繁密的視覺感受，從程一種平面化，而外輪廓在較粗，圓潤，輪廓的四周均呈現出不同的小面，讓人感覺畫面中的花葉有圓潤、厚重和立體之感。又如在武漢黃陂周家田元墓出土的耳環（圖22），畫面上整個形態呈現一種流動的視覺立體形態。我們先看首飾的外部，作者把整體的三角形改成具有倒角形態的三角形，作者以這種圓潤的三角形進行立體刻畫。在三角形內，作者把三角形又分出來一個三角形，這些三角形都是以間接的方式呈現的。我們再看首飾的內部，畫面中有 11 個圓圈圍繞在一個三角的綠松石周圍，且綠松石能夠顯示出倒影。在整個平面上，綠松石高度最高，在下面有圓圈，緊接著金絲打底，由金絲相互織成的植物紋飾，這些具有圓潤的形態給我們車那根線了極具個性化的立體審美感受，彰顯了主體對自然生命節律的體認和把握。

圖 18：金嵌寶掩鬢一對

來源：揚之水：《奢華之色：宋元明金銀器研究》，北京：中華書局，2011 年版。

圖 19：敦煌莫高窟壁畫

圖 20：山西右玉寶寧寺明代水陸畫

來源：揚之水：《奢華之色：宋元明金銀器研究》，北京：中華書局，2011 年版。

圖 21：金累絲蜂蝶趕菊花藍簪

來源：揚之水：《奢華之色：宋元明金銀器研究》，北京：中華書局，2011 年版。

圖 22：金累絲蓮塘小景紋耳環

來源：揚之水：《奢華之色：宋元明金銀器研究》，北京：中華書局，2011 年版。

　　作者把首飾主體製作成具有繁雜的曲線形態，而在非主體的部分則呈現較少的曲線形式。在湖南臨澧新合元代金銀器的畫面中，這個首飾的題材以兔子和靈芝為主體，對牌飾進行內部裝飾。這種題材主要追溯於北宋時期崔

白的代表作《雙喜圖》（圖 23），這個畫面是繪製於嘉辛丑年（即宋仁宗嘉祐六年（1061）），這時候正是崔白藝術風格形成比較成熟的時期，在畫面上有「緝熙殿寶」、「晉國奎章」、「性命同珍依子孫永寶玩」、「司印（半印）」、「晉府書畫之印」、「敬德堂圖書印」、「清和珍玩」等收藏印。畫面上描繪了一處秋風的曠野，在一棵枯枝的樹幹上，有一隻喜鵲頭朝下，正在與一隻受到驚嚇的野兔進行視覺交流，野兔駐足向後觀望，在畫面的遠處，有一隻喜鵲正在飛來，使得畫面形成了動靜相宜的審美感受。整個畫面採用了「s」形構圖方式，畫面的中心是以野兔回首為核心，其次就是兩隻喜鵲易作靈芝瑞草，成為畫面的次要部分。在圖 23 中，整個牌飾呈現了長方形的造型，在畫框上面，作者用近似於曲線用比較規整的線條框住內部物象，而畫面的內部，則有較多的曲線形式，其中包括兔子和靈芝，兔子在畫面的下部，而靈芝在畫面的上面，上面呈現密集的形式，而下方則比較疏，每一個物象都用曲線形式將物象的生命精神彰顯出來，這個畫面的構圖，則和北宋崔白的《雙喜圖》的構圖有著相似之處，我們可以推測，元代這件金靈芝瑞兔紋牌環（圖 24）可能的源頭在北宋崔白這裡。又如這件金鑲玉嵌寶包背木梳（圖 25），整體上就是呈現一個獨木舟造型，作者把木梳的背部的中間鑲嵌一些白玉的植物紋飾，形成了長方形，而白玉的兩邊有藍寶石，在藍寶石以外的區域均被作者以金為主要材料進行裝飾。這類以金銀包背的裝飾形式，自從宋元以來的就作為一種首飾裝飾的傳統來對待，到了明清時期，鑲玉嵌寶則是首飾比較時髦的裝飾式樣。在這件首飾作品中，包背的部分比較繁密和曲線形式比較多，而在其他部分則以簡潔化的裝飾語境呈現。

其次就是均衡的形式式樣。

均衡是中國傳統首飾內外形式的主要呈現式樣。亞里士多德說：美的主要形式，就是（空間的）秩序、對稱和明確。鄧福星先生指出：「石器、骨器及大多數陶器等，雖然具有一目了然的實用意義，但同時也體現著易被忽視的諸如對稱、均衡、變化、節律等作為造型藝術千古不變的形式法則……人類的第一件工具是以後所有創造物的起點和最初形態，它孕育著人類在以後一切（精神的和物質的）創作活動中所有的最初的要素，蘊含著創作的思維和想像，也體現了並增進著創造實踐的技能、技巧。」〔註 28〕如在北京定

〔註 28〕鄧福星：《藝術前的藝術──史前藝術研究》，濟南：山東文藝出版社，1986年版，第 7～9 頁。

陵出土的金鑲玉嵌寶萬壽掩鬢一對（圖26），在北京定陵出土的一些首飾有一個共同的特點，就是所有的首飾均呈現出一種均衡的形式美。這一對掩鬢整體上呈現出三角形的形式，上面比較簡單，就一根帶尖的物象，而下面則比較繁密，首飾中間的一個向前在玉上面的方形紅寶石作為畫面的視覺中心點，以紅寶石為中心，向左向右呈現出放射狀形式，從中間的玉上的紅包石做上下向外延展線，把首飾左右一分為二，左邊有五個紅藍寶石，右邊也有五個紅藍寶石，在中間的中軸線上有五個紅藍寶石。又如在常州王家村墓葬出土的銅鎏金孔雀牡丹帶銙（圖27），整個首飾呈現長方形，鏤空，且物象疏密有致，將兩邊的物象作為畫面的次要部分，作者有意將中間的形象做成主要部分，以中間物象作為視覺中心，將畫面分成左右上下四部分，我們可以看出，四個部分在畫面中形成了較為均衡的形式式樣，動中有靜，靜中有動。

圖23：宋代崔白《雙喜圖》　　　　圖24：金靈芝瑞兔紋牌環

來源：https://baijiahao.baidu.com/s?id=1655079015008439633&wfr=spider&for=pc

來源：揚之水：《奢華之色：宋元明金銀器研究》，北京：中華書局，2011年版。

圖 25：金鑲玉嵌寶包背木梳

來源：揚之水：《奢華之色：宋元明金銀器研究》，北京：中華書局，2011 年版。

圖 26：金鑲玉嵌寶萬壽掩鬢一對

來源：揚之水：《奢華之色：宋元明金銀器研究》，北京：中華書局，2011 年版。

圖 27：銅鎏金孔雀牡丹帶銙

來源：揚之水：《奢華之色：宋元明金銀器研究》，北京：中華書局，2011 年版。

均衡的形式給我們呈現了穩定的視覺感受。朱志榮在《中國審美意識通識・史前卷》中這樣說：「早在舊石器時代先民們已經有了多樣性統一的觀念和朦朧的形式感意識，在其打製的石器藝術品中，就包含了節律、均衡、對稱等形式規律。新石器時代的器物結構均勻協調，紋飾線條鮮明流暢、布局有序，注重紋飾與器型的協調，在形式、韻律、節奏中體現了和諧的整體意識。」〔註 29〕在中國古代的首飾造型之中，塑造首飾造型藝人更加注重對於視覺穩定的追訴，有了穩定，首飾就呈現給我們更加美的審美感受，他們不希望塑造造型的時候呈現一邊倒，更加希望他們利用這些具有均衡的形式來表達人們對於美好生活的祈願。例如在圖 28 的圖像之中，整個的首飾呈現了一個穩定的「十字形」架構，中間一個長而尖的形象，在其兩邊有兩個珍珠，在其上面有一隻蝴蝶，蝴蝶本身就具有對稱或均衡的結構，因此，古代首飾藝人最大可能的使得首飾的器型呈現出飽滿、挺拔以及均衡的形式感，高度體現了古代人類實用與審美的完美結合。

圖 28：金鑲寶蝴蝶小插

來源：揚之水：《奢華之色：宋元明金銀器研究》，北京：中華書局，2011 年版。

〔註 29〕朱志榮、朱媛：《中國審美意識通史》（史前卷），北京：人民出版社，2017 年版，第 11 頁。

最後就是首飾中呈現出有秩序的形式。

在中國繪畫界，常常將畫面中的元素進行有秩序的排列，如北宋郭熙的《林泉高致》中講到：「大山堂堂為眾山之主，所以分布以次岡阜林壑，為遠近大小之宗主也。其象若大君赫然當陽，而百辟奔走朝會，無偃蹇背卻之勢也。長松亭亭為眾木之表，所以分布以次藤蘿草木，為振挈依附之師帥也。」〔註30〕這裡郭熙就強調畫面中的形象要有前後、主次秩序之分。米勒也認為畫面的構圖要將不同的形象置於不同的空間中：「『秩序』把各種事物置於合適位置，使其產生明晰、單純和力量的效果。普桑把它稱作『適合性』。」〔註31〕在古代繪畫中作者更加強調的一種畫面的視覺秩序性，就是在一個平面上展示形象的有序層次性，如從前到後，或者從後到前的順序。

「秩序」我們可以理解為：不混亂、有條不紊、有條理。「秩，常也；秩序，常度也」，指人或事物所在的位置，含有整齊守規則之意。」〔註32〕《文賦》曰：「謬玄黃之秩序，故淟涊而不鮮。」〔註33〕阿恩海姆認為秩序的出發點是以人體大腦組織活動為主要表徵的，貢布里希認為：「有機體具有某種體內平衡裝置，這種裝置使有機體能夠努力與環境保持平衡。要達到這樣的平衡，有機體就要採取行動。……它得利用秩序感來作出必要的調整。」〔註34〕在中國古代的首飾造像之中，首飾藝人將內部的各個部分分成大的、小的或者主要的、次要的，在布置的過程中，這些局部的物象被作者有意識的進行有秩序的排列，有的首飾表面是按照主要的，把主要的放在中間，周圍圍合很多的根莖葉或者小的人物形象，有的中間高或者大，按照梯田的布置方式，從高到低進行排列，還有的首飾中的各個物象是按照一定的幾何形式進行有規則的排列。如北京明萬貴墓出土的一隻金鑲寶蓮花頂簪（圖29），整個首飾給我們呈現了有秩序的排列效果。首飾中，作者按照梯田的形式，就

〔註30〕（宋）郭熙：《林泉高致》·山水訓，周遠斌點校，濟南：山東畫報出版社，2010年版，第26頁。

〔註31〕今東：《柯羅·米勒·庫爾貝》，天津：天津人民美術出版社，1983年版，第29頁。

〔註32〕夏文徵等：《辭海》，北京：商務印書館，1981年版，第287頁。

〔註33〕〔西晉〕陸機著、張少康集釋：《文賦集釋》，北京：人民文學出版社，2002年版，第199頁。

〔註34〕〔英〕E·H·貢布里希：《秩序感──裝飾藝術的心理學研究》，范景中、楊思梁、徐一維譯，長沙：湖南科學技術出版社，1999年版，第10～11頁。

是一層比一層高，最上層是整個首飾的最核心區域，這個蓮花頂簪是模擬蓮花盛開時的形狀，只不過作者將蓮花的材質由植物性幻化成金、寶石等貴重材料。作者將真實的蓮花瓣形狀以貴重的金和寶石作為主要表現對象，在金色中包裹著寶石，而且，金色材質的形狀具有一定的厚度，每一個花瓣互相交錯疊壓，在最高處的寶石，在其金色材質形狀的周圍有輻射狀線條向外放射，這象徵著太陽的光輝照亮自然大地。揚之水認為：「鑲玉嵌寶，是明代金銀首飾最奢華的一種裝飾方法，實以宮廷製品為多。金鑲玉的辦法中，也包括金穿玉。它在元代已經開始流行，明代延續下來，而技藝更加成熟，手法也更為多樣。」〔註35〕又如上海明朱查卿墓出土的一件《金鑲玉嵌寶蝴蝶簪首》（圖30），此首飾與金鑲寶蓮花頂簪有著異曲同工之妙，兩件首飾都是採用模擬的表現手法，前者模擬了蝴蝶，而後者則仿生了蓮花盛開時的場景。金鑲玉嵌寶蝴蝶簪首極力模仿現實中蝴蝶飛翔的樣子，蝴蝶的每一個部分都被作者表現的很到位，這說明了，作者觀物取象的能力很高超、很細緻。作者用玉為主體，在玉上進行鑲嵌珠寶等其他的材料，玉為主體，其他材料為輔助，形成了統一與變化的形式美規律，使得首飾表面體現了有秩序的裝飾順序。

圖 29：金鑲寶蓮花頂簪　　　　　　圖 30：金鑲玉嵌寶蝴蝶簪首

來源：揚之水：《奢華之色：宋元明金銀器研究》，北京：中華書局，2011 年版。

來源：揚之水：《奢華之色：宋元明金銀器研究》，北京：中華書局，2011 年版。

〔註35〕揚之水：《奢華之色：宋元明金銀器研究》（卷二），北京：中華書局，2010 年版，第 230 頁。

　　古代作者在進行有秩序的裝飾活動中，敘事高潮是畫面的首要目的。一類就是選擇瞬間高潮的敘事情節，藝人對正在發生的事象進行局部的截取。為了呈現情節中最精彩的部分，他們一般會選擇一個已經發展到具有決定性的瞬間的情節，從而使原來比較普通化的情節瞬間演變為具有扣人心弦的故事情節。這種截取更加強調先民對所發生事情的瞬間的主觀截取和概括，能夠清晰地體現出首飾中形象的動作及其內涵，萊辛稱之為「最富於孕育性的那一頃刻」〔註36〕。通過對瞬間動作的呈現，他們將畫面中的即將過去和將要發生的事象高度濃縮在這一造型裏，充分激發主體的聯想和想像，將這一瞬間的物象之美以凝固的視覺圖像展現出來。這種「決定性的瞬間」是「最能產生效果的只能是可以讓想像自由活動的那一頃刻了。」〔註37〕我們可以認為這一瞬間就是一個「黃金點」〔註38〕，能夠起到承上啟下的關鍵作用。藝人利用這一「決定性的瞬間」著重敘述那種帶有矛盾衝突或情節達到高潮的原始生活場景。如明永樂年間的鳳形金簪（圖31），我們知道，明代的一些工藝在前期的幾個朝代已經發展的爐火純青的地步了，在明代，「鐵錘兒不住敲，膠板兒終常抱。會分鈒手藝精，慣廂嵌工夫到。炭火滿爐燒，風匣謾搧著。交易無貧漢，追尋總富豪。經一度煎銷，舊分兩全折耗。下一次油槽，足乘色改變了。」我們從《雁兒落帶過得勝令》中得知，錘鍱和鏨刻在明代已經很盛行，其他的工藝還有鑲嵌、雕鏤、鍍金、鏤金等技術也應用到首飾的製造過程中在題材方面，大致可以說，宋元時期的金銀首飾多喜歡清新活潑的自然物象，而到了明代不管宮廷還是民間均傾向於花草禽鳥以及各種瑞獸圖像。這件首飾是明代永樂年間的鳳形簪，通過使用的材料以及製作工藝角度來看，推測為有權或有錢人士的隨葬品。這件作品作者用模擬鳳凰飛翔的狀態，兩隻鳳凰展翅飛翔，在鳳凰的身上有一些飄帶，隨風飄動，作者在描寫飛翔的時候，沒有將翅膀平放，而是將翅膀垂直於身體，作者好像要表現，鳳凰準備用翅膀扇動空氣，用力拍打，使得身體向上漂浮，這是作者要表達的敘事高潮。在鳳凰的下面，有一朵雲紋，鳳凰踩在下面正在展翅要拍打空

〔註36〕〔德〕萊辛：《拉奧孔》，朱光潛譯，合肥：安徽教育出版社，2006年版，第92頁。

〔註37〕〔德〕萊辛：《拉奧孔》，朱光潛譯，合肥：安徽教育出版社，2006年版，第20頁。

〔註38〕陳孝信：《關於動作瞬間的「黃金點」──讀〈拉奧孔〉箚記》，《美苑》，1984年第03期。

氣的情狀。物象描寫的很寫實，製作工藝嫻熟，能夠看出來作者非常注重觀察生活。又如明代金累絲遊舫小插（圖32），「小插」可以說是頭面中屬於配角的各種小簪子，畫面中將時間定格在一個遊船上面，一個努力的向後撐船，人物的腿部用力登船，而杆子斜放在水裏，在船的中央有一個棚子，在棚子下面有一個官人正在扇著扇子。藝人通過不同的構圖以視覺化的「語言」來講述了圖像中所發生的「故事」，他們有意選擇故事發展的「決定性一瞬間」，這一瞬間也大大增加了受眾對於畫面的聯想和想像。他們所敘述的每一個圖像大都具有濃厚的生活趣味，他們用不同的造型去描述他們所感興趣的、美的、宗教性的事象。首飾突破了時空的束縛，讓我們的思緒超脫於現實狀況，強化敘事功能，游離於圖像之外。他們注重選擇動態感較強的物象，並巧妙地利用各式各樣的構圖把大自然的物象所具有的矯健、笨拙的形象栩栩如生地呈現出來。這使得中國繪畫的歷史開啟了一種全新而又陌生的視覺維度。

圖 31：明永樂鳳形金簪

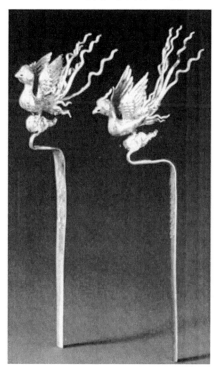

來源：《北京文物鑒賞》：編委會：《明清金銀首飾》，北京：北京美術攝影出版社，
　　2005 年版。

圖 32：明代金累絲遊舫小插

來源：揚之水：《奢華之色：宋元明金銀器研究》，北京：中華書局，2011 年版。

　　總之，中國傳統首飾中的形式是古代藝人對生活的仔細觀察、體悟之後而形成的一種審美觀照，這種觀照可以說是一種審美體驗和視覺傳達，他們要將自己對客觀自然中的情感用一種形式去摹寫和折射，每一處形式都是作者用心的真實反映，作者在首飾表面大量以曲線形式、均衡形式和秩序形式為主要視角，加強作者對受眾情感的不同層面的表現。可以說，形式是傳統首飾主要「臉面」，也是我們受眾觀看這個首飾是否符合個人審美的重要層面，因此，重視形式，也就重視了首飾表面的審美價值。

第六節　本章小結

　　綜上所述，中國傳統首飾利用紋飾、技藝、材料以及題材將各類首飾藝術的美盡顯在我們面前，各類首飾中的外觀都被紋飾所覆蓋，運用不同的構圖方法，將紋飾以及題材結合在一起，作者重視畫面的疏密、大小、寬窄以及大小，造型是首飾的主要呈現依存對象，首飾以紋飾來帶動整個的首飾的外在審美表現，在首飾的審美中，任何一個層面都不能失去，只有它們一起才能將首飾的美淋漓盡致的呈現出來。

第五章　中國傳統首飾藝術的審美文化特徵

　　審美文化是中國傳統首飾自身向外闡釋的一個主要切入點，作者通過紋飾以及技藝的巧妙搭配，從而將傳統首飾幻化成具有審美意義的視覺符號。

　　在中國傳統首飾藝術中，古代工匠以自己的精神和情感視野對現實物象進行審美觀照，將現實物象的整體或局部造型、讀音、長勢等各方面進行總結和概括，比如將圓形概括成方形，他們省略了一些現實物象的很多細節，只保留物象的主要特徵，直線較多，當然，這裡面需要直線和曲線的配合。在首飾的表面，作者將這些經過主體變形和誇張了的形象利用鏨刻、鑲嵌、焊接等技術工藝來實現對於現實形象的一種藝術再現，這些藝術化的形象需要點、線、面等美術元素進行組織和架構。

　　藝術家通過形象的不同組合來達到一定的審美效果的呈現。在中國傳統首飾藝術中，單一的形象賦予一個首飾表面很少，大多都是集合式的形象，如戲曲人物、傳統故事、民俗文化以及動植物等形象，這些集合式的形象通過一定的構圖語言。（如平面式、立體式以及平面與立體相結合式的語言）對畫面進行組織和架構。同時，對物象進行結合和組織，讓這些物象形成有意味的形式美。如這件清代的《長命富貴狗形銀鎖》（圖1），這件作品是專門給屬狗的孩子打造的，整體全長 28 釐米，這個首飾是以一隻漫步行走的狗作為主體形象，狗頭昂首，耳朵耷拉，狗的尾巴向上捲曲成雲紋形，在狗的上面馱著一個圓圓的圓形方孔錢，銅錢上面鏨刻了「長命富貴」四個字，在狗的四隻蹄子下面墜者豬、鴨子以及元寶箱，作者想用這些物象來象徵著生活富

足和前程似錦的美好祝願。漫步行走的狗主體形象大，其他的形象則被縮小，整個形象主體鮮明，層次豐富，彰顯出古代人民對於美好生活的祈願。

圖1：長命富貴狗形銀鎖

來源：王金華、唐緒祥：《中國傳統首飾》，北京：中國輕工業出版社，2009年版。

第一節 「禮教」語境下的首飾等級觀念

中國傳統首飾藝術是我們整個民族智慧和歷朝歷代優秀的藝術家心血的共同結晶，從中華文化的起初，「禮教」就不是專門為老百姓服務的，是具有等級制度，統治者將具有等級的紋飾以及材質用於自身，所呈現出來的各種等級器物都是天下臣民所必須遵守的。也可以說，它是傳統文化精神的主要承載物和表現物，他們是以吉祥情感、未經世俗渲染的視界來呈現不同民族的思維狀態。其藝術創造力和古典意識已經超越某個時代、階級、民族、區域，顛覆和消解了人文理性化的美學訴求，當然，傳統世界裏對首飾藝術中的情感描寫是一個動態的、是被理解的經典思想，以及它對現實世界認知閾

限的「怯懦」以及對主題的深層次指涉。〔註1〕

　　《論語》曰：「道之以德，齊之以禮，有恥且格。」「禮」稱為理性社會和個體的行為準則和潛在規範，是以等級觀念為特徵的氏族統治為出發點。自漢代以降，「禮」的精神滲透到我們社會的各個階層中，當然也包括藝術家的內心生活。在「禮」的教化下，形成了一種內外有禮、尊卑有序的封建倫理理性的孝悌等級觀念，從某種意義上說，它暗示著一種地位、標誌物，並成為強權體系下的為統治者服務的工具，這種禮以至於傳承到當下的社會各個階層中。如清代《乾隆妃梳妝圖》，在畫中「女子頭戴金質珠翠頭箍，耳墜串珠金耳環，手戴金質嵌珠手鐲，正往頭上插串珠步搖簪。桌上還有一個同樣的簪子，可見是左右成對插戴的。這樣一組配套首飾當是精心設計、特別訂製的。」

　　隋唐以後，歷朝歷代對於首飾象徵某種等級觀念有著嚴格的界定。在宋代政和年間規定：「一品命婦花釵九株，二品花釵八株，三品花釵七株，四品花釵六株，五品花釵五株。」還有在明代洪武年間規定：「命婦一品，冠花釵九樹，兩博鬢，九鈿；二品，冠花釵八樹，兩博鬢，六鈿……依次遞減。」這種等級觀念的敘述常用的手法，不同於首飾文化的內在規定性，一方面，藝術家在首飾製作過程中，突顯出受眾對於首飾華美的熱愛和崇拜。另一方面，在關注首飾藝術純真生存現實的同時，受眾也對社會政治制度的階級化作動態性的解構和去深度化，並把這些動態性的語義置於國家觀念、民俗習慣、政治制度中。「從此，等級制度成為中華民族的治國之策、人倫之本，經過歷代統治者的宣揚，化為華夏民族根深蒂固的文化心理結構。它造就了中華傳統藝術的一個特殊現象──藝術以政治教化為目的，藏禮於藝，藏禮於器。」〔註2〕如北京藝術博物館收藏的一個明代鳳形金簪，鳳鳥分為四部分：翅膀、鳳鳥軀幹、祥雲、簪杆，運用鏨刻、焊接等的工藝把四部分結合起來。整個金簪表現出展翅欲飛的神情，鳳鳥的駕馭著祥雲，鳳鳥身上鏨刻著精細的花草紋飾，在祥雲上鏨刻著一支牡丹，無比精美，是一件不可多得的首飾製品。

　　傳統首飾的作者為了體現禮制背景下的等級，就採用不同的材質去製造

〔註1〕一方面，它意指我們需要情節是由於某種物象能為我們所利用。另一方面，它有暗示這種功能化的利用並不是主要地由、逼真的環境甚至主題或要旨、道德來履行，而是由情感的事件的順時結構來履行。

〔註2〕長北：《禮樂傳統──中華傳統藝術與文化傳統之關係研究》，《藝術百家》，2010年第3期總第114期。

首飾。如金質材料多用於一些貴族或者皇宮大臣中使用，一些民間的首飾多用於銀質材料，特別是民國期間，大量的銀質被作者製作成各種造型，通過首飾上的不同紋飾來呈現出不同的象徵意義。

　　民間的首飾藝術的主題性呈現出一種民俗意味較強的審美特徵。民間的首飾大都是以親切和純樸化的造型來展示勞動人民的審美特質，他們所塑造的主題均具有社會普遍化和民間傳統性，如麒麟送子、長命百歲、天官賜福、連生貴子、蟾宮折桂、指日高升、帶子上朝、五子連科、三娘教子、獨佔鰲頭等等，這些題材從字面上我們可以感覺到他們對美好生活的嚮往和期盼，每一個主題都充滿著對生活樸素的情感表達和利益關切，他們用最直接的形象去表現他們自己最想需要的。如民國時期的銀鎖《福如東海銀鎖》（圖2），此掛件整個外形是以如意雲形呈現的，在如意雲形的裏面左右各有一隻蝙蝠，相對依靠在邊框上，在中間有一個心形的造型，在桃心形上面鏨刻有「福如東海」四個字。整個首飾鏨刻工藝精巧、疏密有致、高低錯落、大小變化。蝙蝠象徵著福氣，也寓意著老百姓能夠得到自己的好運氣。中間的桃心形寓意著長壽。

圖 2：福如東海銀鎖

來源：王金華、唐緒祥：《中國傳統首飾》，北京：中國輕工業出版社，2009 年版。

　　反觀宮廷的首飾藝術在內容上和製作精細程度上呈現出與民間首飾的不一致性。宮廷首飾的主要工匠則是從民間挑選而來，這些工匠給予一定的官銜或者俸祿就成為皇家造辦處的一名工藝人，相應的，這些工匠所製造的首飾均選用上等的材料，如金、瑪瑙、翡翠、珊瑚等，這些材料在民間看來是非常奢華的。同時，這些材料經過工匠們的加工，並製成非常寫實、複雜的物象，材料相互交錯，技術工藝也非常精湛與覆雜，堪稱史上之最美，我們可以從宋欽宗皇后像看出（圖3），宋代的皇室首飾是如此的精緻，富麗堂皇，在整個龍鳳花釵冠上，上面用各種材料和工藝刺繡和篆刻不同類別的人物形象和動物形象，好似把人間和天堂全包容在上面一樣，天上有飛天、龍、鳳凰，地上有高冠廣袖的捧笏者、侍女、持節者、執扇者等，整個冠華麗無比，堪稱兩宋等級最高的首飾藝術作品。又如明梁莊王墓中出土的《金累絲鳳簪》，這件作品專門為明梁莊王製作的，製作方面非常精緻，且非常寫實的把展翅欲飛的鳳凰各個局部表現的非常完美，一看就知道造價不菲。整個作品長二十三點五釐米，整個鳳凰站立在簪首部，鳳凰的各個部位均使用金色的花絲掐成，鳳凰的尾部用卷絲填充，腹部用「U」形的花絲堆壘成型。鳳頭部用兩枚金片創構，各個部分之間用攢焊將每一部分焊接起來，整個的視覺效果很像是一隻鳳凰展翅欲飛的感受。又如明代規格很高的首飾出土在定陵，被稱為《金鑲珠寶二龍戲珠帔墜》，這件作品屬於明代專門為帝後設計與製作的，首飾的頂端下覆鑲玉的花萼，飾品的兩邊鏤空並掔起中間鑲嵌一隻火柱，在首飾上面有寶石鑲嵌在首飾中。

　　為了體現禮制的文化性，古代工匠在首飾的造型上別出心裁。民間的首飾造型大多是比較樸實，但也有華麗之作，這只是一小部分而已。在古代官方的首飾世界中，王公大臣的家眷們均戴著華麗無比的飾品，在造型上呈現了等級性。湖北鍾祥明梁莊王的墓葬中出土了一件《金累絲鑲玉嵌寶鸞鳳穿花分心》一枝（圖4），我們從這個首飾的名稱中就可以看出，該首飾的造型是多麼華麗，工藝也是極其精緻複雜。這件首飾作品是以累絲做成卷草紋飾作為該飾品的底層結構，底層的卷草紋飾向著不同方向捲曲，捲曲的部分整體線條較粗，其餘部分則很細，在底層之上有累絲花葉和十八個石碗，在石碗裏內嵌紅寶石、綠寶石等，這些寶石都呈現橢圓形，在其上面有一幅不規則形體的白玉製作的牡丹鸞鳥圖，在圖的中間有一朵牡丹，在左右有鸞鳥，整個圖像充滿著吉祥的寓意。

圖 3：宋欽宗皇后像

來源：揚之水：《中國古代金銀首飾》，北京：故宮出版社，2014 年版。

圖 4：金累絲鑲玉嵌寶鸞鳳穿花分心

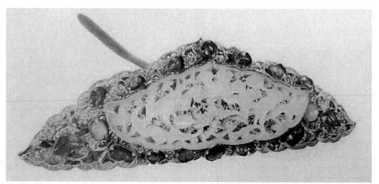

來源：揚之水：《中國古代金銀首飾》，北京：故宮出版社，2014 年版。

　　綜上所述，不管官方的還是民間的首飾，中國傳統首飾的審美是受到禮制的深切影響，宮廷的首飾和民間的首飾各自呈現的出奢華與樸素的審美特徵，它們表現在官方的首飾藝術用材考究，而民間的首飾則就地取材或者使用價值偏低的材料。官方的首飾藝術在造型上、裝飾上以及製作工藝等方面都是民間工匠不可企及的，民間在這些方面常常表現出古拙、樸素、民俗以及傳統人文性等特徵，他們以一個物象進行吉祥化的圖像設計，將物象主觀地幻化為一種

能內蘊人文精神的圖像符號，工匠通過這些具有隱喻化的圖像符號去表達他們對美好生活的期盼和嚮往，這樣的吉祥寓意不管在宮廷還是在民間都存在。

第二節　中國傳統首飾藝術的「祈福納祥」寓意

眾所周知，我國的傳統首飾是傳統文化的一種物質載體，首飾這種文化以巨大的推動力促使著人類去保持更高的美學視角，借助於這種物質媒介，藝術家可以「表達意味深長的思想內容和情感言說，」〔註3〕傳統首飾藝術是人們體現精神層面的外化生命體和語言形式，傾聽著生命感悟對世界的認知，去感受一個嶄新的靈魂視角。這樣，其裝飾圖案也必須建立在人的知覺對自然觀照的基礎上，這裡的自然觀照是人的世俗炎涼──民俗社會倫理觀念的昇華與新的向度。

「祈福納祥」是中國傳統民俗感情中一個重要的表現主題，特別是在傳統首飾藝術圖案中，他們把生活場景中的詩情畫意運用在外部空間的一些形象與手法上，形成具有時代內涵的統一融合體，這裡面也牽涉到區域風俗所帶來的不同核心價值觀。所以，它是運用圖案來傳達對神靈崇拜和連通已有的思維定勢。

據（晉）呂忱的《字林》曰：「禎祥也，福也。」在國人的人生世界中，對於「吉祥與福氣」有著具有鮮明的民族情感和理性思考認知，儘管社會的某種文化性只是存在於傳統的鄉村價值觀和鄉土風俗體系中，但是吉祥文化在同時推進民俗文化的柔性精神需求的心路歷程中，似乎不經意間將這種文化的媒介飾物賦予所呈現的形態中並滲透到社會的每一個體的內心深處，從本質上說，「祈福納祥」就是一種「神思」和「境界」，它是人們將這種目標作為傳統國人一輩子的遠大志向，這種對現實的訴求反映了人們對未來生活美好的期盼。

祈福納祥歸納起來有以下幾種：動物紋飾，獅子紋飾、麒麟、龍、鳳、鴨、松樹、蝴蝶、仙鶴、蝙蝠以及青蛙等。獅子紋飾為最為常見的紋飾裝飾，它是在漢代從波斯傳到中原之後，被歷朝歷代大量的使用，如六朝中的陵墓雕刻中的辟邪、石祿以及麒麟等都是以「獅子」為造型基礎〔註4〕，它象徵著

〔註3〕沈杏培：《童眸裏的世界：別有洞天的文學空間──論新時期兒童視角小說的獨特價值》，江蘇社會科學，2009年第1期。

〔註4〕六朝的獅子的造型與其他的朝代相比多了兩翼，身上增加了許多的蓮花紋飾。

降妖除魔、官位亨通、吉祥如意的意旨。如清代的麒麟銀質掛件，整個掛件長 385 毫米，主件高 80 毫米，主件上鏨刻有一隻瑞獸──麒麟，整體作漫步狀，身上有一男童雙臂抱有如意，雕刻精美。下墜是鏨刻桃形符號，象徵著平安。植物紋飾這類圖案運用紋的諧音或者該圖案在中國傳統文化中民俗意義來闡述媒介連通內外世界的傳承性，這類紋飾主要有花卉紋飾、牡丹、蓮花紋、葫蘆、桃子（樹、葉）、竹子等。植物紋飾經常伴有動物紋飾一起出現。如民國時期的雙壽多子銀佩飾，整個銀飾有一隻下墜的榴和兩個壽桃組合成「八」字造型，壽桃寓意著人生長命百歲，而石榴裏面有很多的種子則象徵著繁衍後代的理想和現實訴求，在壽桃表面鏨刻有深淺不一的花紋，造型奇特，寓意深邃。

　　祈福納祥彰顯了古代人民對美好生活的期盼和祝福。我們所見到的宮廷的還是民間的首飾製品，我們都能發現，在每一個首飾製品上都有一個主體形象（動物或者人物），在這些主體形象的周圍添加或者附著了很多的陪伴物，讓整個首飾形成一定的視覺氛圍。我們還可以發現，這些主體形象都是具有吉祥寓意的特徵。一般古代工匠把字（福祿壽喜、蟾宮折桂、三娘教子、長命百歲、吉祥如意等）、動物形象（喜鵲、蛇、鷺鳥、鳳凰、龍、麒麟、老虎、蝴蝶、狗、豬、羊等）、人物形象（戲曲人物、童子、神仙、）以及其他的組合圖像。這些圖像有的是傳統繼承下來的，本身就含有祈福納祥的內在意思，如麒麟「步行規矩，不踐生蟲，不踏莊稼，具有智慧、仁義、和平的美德，象徵著寬厚、仁義、吉祥。所以，在民間常以麒麟送子的圖案作裝飾，或雕於家具上，或刺繡於服飾上，或鏨刻於銀鎖上，祈求子孫後代如同麒麟一樣聰明、寬厚、仁義，取吉祥之意。」〔註 5〕有的圖像通過本身的字音諧音或者多類圖像所組成的圖像來表達吉祥寓意，工匠們生活在社會的底層，自身也有七情六欲和生老病死，當然，也有權力對美好生活的嚮往，他們用這些具有吉祥化的圖案或者圖像，去揣摩人間的心態，用圖像去表現人們現實化的功利性需求，從而實現真正的現實意義。如清代山東的銀飾《鏨花魚形掛飾》（圖 5），整個掛飾高 3.5 釐米，寬 5.5 釐米，在銀掛飾的中間有一條橫向、張口、擺尾的鯉魚。「魚」在中國人傳統的精神世界裏，具有吉祥如意的象徵意義，「魚」通「餘」，很多國人將魚字用在不同的吉祥畫面中，如連年有

〔註 5〕王金華、唐緒祥：《中國傳統首飾》，北京：中國輕工業出版社，2009 年版，第 18 頁。

魚、鯉魚跳龍門、魚戲蓮等。這個掛飾上的魚採用鏨花工藝，魚身上的魚鱗被工匠鏨刻為花形，每一個花形又組成菱形，魚翅和魚尾巴被鏨刻成蓮花瓣造型，在魚的造型下面用環狀結構連接著兩個鐘形的牌子，牌子上面鏨刻有圖案。又如清代福建的一件《銀吉慶有餘琺瑯彩步搖簪》（如圖 6），整個簪呈現了三層。最上層是一個「吉」字，第二層是「磬」字，第三層是兩個「有」字，在兩個「有」字中間還有一個「魚」圖像，從上到下連在一起就是「吉慶有餘」。可以看出，「在中國人的生活中，人們往往習慣將現實生活的具體目的當作精神生活的內容，同時也常常把精神生活的內容作為現實生活的主題，使兩者相互融合互為一體。」〔註6〕該掛飾運用了鏨刻、焊接、鏤空以及剪邊等工藝技術，使得鏈子、魚以及兩個鐘形造型能將具有豐富內涵和詩意化情景通過銀飾載體呈現出來。

圖 5：鏨花魚形掛飾　　　　　圖 6：銀吉慶有餘琺瑯彩步搖簪

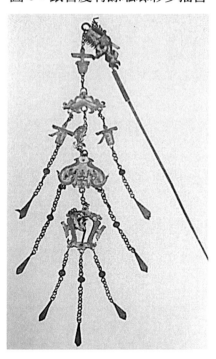

來源：王金華、唐緒祥：《中國傳統首飾》，北京：中國輕工業出版社，2009 年版。

來源：王金華：《中國傳統首飾·簪釵冠》，北京：中國紡織出版社，2013 年版。

〔註 6〕王金華、唐緒祥：《中國傳統首飾》，北京：中國輕工業出版社，2009 年版，第 19 頁。

　　顯然，「祈福納祥」文化本身在充分強調裝飾的文藝本質語言外，似乎並沒有完全拋棄圖案本身所擁有的內涵意義和本質屬性，在受制於特定民俗情感環境與語義形象的同時對民俗、區域倫理視角所形成的寓意範疇和理念話語實施大量的視覺圖形的「轉換」。如民國時期山東的鹿鶴同春銀掛件，整個掛架的形象塑造保持了鹿和仙鶴本身的形態，把鹿的矯健和鶴的體型修長生動展現出來，為了實現圖像的轉換，在兩種動物中間穿插一種植物，質樸的民風和吉祥如意的概念通過符號、虛擬環境中產生出來，它「會營造出特殊的氛圍，而使參與者在哀傷、敬畏、光狂歡與審美的不同情境中獲得行為規範、道德訓誡與心靈淨化。」這種獨特的文化韻味為各朝各代首飾文化的審美功能奠定了包容性的人文基礎。如清代時期的富貴平安銀佩飾，整個飾品有上下兩部分組成，主體運用花瓶、雙魚以及牡丹鑿刻而成，花瓶寓意著平平安安，牡丹象徵著富貴，雙魚借諧音與「餘」的同音。主體紋飾下墜飾有「喜鵲登梅」圖案的古鐘和鑿刻有桃葉的壽桃，運用焊接的工藝把幾部分連接起來。整個掛件製作工藝精湛，塑造物象的手法簡潔明瞭，不愧是一件難得的佳品啊！

第三節　中國傳統首飾藝術中的審美意象性

　　「意象」是中國古典哲學中的一個詞彙和由感性上升到理性階段的學說，《周易‧繫辭》提到「子曰：『聖人立象以盡意，設卦以盡偽。』」運用摹擬自然物體，將心境、虛實、形神、有無與道交相輝映並融為一體，意象是隨著社會歷史文化發展而發展的，歷史發展體系中的不同學科（特別是哲學、文學、歷史學）相互交融，從事物的情感性、語義性以及圖形的多義性角度來闡釋主客觀探觸的生活本質。

　　在中國傳統哲學體系中，「意」的歷史可以追溯至先秦的諸子百家，其功能大多是「足志」與「達意」。在老子的著作中，「道可道，非常道。名可名，非常名。」莊子曰：「可以言論者，物之粗也；可以意致者，物之精也；言之所不能論，意之所不能致者，不期精粗焉。」而這種「意」更加強調原始卦象的「原始化聖人」之意罷了。然而，魏晉南北朝將「意」作表達聖人言外之意和揭示聖人對道、天、人、理、氣等物質元素的超生命體悟和構建在聖人理論實踐之上的「情境」的文化感悟和符號詮釋系統。從某種程度上講，

「象」是一種表象淺層的視覺元素，它是在受眾觀念的基礎形態上對「象」的觸發式心理共鳴和感悟，「意」所呈現的「象」內在的道和縱深的審美隱喻窺測。

　　藝術美的創造離不開思維的主觀與客觀「意」的相容並進，意象是通過藝術形式或物質材料的顯現而竭力彰顯的，它所傾訴的某種視覺的感官符號去表現世界生存和心靈呼喚的內在品質或外化，「它探尋著的是語言的純摯與質樸的轉換關係，重視象外意蘊的引申和發揮，從隱喻結構中生成「象外之象」，產生「言有盡而意無窮」的審美內涵。首飾藝術的創作者把不同事物串聯起來，通過母題的選擇將情感與民俗相互統一到美好的訴求當中，用形象的直觀表達擴展到意象的顯現。如猴抱桃紋小飾件，此飾物鏨顆有雙面形象，主體形象有一隻猴子並騎在桃子上，雙手捧桃，四周桃花、桃葉將猴子環繞起來。古代社會《禮記・王制第五》：「王者之制祿爵，公侯伯子男，凡五等。」故猴子造型成為封侯的象徵。從某種意義上來說，這種敘事方式與民眾的覺醒信仰兩者存在同構性，往往借用某種動物或植物等自然形象來象徵某種摻有民族意識的思維狀態。整個鏨雕工藝精緻，猴子雙手捧桃的動作與神情姿態被藝術家鏨雕的栩栩如生。

　　中國古代首飾的造型呈現了中國人對現實物象的審美意象性。傳統首飾，不管釵、銀鎖、耳飾還是項圈等飾品，首飾的外在造型都充滿著古代人對物象的審美觀照，這些首飾造型都是古代人從現實物象中高度概括和總結出來，他們把物象的細部省略，用幾何化的線條對物象進行主觀處理，銀飾的造型就是作者的主觀化的現實之物，這個首飾的造型已經不是原有的現實造型，而是經過主體的高度誇張和整合，這個造型已經有生命了。如上圖中的《麒麟送子銀鎖和福如東海銀鎖》（圖 7），兩個首飾都是對現實物象進行審美觀照之後，而形成的一種主觀的審美意象性，蓮花和心造型都說明了這一點，這其實都是作者對生活的一種精神化的內容，「所以，在人們的實際生活習俗中，就是要使用這些經過裝飾的形式，以達到消災辟邪、永保平安的生活目的。然後又由於匠人的精雕細作，使人物形象、瑞獸形象以及花草雲紋均達到極為生動的狀態，很自然又透出審美的價值取向。」〔註7〕

〔註 7〕王金華、唐緒祥：《中國傳統首飾》，北京：中國輕工業出版社，2009 年版，第 30 頁。

圖7：麒麟送子銀鎖和福如東海銀鎖

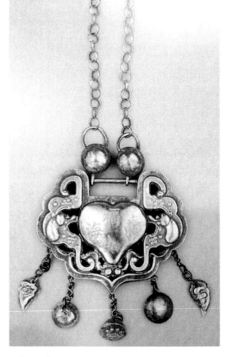

來源：王金華、唐緒祥：《中國傳統首飾》，北京：中國輕工業出版社，2009年版。

　　中國傳統首飾呈現了一種明晰的結構意象。無論任何的傳統首飾部件，古代匠人都將首飾的形式和內在的物象兩個方面的結構用直線、曲線或者直曲線條相結合的方式明晰的呈現出來。作者首先要將整個首飾劃分成不同的空間，空間與空間之間用直線或者曲線相隔開，在空間之中放置不同的物象，在這裡，古代匠人熱衷於對物象的象徵性進行詮釋和展示，他們就在有限的空間之內，拼湊不同的物象。而且，這些物象的內在結構都很清晰，特別是這些物象統一放置在一定的空間之內，背靠著被鏤空的空間。如金代皇陵出土的太祖皇后石槨紋樣，整個造型是一個正方形，在正方形的內部有一隻展翅飛翔的鳳凰，鳳凰充分展開兩個翅膀，尾巴則呈現圓環形的姿態，整體的結構呈現出意象性，讓我們通過明確的結構線，來辨識圖片的人物和動物形象。又如，湖南臨澧新合元代窖藏《金麒麟鳳凰簪》（圖8），整個簪的外在形式用了曲線來呈現，曲線換成了雲紋形象，在近似圓形的空間內，作者打造了一隻麒麟和一隻鳳凰的形象，首飾的上方是一個展翅飛翔的鳳凰，鳳凰呈現一個迴旋形，鳳凰的頭部與麒麟的頭部相結合，鳳凰的兩個翅膀穿插

在雲紋之中，下方是一隻麒麟，麒麟踏著雲朵在飛奔，麒麟的頭部回眸並與鳳凰的頭部形成交相輝映。在兩隻動物的背後是很多小塊雲紋成為物象的襯托，首飾的內外結構都是用線條呈現出來的，物象用面元素去表現的，整體上呈現清晰而又華麗，細緻而又韻味。

圖 8：金麒麟鳳凰簪

來源：揚之水：《中國古代金銀首飾》，北京：故宮出版社，2014 年版。

　　傳統首飾藝術呈現了造型考究、有形式的視覺意象。在湖南臨湘陸城一號宋墓出土的《金簾梳》（圖 9），整個首飾稱此案一個有形式感的彎曲形式，這個彎曲式樣正好符合人機工程學，作者將頸部以下和胸部以上的空間用不同的造型形象和有意味的形式填充了，所填充的造型製作非常精緻，有的造型均呈現十字形，有的造型則呈現花卉的造型，首飾「梳背彎梁兩端的梯形包角一個張開，一個內合，正展示了當日包向梳背的情形。其彎梁內緣打作一溜花牙子，彎梁的裝飾框內一對舞鸞，中心是對飛的兩隻小蜜蜂。外緣意溜綴網的小環，約百十朵寶相花錯落相連成纖麗玲瓏的一面花網，花網末端繫連鐸式墜腳。」〔註8〕

〔註 8〕揚之水：《中國古代金銀首飾》，北京：故宮出版社，2014 年版，第 276 頁。

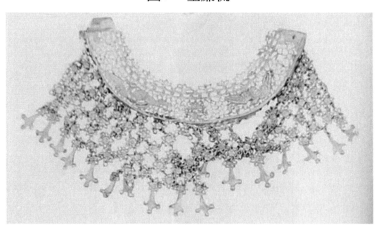

圖 9：金簾梳

來源：揚之水：《中國古代金銀首飾》，北京：故宮出版社，2014 年版。

第四節　本章小結

　　首飾這類物質性的載體承載了中華民族所固有的傳統文化，作者將華夏兒女對家庭、社會的責任、祝福用不同的手法和形象體現出來，主要目的就是營造吉祥寓意和良好的生活環境。首先，作者們盡最大可能從造型進行設計，以禮制為核心對首飾進行創製，用模擬與仿生或者拼貼等手法，將人格化的手法賦予物象，使得物象在主觀的思維觀照下，首飾的外形符合主體需要。他們用各種技術，用線條、點以及面使得物象的外在淺層結構更加繁複和華麗。其次，古代作者主動以不同的形象來揭示祈福納祥之意。祈福納祥是中華民族所固有的思維，用物象或諧音或寓意來象徵或者隱喻。在中國，古代作者常常使用一些動物、植物或者人物等形象，借用諧音或者自身的造型形象或者名字，把具有吉祥寓意的祝願刻繪在首飾表面，用首飾的造型和紋飾來展示自身所具有的文化屬性。最後，傳統首飾呈現審美意象。意象是中華民族美學理論體系中的一個重要範疇，首飾憑藉著自身造型、形式、裝飾、技藝以及圖案向受眾展示了一種美的視覺效果，當這些首飾與受眾的視覺、聽覺、嗅覺以及心覺相聯繫在一起時候，必然主體的想象與客體的首飾黏連在一起，形成了韻境兼重、雅俗並立和超於象外的審美意象特徵。

第六章　結　論

　　中國傳統首飾是中華美學資源的重要載體，從原始社會到民國時期，給我們留下了大量生動、美觀以及具有豐富象徵內涵的標本，每一件的首飾都是極具有內涵性和形式感，不僅滿足我們的功能體驗，還滿足了我們對首飾的審美享受。系統的學習和瞭解傳統首飾的造型、形式、圖案以及首飾自身所孕育的內涵文化，都有助於開拓其他載體文化的內涵，讓我們能夠盡最大可能去釐清傳統美學的發展脈絡，有助於把傳統美學精神賦予現代的工藝製品之中，使得傳統文化和美學思想發揚光大，傳承後代。

　　中國傳統的首飾藝術是反映和映襯出中國人的民間風俗信仰與歷史文化體系，它是陪伴著人類服飾社會向前發展的一種社會意識形態，它傾聽著有意味的個性創造下的生存境界，呼喚著從原始社會的人類本源精神到民國鄉土氣息視角的對生命感悟，將獨特的首飾文化的空間與實踐寄予更廣泛的精神自覺世界，它是我們現代首飾設計的「故鄉」，是「關於自己的根的一次次探究……，它也是一個精神故鄉和一個文學故鄉。在它身上寄於我的懷鄉和還鄉的情結。」〔註1〕

　　中國傳統首飾藝術是我國封建社會的一個重要的審美文化的棲息地，也是我國工藝美術在社會階層凸顯社會地位的一個重要的表現，更「是中國千百年來手工金銀工藝文化的積澱，具有深邃、廣博、厚實的探討切磋空間。這些首飾中，蘊含著豐富的社會文化、宗教理念、道德規範、及民俗意

〔註 1〕周新民、蘇童：《打開人性的皺折──蘇童訪談錄》，《小說評論》，2004 年第
　　　　2 期。

識。」〔註2〕它的質地、紋理、鑿刻、鏤雕以及裝飾都是中國古代工匠藝人思想的高度結晶，它敘述著一段古代勞動人民對於審美與文化的結合，將自身的階層理念和禮制思想充分融入到首飾藝術中，人文的社會化和審美的理念化瞬間被這種圖像外顯出來，成為中華民族中重要的審美表現形式，在當下，我們要繼續挖掘首飾藝術所帶給我們社會各種的審美與文化，將這種文化為我們當下中國的新時代服務。

詮釋概念是我們理解傳統首飾藝術精神的又一個重要的方面，運用西方的詮釋理論去解釋傳統藝術作品，這樣可以開拓理解藝術作品的領域和思維。我們理解傳統首飾藝術不但要把握製作者的原有「意圖」，這一概念是對遵循了作品與創作者一致的原則，當然，這種「倫理向度」旨在把握和消解對作品忽視歷史語境和詮釋政治性的有關關切。通過這種詮釋活動，作為受眾對於作品的詮釋在思想上和知識上獲得了創造性的「延伸」和「開拓」，而且使得藝術作品在當下語境中去實現當時社會語境沒有能實現的「向度」，它「傾聽著有意味的個性創造下的生存境界，呼喚著從原始社會的人類本源精神到民國鄉土氣息視角的對生命感悟，將獨特的首飾文化的空間與實踐寄予更廣泛的精神自覺世界，它是我們現代首飾設計的「故鄉」，是「關於自己的根的一次次探究……，它也是一個精神故鄉和一個文學故鄉。在它身上寄於我的懷鄉和還鄉的情結。」〔註3〕

中國傳統首飾文化是一種最注重美學感知的古典大眾文化媒介形式，它既是對歷史人文的一種策略，也是某種思維的傳承，它不僅僅能夠展現出佩戴者的華麗外表、極具財富的生活方式，同時承載了中國人幾千年的人文氣質和風韻歷史，並用傳統的視覺符號去講述著在那個時代曾經的雍容、華貴的圖案、工藝、色彩以及內在的文化語境中所進行一場虛幻的想像民族「場域」。

古典首飾藝術溯源於古代人文審美的內心和生存真實的心靈世界，我們可以看到，古人是從生活個體的視閾和哲學性的敘述倫理視角為界限去探尋不同時代的首飾藝術形式，同時，它更加注重凸顯藝術家和主人公對生命自

〔註2〕 王金華：《中國傳統首飾·簪釵冠》，北京：中國紡織出版社，2013年版，第3頁。

〔註3〕 周新民、蘇童：《打開人性的皺折——蘇童訪談錄》，《小說評論》，2004年第2期。

身的生活感知意義，這種審美感知意義「不是藝術家從現實世界中找到的，
也不是人們在日常生活中使用的，而是被藝術家創造出來的。」這不但是首
飾藝術的外化物我形式的生存成長意旨，也是凸顯藝術世界的物態人情化、
人情物態化的審美要旨，並在不同時代的各種旗幟鮮明的主流意識形態上不
斷的充分挖掘和探求人文精神家園的時代化、大眾化、審美化以及首飾藝術
的情懷內涵。

　　中國傳統首飾藝術的發生、發展是隨著人類社會文明的不斷演進而前進
的。人類創製了首飾，並將人文、經濟、政治、民俗等因素以視覺紋飾的形式
將其呈現在表面上，我們在平時所談及的社會發展史、觀念史、生活史、裝
飾藝術史以及社會風俗史等都與傳統首飾有著千絲萬縷的聯繫。因此，研究
中國傳統首飾能折射出社會的各個層面面貌。

主要參考文獻

1. 〔美〕克利福德·格爾茨：《文化的解釋》，韓莉譯，南京：譯林出版社，2014 年版。

2. 李時珍：《本草綱目》（卷四十），北京：人民衛生出版社，1982 年版。

3. 王金華：《中國傳統首飾·簪釵冠》，北京：中國紡織出版社，2013 年版。

4. 揚之水：《中國古代金銀首飾》，北京：故宮博出版社，2014 年版。

5. 〔英〕鮑桑葵：《美學三講》，周煦良譯，上海：上海譯文出版社，1983 年版。

6. 張維青：《魏晉六朝時期玄學思潮與審美觀照的契合會通》，《齊魯藝苑》，2005 年第 3 期。

7. 杭海：《妝匣遺珍——明清至民國時期女性傳統銀飾》，北京：生活·讀書·新知三聯書店，2005 年版。

8. 陳望衡：《文明前的「文明」——中華傳統審美意識研究》，北京：人民出版社，2018 年版。

9. 華梅：《服飾與中國文化》，北京：人民出版社，2001 年版。

10. 〔美〕諾埃爾·卡羅爾：《今日藝術理論》，殷曼樑、鄭從容譯，南京：南京大學出版社，2010 年版。

11. 〔法〕列維—布留爾：《原始思維》，丁由譯，北京：商務印書館，1981 年版。

12. 朱志榮：《商代審美意識研究》，北京：人民出版社，2002 年版。

13. 唐克美、李蒼彥：《金銀細金工藝和景泰藍》，鄭州：大象出版社，2004 年版。

14. 龔書鐸主編，廖名春：《中國文化發展史‧先秦卷》，濟南：山東教育出版社，2013 年版。

15. 孔令偉：《悅古：中國藝術史中的古器物及其圖像表達》，上海：上海書畫出版社，2020 年版。

16. 〔美〕巫鴻：《時空中的美術：巫鴻中國美術史文編二集》，北京：生活‧讀書‧新知三聯書店，2009 年版。

17. 朱志榮：《夏商周美學思想研究》，北京：人民出版社，2009 年版。

18. 〔英〕雷蒙‧威廉斯：《文化與社會 1780～1950》，高曉玲譯，長春：吉林出版集團有限責任公司，2011 年版。

19. 李建軍：《小說修辭學研究》，北京，中國人民大學出版社，2003 年版。

20. 《全唐詩》（卷六百八十五　吳融二），北京：中華書局，1980 年版。

21. 張璋、黃畬：《全唐五代詞》（卷二‧唐詞‧溫庭筠‧菩薩蠻），上海：上海古籍出版社，1986 年版。

22. （宋）歐陽修、宋祁：《新唐書》，北京：中華書局，1975 年版。

23. 王重民等：《敦煌變文集》，北京：人民文學出版社，1984 年版。

24. 〔英〕諾曼‧布列遜：《視閾與繪畫：凝視的邏輯》，谷李譯，重慶：重慶大學出版社，2019 年版。

25. 袁濟喜：《論六朝文學精神的演化》，《中國人民大學學報》，2001 年第 1 期版。

26. 〔英〕威廉‧荷加斯：《美的分析》，楊成寅譯，佟景韓校，桂林：廣西師範大學出版社，2002 年版。

27. 〔俄〕康定斯基：《康定斯基論點線面》，羅世平、魏大海、辛麗譯，北京：中國人民大學出版社，2003 年版。

28. 潘天壽：《潘天壽畫論》，鄭州：河南人民出版社，1999 年版。

29. 宗白華：《宗白華全集》，合肥：安徽教育出版社，1994 年版。

30. （漢）孔安國傳，（唐）孔穎達疏，李學勤主編，廖名春、陳明整理：《十三經注疏》：北京：北京大學出版社，1999 年版。

31. 《山東省志‧諸子名家志》編纂委員會：《鄭玄志》，濟南：山東人民出版社，2003 年版。

32. （春秋）孔子：《尚書注訓》，黃懷信注訓，濟南：齊魯書社，2002 年版。

33. 遲軻：《西方美術理論文選》，成都：四川美術出版社，1993 年版。

34. 〔俄〕阿·阿·古貝爾、符·符·巴符洛夫：《返回原始——藝術大師論藝術》，劉惠民譯，北京：文化藝術出版社，1997 年版。

35. 〔奧〕弗洛伊德：《圖騰與禁忌》，文良文化譯，北京：中央編譯出版社，2005 年版。

36. 李澤厚：《美的歷程》，北京：生活·讀書·新知三聯書店，2009 年版。

37. 王金華、唐緒祥：《中國傳統首飾》，北京：中國輕工業出版社，2009 年版。

38. （清）唐岱：《繪事發微》，周遠斌譯，濟南：山東畫報出版社，2012 年版。

39. 《西方美術名著選譯》，宗白華譯，合肥：安徽教育出版社，2000 年版。

40. （漢）許慎：《說文解字》，北京：中華書局，1963 年版。

41. 陳履生：《傅抱石畫論》，鄭州：河南人民出版社，1999 年版。

42. 王金華：《中國傳統首飾·簪釵冠》，北京：中國紡織出版社，2013 年版。

43. 朱良志：《中國藝術的生命精神》，合肥：安徽教育出版社，1995 年版。

44. 王鍾陵：《中國前期文化——心理研究》，上海：上海古籍出版社，2006 年版。

45. （宋）郭茂倩：《樂府詩集》（卷四十六·請商曲辭三），《讀曲歌八十九首》，北京：中華書局，1979 年版。

46. 〔美〕魯道夫·阿恩海姆：《視覺思維》，滕守堯譯，光明日報出版社，1987 年版。

47. 〔美〕赫謝爾·B·奇普：《塞尚、凡高、高更書信選》，呂澎譯，成都：四川美術出版社，1986 年版。

48. 朱志榮：《中國審美意識通史·夏商周卷》，北京：人民出版社，2017 年版。

49. 〔戰國〕《韓非子·外儲說左上》，高華平、王齊洲、張三夕譯注，北京：中華書局，2010 年版。

50. 周積寅：《中國畫論輯要》，南京：江蘇美術出版社，1985 年版。

51. 朱立元：《藝術美學辭典》〔M〕，上海：上海辭書出版社，2012 年版。

52. （清）方薰：《山靜居畫論》，上海：商務印書館，1936 年版。

53. （清）笪重光著，關和璋譯解，薛永年校訂：《畫筌》，北京：人民美術出版社，2016 年版。

54. 周郁浩校閱：《徐文長全集》，上海：廣益書局，1936 年版。

55. 黃賓虹、鄧實：《美術叢書》（二集第 5 輯）〔M〕，杭州：浙江人民美術出版社，2013 年版。

56. 姜今：《畫境——中國畫構圖研究》〔M〕，長沙：湖南美術出版社。

57. 朱志榮：《中國審美意識通史·夏商周卷》，北京：人民出版社，2017 年版。

58. 李硯祖：《紋樣新探》，《文藝研究》，1992 年第 6 期。

59. 黃壽祺、張善文：《周易譯注》，上海：上海古籍出版社，2012 年版。

60. 《山東省志·諸子名家志》編纂委員會：《鄭玄志》，濟南：山東人民出版社，2003 年版。

61. 俞劍華：《中國古代畫論精讀》，北京：人民美術出版社，2011 年版。

62. 潘天壽：《潘天壽美術文集》，北京：人民美術出版社，1983 年版。

63. （春秋）孔子：《尚書注訓》，黃懷信注訓，濟南：齊魯書社，2002 年版。

64. 楊身源、張弘昕：《西方畫論輯要》，南京：江蘇美術出版社，1990 年版。

65. 劉長宗：《'91 國際首飾委員會年會暨寧夏國際首飾研討會文集》，銀川：寧夏人民出版社，1992 年版。

66. 《蓋山林文集》，哈爾濱：黑龍江教育出版社，1995 年版。

67. 〔法〕羅蘭巴特：《敘事作品結構分析導論》，張寅德編選：《敘述學研究》，北京：中國社會科學出版社，1989 年版。

68. 龍迪勇：《圖像敘事：「空間的時間化」》，《江西社會可科學》，2007 年 9 月。

69. 〔法〕朱利安：《大象無形：或論繪畫之非客體》，張穎譯，鄭州：河南大學出版社，2017 年版。

70. 孫湘明、張道森、高健：《造型藝術美學》，長沙：中南大學出版社，2002 年版。

71. 王金華、唐緒祥：《中國傳統首飾》，北京：中國輕工業出版社，2009 年版。

72. 〔美〕魯道夫·阿恩海姆：《藝術與視知覺》，滕守堯、朱疆源譯，成都：

四川人民出版社，1998 年版。

73. 潘天壽：《潘天壽談藝錄》，杭州：浙江人民美術出版社，1997 年版。

74. 朱志榮：《中國審美理論》，北京：北京大學出版社，2005 年版。

75. 〔美〕E・潘諾夫斯基：《視覺藝術的含義》，傅志強譯，瀋陽：遼寧人民出版社，1987 年版。

76. 賈璽增、程曉英：《傳統首飾》，武漢：湖北美術出版社，2015 年版。

77. 朱志榮、朱媛：《中國審美意識通識》，北京：人民出版社，2017 年版。

78. 〔英〕羅森：《中國古代的藝術與文化》，孫心菲譯，北京：北京大學出版社，2002 年版。

79. 晁福林：《中國民俗史（先秦卷）》，北京：人民出版社，2008 年版。

80. Laplace, P. S. (1814) A Philosophical Essay on Probabilities, English Translation of the 6th French Edition, Dover, 1951.

81. 〔英〕EH 貢布里希：《圖像與眼睛——圖畫再現心理學的再研究》，范景中、楊思梁、徐一維、勞誠烈合意，杭州：浙江攝影出版社，1989 年版。

82. 長北：《禮樂傳統——中華傳統藝術與文化傳統之關係研究》，《藝術百家》，2010 年第 3 期總第 114 期。

83. 周新民、蘇童：《打開人性的皺折——蘇童訪談錄》，《小說評論》，2004 年第 114 期 2 期。

84. 商務印書館辭書研究中心編：《古今漢語辭典》，商務印書館，2002 年版。

85. 梁敏怡：《近代廣告畫中首飾藝術的審美風格》，《美術教育研究》，2019 年第 14 期。